"살아가겠다"

고병권이 만난 삶, 사건, 사람
"살아가겠다"

초판 1쇄 발행 • 2014년 1월 17일
초판 4쇄 발행 • 2018년 12월 24일

글쓴이 • 고병권
펴낸이 • 황규관

펴낸곳 • 도서출판 삶창
출판등록 • 2010년 11월 30일 제2010-000168호
주소 • 121-809 서울시 마포구 대흥동 252-1번지 302호
전화 • 02-848-3097
팩스 • 02-848-3094

ⓒ 고병권, 2014
ISBN 978-89-6655-038-8 03330

⊙ 이 도서의 국립중앙도서관 출판시도서목록(CIP)은 서지정보유통지원시스템 홈페이지
(http://seoji.nl.go.kr)와 국가자료공동목록시스템(http://www.nl.go.kr/kolisnet)에서 이용하
실 수 있습니다.(CIP제어번호 : CIP2014000986)

"살아가겠다"

고병권이 만난 삶, 사건, 사람

삶창

| 책을 내며

"우리는 꾸준히 살아갈 것이다" 6

1부 | 삶

당신의 삶에서 당신의 철학을 본다 15

대학의 앎은 우리의 삶을 구원하는가 46

탈시설, 그 '함께-삶'을 위하여 66

밤에 열린 어느 장애인 학교 84

2부 | 사건

책을 읽어주던 남자 107
－배움의 사건으로서의 책 읽기

민주주의, 그 새로운 무한정성 128
－월가 점거운동에 대한 하나의 보고

점거와 총파업 156
－장애인 운동으로부터

탄원하는 노인들 171

4

3부 | 사람

헤아릴 수 없는 이름, 전태일 184

김주영, 그의 삶과 용기를 기억하라 194

우리의 투쟁은 생명의 저지선을 함께 만드는 일이다 200
- 쌍용자동차 고동민

당신의 일, 그게 바로 내 일이다 214
- 청년유니온 김영경

이 싸움엔 별수 없는 내 몫이 있다 220
- 밀양 이계삼

다만 일주일을 하루씩 잘 살아내겠다 234
- W-ing 인문학 아카데미 최정은 · 이수영

"우리는 꾸준히 살아갈 것이다"

1

여기 적은 것은 글이 아니라 말이다. 디스크에 소리를 기록하듯 이 책의 글자는 과거의 말을 붙들고 있다. 지난 몇 년간 이런저런 자리에 초대를 받거나 누군가를 초대해서 말하고 들은 이야기들을 몇 개의 트랙에 나누어 담았다.

초대란, 모두가 알듯, 이유가 있는 만남이다. 그리고 이유란 대개의 경우 어떤 일과 관련이 있다. 가령 어느 대학생이 대학 탈퇴를 선언했고 몇몇 장애인이 시설에서 뛰쳐나왔다. 노동자들은 죽은 동료들의 영정을 들고서 대한문 앞을 점거했고, 농민들은 한강 언저리에서 '발전'이 아닌 '밭전'[田]을 지키는 싸움을 이어갔다. 어떤 중요한 책이 발간되는 자리에 강연자로 초대를 받기도 했고, 늙은 촌부들이 원전과 송전탑 설치에 반대하며 설치한 움막에서 귀한 말을 청해 듣기도 했다. 심지어 뉴욕의 점거 현장에는 신의 초대를 받은 방문객이 되기도 했다.

어떤 때 나는 사람들에게 사건을 불러온 행동에 대해 물었고 어떤 때는 사건이 불러온 의미에 대해 답해야 할 때도 있었다. 여기 기록된 대부분의 말은 이 과정에서, 그러니까 사건의 상황 속에서, 사건의 지속 중에 주고받은 것들이다. 물론 어떤 말은 상황 속에서 떨어져나와, 공사장의 버려진 벽돌처럼, 본래 어디에 쓰인 것인지를 알 수 없게 된 것도 있다. 그러나 대부분은 상황 속에서 배어나고 상황 속으로 배어든 말이기에 그때 그곳의 기억을 지금 여기까지 간직하고 있다.

그때 거기서 주고받은 물음들 자체가 특별했던 것은 아니다. 책 읽기란 무엇인지, 대학이란 무엇인지, 더 나아가 철학은, 정치는, 그리고 우리 삶은…… . 그러나 유의할 것은 이 물음들이 이루어진 독특한 맥락과 상황이다. 가령 책 읽기에 대한 물음은 중증장애인들 앞에서 책을 읽던 내게 그들이 내지른 소리의 정체를 묻기 위한 것이었다. 그리고 대학에 대한 물음은 한 학생의 대학 탈퇴 선언 속에서, 다시 말해 대학이 탈퇴해야 할 어떤 곳으로 전락한 상황에서 던져진 것이다. '시설'에 대한 물음도 그랬다. 그곳에 오래 살았고 거기서 가까스로 빠져나온 이들이, 그곳을 구경해본 적도 없는 내게 물었다. 시설은 무엇이냐고. 물론 그들은 내게 사전을 기대하지 않았다. 그들은 오히려 사전에 없는 의미, 일반적이지 않은 의미, 그 사건에만 고유한 의미를 물었던 것이다. 따라서 여기 말들을 이해하기 위해서는 사전 속이 아니라 상황 속으로 들어가야 한다.

그러나 말들이 하나의 후일담이 아니라 사건 중에 교환된 것이라면 그것들은 또한 개입의 형식이었다. 가령 총파업에 대한 강연은 2012년 메이데이에 장애인들이 왜 총파업에 나서야 하는가에 대한 것이었다. 그 강연에 대해 장애인들은 총파업 공동행동으로 답례해주었다. 나만이 아니라 내 인터뷰에 응한 이들도 그랬다. 한 노동자는 인터뷰를 청하는 내게 오히려 고맙다고 했다. "사람을 살릴 수 있다면 뭐든 하고 싶었기 때문"이다. 밀양의 한 활동가는 자기 말보다 농성 중인 어르신들의 목소리를 하나라도 더 들려주려고 했다. 그는 아마도 문제가 그 어르신들의 목소리를 사람들이 제대로 듣지 않는 것에 있다고 생각했기 때문일 것이다.

사건에 개입한다는 것은 사건의 개입을 허용하는 것이기도 하다. 누군가에게 말을 건넨다는 것 역시 누군가로부터 온 말을 내게 허용하는 일이기도 하다. 내가 들은 말들, 누군가로부터 내게 온 말들 덕분에 나는 뭔가를 조금이나마 깨칠 수 있었던 것 같다. 그리고 그것을 또 누군가의 앞에서 전할 수 있었다.

2

묘한 것은 강연 초대를 받을 때마다 내가 거기에 적합한 사람인지 스스로도 자신할 수 없었다는 점이다. 왜 그들은 나를 불렀을까. 가령 이 책의 첫 글이 된 강연의 주제는 '철학한다는 것'이었다. 그러나 나는 철학과를 나오지도 않았고 대학 시절 철학 수업을 들은 것도 거의 없다. 물론 철학에 관한 학위도 갖고 있지 않다. 대학에 대한 강연도 마찬가지였다. 나는 대학에 재직하고 있지 않으며 시간강의도 자주하는 편이 아니다. 그런 내가 대학에 대해 뭔가를 말하는 것이 가능한가. 여기서 다룬 대부분의 주제에서 나는 외부자였고 내 발언은 하나의 위반이었다.

그런데 나는 이 외부성을 적극적으로 활용하려고 했다. 일부러라도 나는 철학 바깥에서 철학을 말하려고 했다. 그것은 철학이 제도적 분과 학문이 되면서 그 활동이라는 게 과거 철학자들의 개념을 나열하고 정리하는 노동 이상이 아닌 듯 보였고, 무엇보다 일상에서 너무 먼 곳에 세워진 현학의 건축물로 보였기 때문이다. 다른 것도 아닌 철학이 철학자의 삶과 무관하게 하나의 지식으로 유통될 수 있다는 것은 참 서글픈 현실이다. 나는 지금도 자신이 철학자이기에 철학 바깥에 섰다고 말하는 사람을 보고 싶다.

철학에 대한 이야기는 대학에 대한 이야기이기도 하다. 나는 대학을 이해할 수 없는 사람이기도 하지만 대학 역시 내게는 이해할 수 없는 곳이다. 무엇보다 오늘날 비싼 등록금으로 울타리를 두르고 그 운영에 있어 철저히 기업화된 대학은, 내가 아는 한, '배움의 공동체'였던 대학의 역사에 대한 배신이고, 그 배움의 공동체의 성원들, 특히 배움을 찾아온 학생들에 대한 배신이다. 배움을 전하는 일은 이제 지식을 거래하는 일과 구분할 수 없게 되었다. 대학의 이런 배신 때문에, 대학을 그만두고 참된 배움을 찾겠다는, 어느 학생의 '대학 탈퇴 선언'이 더 대학의 정신에 부합하는 것처럼 보이는 지경이 되었다. 대학 바깥에 대학의 정신이 있는 꼴이다.

니체는 진지하고 정직한 기독교인들이라면 "상당히 오랫동안 기독교 없이 생활해야 할 의무가 있다"고 했다. 그러나 이는 기독교인만이 아니라 철학인에게도, 대학인에게도, 나아가 진지하고 정직한 사유를 꿈꾸는 모든 이에게 던질 수 있는 말일 것이다. 우리는 우리 자신을 떠날 의무가 있으며, 그런 연후에만 우리 자신에 대해 말하는 것이 허용되어야 한다. 우리가 얼마나 이상한 곳에 있었는지, 외부에서의 낯선 체험이 우리에게 말해줄 것이다. 우리는 우리에 대해 말하기 위해서도 우리 자신으로부터 멀리 떨어진 타자가 되어야 한다. 나는 철학이, 그리고 대학이 지금의 자신으로부터 충분히 멀어질 때, 자기 자신을 되찾을 것이라고 믿는다.

3

몇 편의 강연과 인터뷰를 모아 놓고 보니 벌써 몇 년이 된 것도 있고 불과 한두 달밖에 되지 않는 것도 있다. 그런데 다양한 맥락에서 다양한 주제로 말하고 들은 이야기들인데도 실상은 한 단어를 중심으로 돌고 있다. 바로 '삶'이다. 철학자는 '삶'으로 자기 철학을 입증하는 사람이며, 자기 일상을 가꿀 줄 아는 것은 철학적인 동시에 정치적이라는 말, 대학은 배움을 매개로 한 삶의 공동체였다는 말, 탈시설은 삶에 대한 포기와 방기에 맞선 '함께-삶'의 고민이라는 말, 책을 권

하는 교육자는 자기 삶에 대한 고백과 약속을 함께 전달해야 한다는 말, 최근 사회
운동은 '살아가기 위한 투쟁'의 형상을 띠고 있으며, '살아가기'와 '투쟁하기'가
결합된 새로운 삶의 방식, 새로운 투쟁방식이 만들어지고 있고 또 필요하다는 말
등등.

  비단 내 강연에서만이 아니다. 실제로 지난 몇 년간 '삶' 내지 '생명'이라는 단어
는 한국사회 갈등 현장의 복판에 있었다. '해고는 살인이다', '함께 살자', '여기 사
람이 있다', '생명평화행진' 등등. 저항의 슬로건으로 '살아야 한다' 내지 '살려야
한다'는 말이 이렇게 많이 나온 때가 또 있었을까 싶다.

  이는 지난 몇 년간 한국사회에서 일어난 각종 추방 때문일 것이다. 직장이나 학
교, 농토, 주거지역 등에서 쫓겨나거나 사실상 밀려나도록 방치된 사람들이 너무나
많고 그들의 생존 자체가 위기에 빠진 탓이다. 그러나 조금 멀리 보자면 이제는 생
명의 영역, 삶의 영역이 그만큼 권력의 중요한 통제 대상이자 자본의 중요 상품 형
식이 되었기 때문이기도 할 것이다. 삶의 아주 기본적인 요소, 생명 유지에 필요한
요소들이 권력의 정보 수집 대상이 되고, 자본의 판매 상품으로 바뀌고 있어서, 권
력과 자본에 의해 억압되거나 방치되면 도무지 살 길이 없어진다.

  그러나 바로 그렇기 때문에 삶의 다른 형식을 창안하는 것이 권력과 자본에 대
한 중요한 저항일 수 있다. 내가 찾아간 곳에서 사람들은 그것을 보여주고 말해주
었다. 삶의 형식과 결합한 투쟁 형식이, 그렇지 못했다면 참담한 패배로 끝났을 싸
움을 어떻게 다시 일으켜 세웠는지. 용산의 카페 레아에서도, 쌍용자동차의 와락과
대한문 앞 농성촌에서도, 홍대 앞 두리반에서도, 밀양의 움막에서도, 두물머리 강
변에서도, 사람들은 싸우고 있었지만 그 싸움 속에서 '다르게 살기'를 시도했다.
권력자들은 그들을 지옥 속에 밀어 넣었지만 그들은 거기서 작은 천국을 만들어내
면서 싸웠다. 그들 자신이 싸우며 일군 천국이 없었다면 그들은 곧바로 거꾸러졌을

것이고, 우리가 이어서 거꾸러졌을 것이다.

이 책에 소개된 많은 이들이 말해주었다. 희망의 덧없음에 대하여. 두물머리의 한 농부는 이렇게 말했다. 경기도지사 선거에서 이기면 살아날 수 있다고 해서 열심히 했는데 패배했고, 국회에서 친수법(친수구역 활용에 관한 특별법) 통과되는 걸 막아야 살 수 있다고 해서 열심히 뛰었는데 날치기 통과됐고, 국회의원 선거에서 이기면 법을 바꿀 수 있다고 해서 열심히 했는데 안 됐다고. 그런데 사람들이 말했다고 한다. 이제 대통령 선거에서 이기면 된다고. 그때 문득 자신의 밭을 둘러봤다고 했다. 내가 도대체 무엇을 하고 있었던가. 잡초가 자란 밭을 보며, 또 자기 옆에서 농사를 짓고 있는 농부들과 외부에서 온 지킴이들을 보며 다짐했다고 한다. 내 밭을 가꾸면서 여기 동료들과 살아가고 또 싸워가겠다고. 탈성매매여성 자활공동체를 꾸려가고 있는 어느 분도 내게 말했다. "희망이요? 우리는 그거 덧없다고 말해요." 그는 고통을 피해선 안 되며, 중요한 것은 그것을 의미없게 만들지 않는 것이라고 했다.

희망이 덧없다는 것. 이는 절망한 이들의 말이 아니라 결코 절망할 수 없는 이들의 말이다. 자신이 사막에 있다는 사실에 압도된 사람들일수록 오아시스에 대한 희망을 빨리 만들어낸다. 그래서 얼마 가지 않고서도 수십 번의 오아시스를 보지만 모두가 신기루다. 희망이란 이상한 것이다. 그것은 미래에 대해 품는 것이지만, 미래로 갈수록 덧없어지는 것이기도 하다. 반대로 현재에 가까워질수록 실질적인 것이 된다. 희망을 내일에 거느니 오늘에 걸고, 희망을 거기에 거느니 여기에 걸겠다. 희망은 지금 사막을 뚜벅뚜벅 걷는 내 다리에 있다. 이 글을 쓰던 날, 나는 대한문 농성촌의 한 의자에 누군가 적어놓은 희망을 보았다. "우리는 꾸준히 살아갈 것이다."

1부 | 삶

당신의 삶에서 당신의 철학을 본다
대학의 앎은 우리의 삶을 구원하는가
탈시설, 그 '함께-삶'을 위하여
밤에 열린 어느 장애인 학교

자기 삶을 잘 가꾸고 그 속에서 또한 타인에 대한 돌봄을 깨닫는 것, 다시 말해 삶의 특이성과 연대를 이해하고 또 만들어갈 줄 아는 것. 나는 여기서 철학과 정치를 함께 본다. 오늘 여러분은 내게 철학에 대해서 물었지만 아마 민주주의에 대해 물었어도 같은 답을 들었을 것이다. 어떻든 이것이 오늘 내가 여러분에게 말하고 싶은 '철학한다는 것'이다.

당신의 삶에서
당신의
철학을 본다

1

철학이란 무엇인가. 오늘 나를 초대한 분들이 내게 듣고 싶다고 말한 주제다. 하지만 나는 '철학'을 묻는 질문을 접할 때마다 그것을 '철학한다는 것'에 대한 물음으로 바꾸곤 한다. 내게 철학은 '앎의 대상'이라기보다 '행함의 지혜'이고, 결국 '행함으로 드러나는 지혜'이기 때문이다. 철학은 앎이지만 또한 행함이다.

오늘날 철학은 특정 분과 학문이 되었고 대학의 특정 학과 이름이 되었다. 그런데 이는 이 학과의 주요 커리큘럼에서 빠져본 적이 없는, 플라톤과 같은 고대철학자는 물론이고 칸트와 같은 근대철학자의 경우에도 낯선 것이다. 예전의 철학자들에게 '철학'이란 특정 분과 학문이라기보다는 '지혜' 일반이었거나, 적어도 학문을 위한 전제 학문, 다시 말하자면 나중에 어떤 학문을 전공하든 상관없이, 공부의 길, 배움의 길에 나서는 자가 갖추어야 할 소양이었다.

그러니까 철학은 특정한 분과의 공부가 아니라, 공부 자체에 대한 물음, 배움 자체에 대한 물음, 깨우침 일반에 대한 물음이었다.

만약 철학이 특정한 분과 학문을 지칭하는 말이고 철학자가 거기에 소속된 자를 가리키는 말이라면 오늘 내가 할 수 있는 이야기는 별로 없다. 나는 철학과에서 어떤 일을 하는지 잘 알지 못한다. 무엇보다 나는 그곳을 졸업하지 않았다. 철학자가 철학과를 졸업한 사람이라면 나는 철학자가 아니다. 또 철학책을 집필한 사람을 철학자라고 한다고 해도 내가 철학자인지는 확실치 않다. 니체에 관한 책을 썼다는 이유로 나를 철학자라 부르는 사람들이 있는데, 나는 내 책이, 아니 그보다 먼저 니체의 책이 철학책인지 확신하지 못한다. 가령 그의 『차라투스트라는 이렇게 말했다』는 철학책인가, 문학책인가. 이런 식으로 철학자를 정한다면, 우리는 해마다 배출되는 철학과의 졸업생 숫자나 해마다 출간되는 철학책의 저자 수로 이 나라의 철학자 수를 정할 수 있을 것이다.

나는 오늘 통상적 의미와는 다른 점에서 철학자 행세를 할 것이다. 그리고 똑같은 이유로 여기 있는 여러분들을 철학자라고 부를 것이다. 내가 좋아하는 철학자들은 철학을 '삶의 기술'ars vivendi이라고 불렀다. 말 그대로 '살아가는 기술'이라는 뜻이다. 우리는 저마다 살아가는 기술을 가지고 있고 그 기술로 먹고산다. 가령 목수는 나무를 재단해서 테이블을 만든다. 목공도 분명 먹고사는 기술 중 하나이다. 다만 이런 기술과 철학이라는 기술은 조금 차이가 있는 것 같다. 보통의 기술에서는 기술자와 그 대상이 구분된다. 목수가 나무를 대상으로 자기의 기술을 적용하는 것처럼 말이다. 그런데 철학은 기술자가 그 대상이기도 하다. 조각에 비유하자면, 철학자는 자기 자신을 조각하는 조각가다. 그리고 그 작품을 빠짐없이 들고 다닌다. 여기 앉아 있는 분들도,

앞에 있는 나 역시도 몇십 년을 조각한 작품을 들고 왔다. 바로 이 작품들이 우리가 누구인지를 말해준다. 오늘, 우리는 철학자이다.

철학이 '삶의 기술'이라면 철학을 한다는 것은 또한 '잘 사는 일'이기도 할 것이다. '잘 사는 것'이 무엇인지, 어떻게 해야 잘 살 수 있는 것인지는 모르겠지만, 오늘 맥락에서 말하자면, 철학은 분명 '잘 사는 것'에 대한 추구라고 해도 좋을 것 같다. 니체가 어디선가 말했듯이 살아 있는 모든 것은 잘 살기 위해 최선을 다한다. 바위 뒤편의 식물이 몸을 구부리면서 앞으로 고개를 내밀 때, 그것은 살기 위한 최선의 행동일 것이다. 그러나 또한 니체가 말했듯이, 우리는 사는 데 서툴다. 우리는 수십 년을 살아왔지만 여전히 '사는 데 서툴다'는 느낌을 갖는다. 우리 딴에는 잘 살아보겠다고 한 일이 삶을 망치지 못해 안달하는 것처럼 나타나는 경우도 많다. '잘 살고 싶다'는 욕망과 '삶을 망치는' 현실 사이의 간극에서, 철학에 대한 욕망이 존재하는지도 모르겠다. 결국 우리가 할 수 있는 것, 특히 이 자리에서 할 수 있는 것은 서로의 기술, 서로의 경험에 대해서 들려주는 것이다. 우리는 '사는 법'에 대해 이야기를 나누고, 서로의 지혜를 소통시킬 필요가 있다. 우리가 함께 산다면, 우리는 함께 철학을 해야 한다.

오늘 내가 할 이야기도 마찬가지다. 오늘 두 사람의 철학자에 대해 말할 것이다. 그것은 한편으로 그들의 삶에 대한 소개이지만 동시에 그들의 철학에 대한 소개이기도 하다. 그들이 겪은 에피소드에서 그들의 철학, 그들의 삶의 기술을 보여주고 싶다. 이 두 사람은 철학자에 대해 똑같이 말할 것 같다. '철학자란 자기 삶으로 철학을 입증하는 사람'이라고. '철학의 실재는 바로 삶에 있다'고. 앞서 말한 것처럼 철학이 삶의 기술, 무엇보다 자기 삶을 가꾸어가는 기술이라면 우리는 누군가를 훌륭한 철학자로 부를지 말지 따로 설명 들을 필요가 없다. 그가 살아가는 모습 속에서 그의 철학이 드러날 테니까 말이다. 디오게네스 라에르티오스(AD 3세기)라는 철학자는 『저명한 철학자의 삶과 사상』이라는 책을 썼는데, 오늘 강연 주제와 관련해서, 책 제목이 너무 마음에 든다. 오늘 내가 소개할 에피소드 일부는 이 책에서 따온 것이다. 이 책이 마음에 드는 이유는, 그가 철학자의 삶을 통해서 그 사상을 드러내려 했기 때문이다.

자, 이제 말이 길어졌으니 빨리 오늘의 주인공을 소개해야 할 것 같다. 바로 플라톤과 디오게네스다. 이들은 방금 말한 것처럼 '철학이란 삶으로 입증되는 것'이라는 견해에서 공통점이 있지만, 그 방법이나 스타일은 정반대라고 해도 좋을 정도로 달랐다. 이 둘 사이에는 재미있는 일화가 있다. 아마도 디오게네스를 추종하는 사람들이 만들어낸 이야기가 아닌가 싶은데, 여러 생각을 하게 하는 일화다(나는 오늘 이 일화를 '철학한다'는 것의 의미를 드러내는 데 이용하지만, 언젠가는 '민주주의란 무엇인가'를 말하기 위해 인용했다). 일화의 내용은 다음과 같다.

어느 날 플라톤이 길거리에서 직접 샐러드(채소)를 씻고 있는 디오게네스를 보았다. 디오게네스가 식사 준비 중이었던 모양이다. 전승된 일화의 내용이 짧아서 확실하게 말할 수는 없지만, 상황으로 추측해보건대, 디오게네스가 시칠리아의 왕 디오니시우스에게 어떤 제안을 받았는데 거절한 모양이다. 그걸 떠올렸는지 플라톤이 말했다. "네가 디오니시우스 왕에게 조금만 더 공손했더라면 너는 네 샐러드를 직접 씻을 필요가 없었을 것이다." 그러자 디오게네스가 답했다. "네가 네 샐러드를 직접 씻는 법을 배우면 너는 디오니시우스 왕의 노예가 될 필요가 없다."

2

　이 일화는 앞서 말한 것처럼 디오게네스 추종자들이 디오게네스의 철학을 설명하기 위해 만든 걸로 보인다. 그렇다고 완전한 창작물은 아니고 실제 있었던 어떤 역사적 사실을 이용해서 만든 거라고 할 수 있다. 그리고 그 역사적 사실이란 디오게네스가 아니라 플라톤이 겪은 일이다. 이 일화는 플라톤과 디오니시우스 왕 사이에 있었던 어떤 역사적 만남에 대한 견유주의자의 조롱을 담고 있다.

　먼저 플라톤과 디오니시우스 왕의 만남을 이야기해야 할 것 같다. 이 만남은 철학이란 무엇인지, 철학한다는 것은 어떤 것인지에 대한 플라톤의 생각을 잘 보여준다. 사실 나는 개인적으로 플라톤을 좋아하지 않는다. 무엇보다 그의 진리관, 그리고 그것을 다른 이와 논하는 태도를 좋게 보지 않는다. 진리만큼이나 중요한 것은 진리를 전하는 방법인데, 그의 변증술은 상대방을 완전히 무력하게 만들어버린다. 니체는 플라톤의 변증술을 가리켜 진리를 논하는 자리에 칼을 들고 나타난 것이라 했는데, 다양한 경쟁—그리스인들이 '아곤'agon이라고 불렀던—을 '진리'의 이름으로 끝내버리려는 '전제적 진리관'이 느껴졌기 때문일 것이다. 그런데 플라톤이 노년에 쓴 편지를 읽고 나서, 무엇보다 거기에 드러난 그의 철학하는 태도를 확인하고는, 나는 그를 다른 눈으로 보게 되었다.

　때는 기원전 4세기로 거슬러 올라간다. 그리스의 아테네. 많은 이들이 이곳을 민주주의의 발상지라고 부른다. 아테네에서 민주주의가 꽃핀 것은 대체로 기원전 5세기, 페리클레스라는 대단한 정치가가 영향력을 행사하던 때였다. 그런데 기원전 4세기로 넘어오면서 그리스 민주주의는 쇠퇴하고 타락하게 된다. 정치가들 사이의 참된 경쟁과 협력은 사라지고 당파와 협잡이 난무

하고, 그럴듯한 말로 사람들을 당파로 끌어들이는 문화가 만연했다고 한다.

참된 것을 말하는 '변증술'은 쇠퇴하고, 자기 이야기를 '참된 것처럼 보이게 하는' 수사법, 다시 말해 '레토릭'이 번성하게 되었다. 우스개 삼아 말하자면, 이렇게 말하는 사람도 있었다고 한다. A라는 입장과 B라는 입장이 대립할 때, 오늘은 사람들을 모두 설득해서 A를 믿게 하고 내일은 B를 믿게 할 수 있다고 자랑하는 사람, 즉 자신의 '레토릭'이 얼마나 훌륭한지를 자랑하는 사람도 있었다고 한다. 당연히 아테네의 정치는 황폐해지고 당파 간의 싸움이 계속되었다. 그런데 이런 상황에서 쿠데타가 일어났다. 새로운 정권이 들어선 것이다. 역사에서는 이를 '30인 정권'이라고 부른다.

이때 플라톤의 나이가 27~28세였다. 몸은 건장하고 생각은 조금 깊어졌을 나이, 플라톤은 정치에 관심이 많았다. 그는 아테네의 정치가 크게 바뀌어야 한다고 생각했다. 그런데 새로 권력을 잡은 '30인 정권'에는 아는 사람들이 있었다. 외삼촌 카르미데스Charmides와 외당숙 크리티아스Kritias가 거기 가담하고 있었다. 그렇지 않아도 정치에 대한 관심이 커져 있던 플라톤에게 친척들 역시 정권에 참여할 것을 권했다. 아테네 정치가 타락했다고 보았던 그로서는 새 정권에 대한 기대가 남달랐을 것이다. 그런데 얼마 지나지 않아 그는 정권에 크게 실망한다. 그가 그들에게서 본 것은 피비린내 나는 처형과 사악한 횡포뿐이었기 때문이다. 이때 처형된 사람만 1500명이 넘었다고 하니 그 끔찍함을 미루어 짐작할 수 있을 것이다.

그러나 '30인 정권'의 수명은 길지 않았다. 1년도 채 되지 않아 반대 혁명이 일어났기 때문이다. 이번에는 '민주파'가 집권했다. 상황은 달라졌을까. 처음에 플라톤은 기대를 걸었던 것 같다. 민주파가 집권하면서 이전 정부 부역자들에 대해 대사면을 약속했기 때문이다. 그러나 이전 정권보다 조금 낮기는 했지만 민주파 역시 플라톤이 보기에는, 글쎄 오십보백보 정도가 아니었나 싶다.

그런데 민주파 집권기에 플라톤 생애에서 가장 끔찍한 일이 일어난다. 바로 스승 소크라테스가 처형된 것이다. 소크라테스에 대한 기소, 그에 대한 소크라테스의 반론, 그리고 그가 어떻게 죽음을 맞이했는지에 대해서는 여러분도 잘 알 것이다. 그리스인들과 다른 신을 섬기고 젊은이들을 타락시켰다는 게 기소의 요지였다. 이 기소에 대한 소크라테스의 '변론' 중에 흥미로운 내용이 나온다. '30인 정권' 치하에서 소크라테스가 민주파 인사였던 '살라미스 사람 레온'을 구해준 이야기다. '30인 정권'은 소크라테스를 포함해서 다섯 명의 시민을 부른 뒤 레온을 연행해오라고 했다. 레온을 사형에 처하기 위해서였다. 소크라테스의 말을 빌리면, 그는 자신이 "그 어떤 올바르지 못한 짓도 그 어떤 불경한 짓도 행하지 않는 것을, 말이 아닌 행동으로 보여주기 위해", 정권의 명령을 어기고 집으로 가버렸다(참고로 말해 두자면, 철학자는 법대로 사는 사람이 아니다. 준법정신을 말할 때마다 한국사회에서 숱하게 인용되곤 했던 소크라테스조차 '올바르지 못한' 일에 대해서는 감옥 가는 것을 두려워하지 않았다. 철학자는 '법대로 사는 자'가 아니라 '사는 법을 아는 자'이고, 사는 법에 맞지 않을 때 법을 고치라고 용기내서 말하며, 기꺼이 감옥에 가기를 두려워하지 않는 사람이다).

어떻든 소크라테스는 민주파에는 은인이었던 셈이다. 그런데 민주파는 이 은인을 처형해버렸다. 기원전 399년, 플라톤의 나이 서른이 조금 못 되었을 때였다. 플라톤의 환멸, 여러분은 그것을 상상할 수 있을 것이다. 아테네의 정치가 황폐해지고 게다가 그리스 최고의 현인이라 믿었던 스승을 처형까지 했으니. 플라톤은 현실 정치에 극도의 혐오감을 품었을 것이다. 애초에 정치에 열정이 없었다면 모를까. 플라톤이 처음 품은 열정은 그의 냉담과 혐오의 폭을 더 깊게 했을 것이다.

플라톤은 방황했고 이 나라 저 나라를 돌아다녔다. 그리고 소크라테스의 말을 떠올리며 초기 대화편들을 써내려갔다. 어찌 보면 냉정을 찾은 것이겠지만, 내 생각에 그것은 냉정보다는 냉담에 가까워 보인다. 그는 소크라테스의 가르침을 전하려 했지만 분명 소크라테스와 다른 방법을 택했다. 즉, 다수를 설득해서 진리를 찾도록 만드는 일이 더 이상은 불가능하다고 생각했던 것 같다. 대중 속에서 그들과 의견 경쟁을 벌이는 것이 플라톤에게는 마치 동굴 속에서 어리석고 고집 센 죄수들과 경쟁을 하는 것처럼 허망해 보였을 것이다.

차라리 '힘 있는' 한 사람을 설득하고 그것으로 정치의 판을 바꾸는 것이 낫다는 생각. 그것이 당시 그의 머리에 떠올랐던 것 같다. 힘 있는 자가 판 전체를 제압해야 한다. 그러나 그 자가 또한 신의 도움을 받든지, 아니면 철학자의 도움을 받아, 정의롭고 올바른 정신으로 스스로 모범을 보이는 통치자여야 한다. 플라톤의 말을 직접 인용하자면, "올바르고 진실되게 철학하는 그런 부류의 사람들이 권좌에 오르거나 아니면 각 나라의 권력자들이 모종의 신적 도움을 받아 진정 철학을 하기 전에는, 인류에게 재앙이 그치지 않을 것이다." 이것이 바로 그 유명한 '철학하는 왕', 철인군주론이다.

그는 그런 왕을 아테네라는 도시체제에서 기대하기는 어렵다고 생각했다. 그는 생각을 "실제 행동으로 옮기는 때가 오기만을 줄곧 기다리고 있었노라"라고 했다. 나이 마흔이 다 되었을 때 그는 그리스의 변방에서 강력히 부상하는 나라 시칠리아를 주목했다. 그곳의 왕참주이었던 디오니시우스에게 기대를 걸었던 것이다. 그가 힘이 세다는 것은 이미 알려진 사실이다. 중요한 것은 철학하는 왕의 자질이었다. 플라톤은 철학자로서 자신이 왕에게 도움을 줄 수 있다고 믿었는지도 모른다. 신이 철학의 도움을 주지 않았다면, 철학자로서 자신이 도울 수 있을 것이라고. "내가 한 사람만 잘 설득하면 그것으로 모든 것이 좋게 되는 결과"를 기대하면서.

그는 시칠리아의 시라쿠사로 갔다. 그러나 직접 가서 본 시라쿠사는 생각했던 것과 달랐다. 그는 거기서 단지 '요리로 상다리가 휘는 생활'과 '질탕 먹고 마시고 용을 써가며 성적 쾌락에 매달리는 것'만을 보았다. 시라쿠사의 첫 방문은 무척 실망스러웠다. 그런데 이 방문이 헛된 것만은 아니었다. 그는 거기서 디온이라는 젊은 권력자를 사귀었다. 디온은 디오니시우스 왕의 처남이었다. 철학에 대해 아는 것도 많았고, 무엇보다 플라톤의 '철학하는 왕'에 대한 생각에 적극 공감한 인물이었다.

디온을 사귄 것을 제외하고 시라쿠사 방문은 별 성과 없이 끝났다. 플라톤은 아테네로 돌아왔다. 아직 '때'가 아니었다. 그는 "친분 있는 사람들과 믿을 만한 동지가 없이는 나랏일을 집행하는 것이 불가능"하다고 생각했고, 때를 기다리며 동지들을 규합하려고 했다. 그렇게 해서 생겨난 조직이 '아카데미' 였다.[1] 그리고 시라쿠사에서 돌아온 이후 집필한 책이 『정체』政體(『국가』)였다.

'때'를 기다리다 세월이 많이 흘렀다. 20년의 세월이 흐른 후 시라쿠사에서 편지 한 장이 날아왔다. 디온이 보낸 편지였다. 그런데 시간이란 신기하게도 사람을 바꾸어 놓는다. 시간이라는 말이 변화라는 뜻을 담고 있으니 당연하다면 당연하겠지만 말이다. 어떻든 플라톤도 나이가 들어 60대의 노인이 되었다. 철학하는 왕에 대한 생각이 어찌 되었는지는 알 수 없다. 하지만 확실

---

1) 아카데미는 철학을 배우는 학교이면서 또한 정치조직이었다. 그래서 플라톤은 여러 나라에서 정치와 법률에 대한 조언을 구할 때마다 아카데미의 학생들을 정치적 자문가로서 파견했다.

한 것은 그가 40대처럼 움직이지는 않았다는 점이다. 그는 어떤 일을 깊이 재어보지 않은 채 곧바로 뛰어들지 않았다.

"뭔가 신적인 행운에 의해 지금 주어진 호기보다 더 큰 호기가 주어지기를 기다리겠습니까?" 말 그대로 '때kairos가 왔다'는 것이었다. 과거에 플라톤을 실망시킨 왕 디오니시우스 1세는 죽었고, 이제는 철학에 많은 관심을 가진 그의 어린 아들(디오니시우스 2세)이 왕위에 올랐다고 했다. 디온은 시칠리아의 힘이 이탈리아 전역으로 펼쳐지고 있고 시칠리아 안에서 자기 권세가 얼마나 막강한지, 게다가 새로운 왕과 친척들은 자기 말에 얼마나 귀를 잘 기울이는지 길게 적었다. 그리고 "동일한 사람이 철학자이자 큰 국가의 정치 지도자가 될 수 있다는 희망이 완전하게 이루어질 날이 언젠가 있다면 지금이 바로 그때"라고 했다.

하지만 앞서 말했듯 시간이 흘렀다. 플라톤은 이제 정치에 대한 열망으로 뜨거웠던 40대의 그가 아니다. 그는 "젊은이들 일이란 어떻게 전개될지 모른다"며 디온의 제안에 믿음을 주지 않았다. 오늘은 기분에 따라 이런 일을 맹렬히 추구하다가도 또 기분이 바뀌면 갑자기 심드렁해지는 게 젊은이들이 아니던가. 그러나 플라톤은 결국에 시라쿠사로 가는 배를 탔다. 무엇 때문이었을까. 몇 가지 이유가 있었다. 플라톤은 디온이 중년에 이른 사람이며 그의 품성은 예사 젊은이들과 달리 중후하다고 말했다. 또 디온이 나중에 위험에 처하면 플라톤에게 '우정과 동지애를 배반했다'는 비난을 하지 않을까 두렵다고도 했다.

그런데 플라톤은, 내가 보기에는, 그런 이유들보다 훨씬 중요해 보이는 이유 하나를 더 들었다. 그것은 오늘 우리가 말할 '철학한다'는 것과 관련된 매우 흥미로운 언급이다. 플라톤은, 바둑으로 치면 몇 수를 내다보며, 자신에게 돌아올 질문에 대해 생각했다. 만약 자신이 시라쿠사에 가지 못하겠다고 하면 디온은 분명 어떤 물음을 던질 것이다. 그러면 나는 어떻게 답해야 할까. 플라톤은 어떤 물음에 대해 자신이 답하기가 매우 어렵다는 걸 깨달았다. 아직 디온이 묻지 않은 물음, 그러나 분명 자신에게 던질 것 같은 물음, 설사 디온이 묻지 않을지라도 플라톤 스스로 묻고 답해야 할 물음, 그것 때문에 그는 노구를 이끌고 시라쿠사로 향했다.

그 물음은 바로 이것이다. 결국 당신은 철학을 말로고스logos로만 하는 사람이고 행동에르곤ergon에 나서지는 않는 것 아닌가. '철학하는 왕'이 어떻고 그렇게 역설을 하더니, 막상 그것을 실천해야 할 때가 오니 몸을 사리는 것 아닌가. 말로만 떠들고 행하지는 않는 그런 철학, 당신은 그런 철학자인가. 플라톤은 그 물음을 무엇보다 두려워했다. 플라톤 스스로는 이렇게 말했다. "나 자신이 보기에 언젠가 내가 순전히 말만 하고 결코 자발적으로 하는 행동은 하나도 없는 사람으로 스스로에게 비쳐지진 않을까 부끄러웠다"고.

플라톤이 그 물음을 두려워했던 것은 바로 그가 철학과 철학자에 대한 나름의 생각을 가졌기 때문일 것이다. '철학을 한다'는 것은 로고스, 즉 말을 떠들어대는 것이 아니라, 말을 행하고 그 말에 따라 살아가는 일이라는 것, '철학자란 자기 삶으로 철학을 입증하는 자'라는 것. 플라톤은 결국 자신의 말을 입증해야 하는 철학자로서 시라쿠사행 배를 탔던 것이다.

하지만 두번째 시라쿠사 방문도 좋지 못했다. 왕의 주변에선 파벌 싸움이 그치질 않았고 정작 그를 초대한 디온은 4개월 만에 모반 혐의로 유배되어버렸다. 플라톤의 처지가 참 곤란하게 되었다. 디온을 몰아낸 새로운 권력자들은 플라톤을 좋게 보지 않을 것이 분명했다. 모반 혐의를 받은 이가 초대한 철학자가 아니던가. 권력자들은 플라톤을 독살하려 했다.

게다가 철학을 좋아한다던 왕은 플라톤이 보기에 그다지 '철학하는 것'에 관심이 없었다. 처음에는 플라톤을 달래며 용기를 북돋아주고 시라쿠사에 계속 머물라고 했다. 하지만 플라톤이 보기에 그것은 "디온보다 그 자신을 더 칭찬해주기를 바라는 것일 뿐"이었다. 왕은 자신이 외부에 어떻게 비쳐질까만을 고민하는 사람이었지 실제로 철학하는 삶에 욕구를 지닌 사람이 아니었다. 그는 자기의 나쁜 생활방식을 바꿀 생각이 없었다. 플라톤은 왕에게 철학이 말이 아니고 행동임을, 무엇보다 자신의 일상을 꾸리는 것임을 가르치려고 했으나 뜻대로 되지 않았다. 시칠리아에서 철학하는 왕을 찾으려 했던 두 번의 시도는 결국 실패했고, 플라톤은 다시 아테네로 돌아와야 했다.

3

몇 년의 시간이 또 흘렀다. 플라톤에게 다시 한 장의 편지가 날아왔다. 역시 시라쿠사에서 온 편지였다. 40대의 나이에 하나의 말을 뱉은 후, 그 말이 만들어낸 인연이 참 질기게도 플라톤을 따라붙었다. 이번 편지는 정중한 초대장이었다. 그것도 시칠리아의 왕 디오니시우스 2세가 직접 보낸 것이었다. 왕은 커다란 배와 고위 사절을 보내 플라톤에게 정중히 예를 표했다.

시라쿠사를 두 번째 방문한 후 아테네로 떠나올 때, 플라톤은 왕에게 시칠리아에 평화가 찾아오고 디온을 유배지에서 불러들일 경우 돌아오겠다는 약속을 했다. 플라톤은 왕과 합의한 사항이 제대로 이루어지지 않았다며 일단 초대를 거절했다. 당시 정세를 볼 때 왕이나 디온 모두에게 거리를 두는 것이 좋겠다고 생각했다. 물론 그 나이에 또 시라쿠사로 배를 타고 가는 것도 부담스러웠을 것이다. 그런데 디온은 플라톤에게 편지를 보내 왕의 초대에 응하라고 강하게 부탁을 했다. 왕이 철학에 대단한 열의를 가졌다는 이야기를 들었다는 것이었다. 게다가 왕은 플라톤이 잘 아는 철학자들을 초대해서 환대하고 자신이 철학에 관심이 많다는 점을 플라톤에게 전하도록 했다. 그리고 왕은 플라톤을 위협하는 일도 빠뜨리지 않았다. 그는 정중한 초대를 담은 편지에 이런 말을 붙였다. 플라톤 당신이 시라쿠사에 온다면 디온에 관한 일이 당신 뜻대로 되겠지만 그렇지 않다면 디온의 신변에 플라톤의 뜻과는 다른 일이 일어날 것이라고.

플라톤은 결국 세 번째 시라쿠사 방문에 나섰다. 두 번째 방문으로부터 6년 뒤였다. 플라톤이 쓴 표현을 인용하자면, "눈을 딱 감고"였다. 정말 그런 심정이었을 것이다. 하지만 플라톤은 이번 여정에서 확실한 마침표를 찍고 싶었다. 즉, '철학하는 왕'에 대한 세 번의 여정, 그것을 결론짓기 위해 하나의 시험을 제시한다. '시험'이라는 말, 플라톤이 다른 저작에서도 종종 쓰는 말이다. 플라톤은 그것을 '시금', 다시 말해 어떤 금속이 금인지 아닌지, 얼마나 순도가 높은 금인지 따져보는 일처럼 말했다. 디오니시우스 왕은 '철학하는 왕'을 자처했는데, 그가 정말로 철학을 하는 왕인지 아니면 그저 "귀동냥한 소리로 가득찬 사람인지"를 판별하는 것이다.

왕에 대한 철학 시험은 어찌 보면 그리 특별한 것이 아니었다. 왕에게 철학한다는 것이 어떤 것인지, 다시 말해 철학의 진실을 알려준 후 그것을 견딜 수 있는지를 알아보는 것이다. 플라톤은 말했다. 철학의 진실, 철학의 실재, 다시 말해 '철학이 무엇인지'는 그 삶에 있다고. 따라서 철학자란, 앞서 말했듯이, 자기 삶으로 철학을 입증하는 사람이라고 할 수 있다. 그가 제시한 철학자의 시험이란 철학의 "수행이 전체적으로 어떤 것이고…… 어느 만큼의 노고가 드는지를 보여주는 것"이었다. 철학은 "많은 시간을 들여 온갖 연마를 해야

지" 철학책만 내고 철학 개념만 읊는다고 철학자가 되는 건 아니라는 것을 확실하게 왕에게 깨우쳐주고 싶었다. 그저 세상의 의견에 물들고 사치스러운 삶을 살면서 노고를 행할 생각은 없는 사람들은 철학을 한다는 것이 "배울 것이 얼마나 많고 얼마나 오랜 노고가 들며 수행이 얼마나 규칙적인 생활방식을 요구하는지 알고 나면" 철학이 자신 같은 이들에게는 불가능하다는 것을 알게 될 것이라고, 플라톤은 생각했다.

그러나 디오니시우스 왕은 철학과 철학자에 대한 잘못된 이미지에 빠져 있었다. 철학 개념을 읊어대고 철학에 관한 책을 쓰면 철학자가 될 수 있다고 믿었던 것일까. 흥미롭게도 플라톤을 만난 이후 디오니시우스 왕이 책을 펴냈다는 이야기도 들려왔다. 이 모든 것이 디오니시우스 왕이 생각하는 '철학'의 이미지를 보여준다. 위대한 철학자로부터 '철학하는 왕'이라고 인정받는 것(철학자에 의한 철학자의 승인), 철학책을 펴내는 것, 무엇보다 "귀동냥한 소리"를 떠들어대는 것(누군가에게 들었거나 읽은 철학 개념들을 떠들어대는 것). 이것이 왕이 가진 철학자의 이미지이며, 오늘날 우리가 오해하고 있는 철학자의 이미지, 그것도 아주 나쁜 이미지이다. 왕은 철학이 말과 글, 책, 심지어 다른 사람의 인정으로 입증되는 게 아님을 전혀 몰랐다.

'철학하는 왕' 프로젝트는 이렇게 실패했다. 플라톤은 결국 '철학하는 왕'을 찾지도, 만들지도 못했다. 하지만 실패나 성공은 서로 반대를 의미하는 경우가 많다. 실패가 무언가를 말해주는 경우, 즉 실패로부터 뭔가 깨달음을 얻는 경우 그것은 더 이상 실패가 아닐 것이다. 매번의 다른 실패는 매번의 다른 성공과도 같다. 어떻든 '철학하는 왕'의 현실적 실패 이후 플라톤이 동시대인과 미래의 학생들을 위해 던진 말은 의미심장하다. 그는 자기가 고민하는 주제에 대해 책을 쓰려는 이들에게 이렇게 말해두었다. "거기에 대한 내 저술은 있지도, 나오지도 않을 것입니다. 그것은 다른 학문들처럼 말로 옮길 수 있는 게 결코 아니기 때문입니다." 그러고는 철학의 지혜, 철학적 앎에 대한 참으로 중요한 비유를 남겼다. '앎'이란 오랜 사귐과 공동생활을 통해 "튀는 불꽃에서 댕겨진 불빛처럼 혼 안에서 생겨나 스스로를 길러낼 것"이라고.

철학의 지혜란 홀로 득도하는 것이 아니다. 우리는 함께 살아야 한다. 그런데 함께 살다 보면 온갖 마찰이 생긴다. 그 마찰은 우리를 아프게 하고 상처를 입히기도 한다. 돌멩이들이 부딪치면 그렇듯, 우리의 부대낌은 열을 만들어내고 때로 불꽃을 튀게 한다. 그 불꽃이 영혼의 램프에 옮겨 타는 것, 그것이 바로 철학의 지혜가 아닌가. 나는 노년의 플라톤이 쓴 이 비유가 참 좋다. 서로 다투고 갈등할 수밖에 없는 조건에서, 때로 열이 나고 불꽃이 튀는 곳에서 우리는 영혼의 램프에 불을 밝힐 기회를 얻는다. 그렇게 얻은 불을 우리는 누군가에게 나눠줄 수도 있을 것이다. 그런데 나는 여기에 한마디 말을 덧붙이고 싶다. 우리는 위대한 누군가로부터 그 불을 나눠 받을 수 있다. 그러나 우리 몸에서 계속 기름을 제공하지 못한다면 누군가에게 건네받은 불은 금세 꺼져버릴 것이다. 우리는 우리 삶을 쉼없이 가꾸어감으로써만 우리 영혼의 램프를 밝힐 수 있다. 그것이 철학이라면, 철학은 참 멋진 학문이 아닌가.

4

플라톤의 노력은 참 감동적이다. 왕에게 '철학이 무엇인지' 알려주려고 목숨을 잃을 수도 있는 모험을 감행한 것, 그리고 목숨을 걸고 왕에게 철학의 진실을 말하는 것. 힘 있는 한 사람을 올바르게 세워 나라를 바꾸어보겠다는 생각을 그는 말하고 또 실천하려 했다.

그런데 강연을 시작하면서 말한 것처럼, 디오게네스는 플라톤의 이런 시라쿠사 방문을 조롱했다. "네가 네 샐러드를 직접 씻는 법을 배우면 너는 디오니시우스의 노예가 될 필요가 없다"는 말, 오늘 강연의 제2부는 여기서 시작한다. 디오게네스는 '힘 있는 자', 즉 왕의 힘에 기대어 사회를 바꾸려는 플라톤의 시도를 조롱한 것이다.

디오게네스는 어떤 인물이었는가. 플라톤이 디오게네스에게 말한 것을 떠올려보자. "네가 왕에게 조금만 더 공손했더라면……" 여기에는 디오게네스의 성격 하나가 잘 나타나 있다. 디오게네스는 민중들에게는 한없이 다정하고 유머가 넘치는 사람이었지만 왕에게는 참 뻣뻣한 사람이 아니었나 싶다. 그는 선물을 들고 온 이에게는 사슴처럼 다정하지만 탐욕을 부리는 권력자에게는 개가 되어 물어뜯을 준비가 되어 있던 사람이다.

여러분도 디오게네스 일화 중 한두 가지는 들어보았을 것이다. 디오게네스의 철학은 대부분 '일화'로 전해지고 있다. 남아 있는 저술도 없지만 아마 저술을 쓰려고 하지도 않았을 것이다. 그는 '철학이 말이 아니라 행함에 있음'을 플라톤보다 더 철저하게 보여준 인물이다. 그는 제자를 따로 두지 않았다. 아카데미 같은 것을 만들 생각도 애초에 없었다. 다만 그를 추종했던 이들이 그의 철학을 하나의 일화로 엮어 전하고 있는 것이다.

디오게네스와 알렉산더대왕 사이에는 유명한 일화가 있다. 이 일화 역시 역사적 사실에 부합한다기보다는 디오게네스 철학을 전하기 위해 만들어낸 것으로 보인다. "나는 알렉산더대왕이다, 너는 누구냐?"라는 물음에 디오게네스는 "나는 개다"라고 답했다. 정말 왕에게 겁이 없는 인물이었다. 알렉산더가 "너는 내가 두렵지 않느냐"라고 물었을 정도였다. 나중에 디오게네스의 사람됨을 본 알렉산더가 소원이 무엇이냐고 물었을 때, 디오게네스는 햇볕을 가리고 있는 알렉산더에게 비켜서라고, 그것이 자신이 원하는 것이라고 했다.

이제 이 디오게네스라는 철학자에 대해 본격적으로 말해보고자 한다. 그 역시 플라톤처럼 철학이란 삶으로 드러나는 것이라고 생각했다. 하지만 그는 그것을 전혀 다른 방식으로, 그리고 전혀 다른 시각에서 접근했다.

5

서양철학사에서 디오게네스는 '견유주의'의 스승으로 불린다. '개 견'犬에 '선비 유'儒를 썼으니, '개 선비' 내지 '개 같은 선비'인 셈이다. 누가 그렇게 번역했는지는 모르겠다. 농담 삼아 말하자면, 나는 술을 먹고 개가 된 학자들을 본 적은 있지만, 누군가 맑은 정신으로, 자신의 최고 지혜를 담아, 스스로를 개라 칭한 경우를 본 적은 없다. 견유주의를 퀴니코스학파라고 하는데, 이때 '퀴니코스'는 '개'라는 뜻이다.

디오게네스는 왜 스스로를 '개'라고 칭했을까. 그는 이렇게 말했다. "나는 개다. 왜냐하면 내게 선물을 가져온 이에게는 사슴처럼 온순하지만 그렇지 않은 이에게는 무섭게 짖는다. 그리고 사악한 이들은 (아예) 물어뜯는다." 언젠가 알렉산더대왕의 아버지 필리포스대왕이 그를 붙잡아 물었을 때도 "누구냐"라는 물음에 이렇게 답했다. "나는 네 탐욕의 정찰병kataskopos이다."[2] 정찰

---

2) 푸코에 따르면, 로마의 스토아 철학자 에픽테토스는 견유주의자의 역할을 아예 '카타스코포스'라고 불렀다. 견유주의자는 아무런 보호(피난처, 집, 나라)도 없이 앞서 파견된 자들, 앞서 내달리는 자들이며, 다시 돌아와 무슨 일이 일어나고 있는지를 아무 두려움 없이 고해야 하는 자들이다.(M. Foucault, *Le courage de la vérité: Cours au Collége de France*, Gallimard/Seuil, 2009, p.154.) 참고로 푸코가 콜레주

병이라는 뜻의 '카타스코포스'는 본부대 앞에서 적진을 정탐하는 임무를 띤 병사를 부르는 고대 그리스 군사 용어였다고 한다. 디오게네스가 스스로를 '카타스코포스'라고 부른 것은, 누구보다 민감하게 지금 일어나고 있는 일의 정체를 빨리 알아챈다는 것, 그리고 그것을 '인류'라는 본대에 알리는 자라는 뜻에서일 것이다. 견유주의자는 아무런 보호(피난처, 집, 나라)도 없이 인류에 앞서 냄새를 맡고, 용기를 내서 그 진실을 알리는 일을 한다.

필리포스도 어떤 나라를 쳐들어갈 때는 스스로를 '해방자'로 칭했을 것이다. 그러나 개는 예민한 후각으로 먼저 알아챘다. 개는 주인이 미처 알지 못할 때, 주인을 찾아온 이가 탐욕자이고 나라를 훔치러 온 강도임을 간파하고 으르렁댄다. 그 개가 견유주의자이다. 견유주의자들은 권력자들에게 용감하다. 왕이 탐욕을 챙길 때 누구보다 이를 먼저 알아차리고는, 그들을 고발하기 위해 짖어대고, 또한 그들을 두려움 없이 물어뜯는다.

사실 디오게네스는 개가 적만 물어뜯는 건 아니라고 했다. "나는 개다. 다른 개들은 적들을 물어뜯지만 나는 친구들을 물어뜯을 것이다. 그들을 구하기 위해서 말이다." 서로를 일깨우고 각성시키는 존재. 그 '개'는 친구를 위해서 친구와의 전투도 불사한다.

디오게네스는 개처럼 용감했다. 하지만 다음 이야기로 넘어가기 전에 나는 그의 덕목 하나를 추가해두고자 한다. 여러분은 어떻게 생각할지 모르겠지만, '용기'는 위인들 사이에서는 비교적 흔한 덕목이다. 위인전에 나오는 위인들은 대부분 용감하다. 진실을 말할 용기가 없다면 분명 철학을 할 수가 없

드 프랑스에서 행한 두 차례의 강연, 즉 『자기와 타인에 대한 통치』(*Le gouvernement de soi et des autres*) (1982~1983)와 『진리에 대한 용기』(*Le courage de la vérité*)(1984)는 플라톤과 디오게네스를 대비시키는 이번 강연을 준비하는 데 큰 도움을 주었다.

다. 앞서 플라톤 역시 그런 덕목을 가지고 있었다. 치료를 거부하는 환자까지, 다시 말해 자기 습속을 고치기를 거부하는 이까지 치료해야 하는가에 대해서는 회의적이었지만, 그는 최소한 그것을 원하는 자에게는, 비록 그 신분이 왕이라 할지라도 진실을 말함에 주저하지 않았다.

그런데 디오게네스는 보통의 위인들이 가진 '용기'와는 다른, 매우 드물지만 또한 대단한 덕목 하나를 더 가지고 있었다. 그것은 바로 웃음과 유머다. 그는 누군가를 비판할 때 플라톤처럼 논박하는 사람이 아니었다. 그는 재치가 있었다. 그의 일화들은 무엇보다 웃음을 유발한다. 말 그대로 '즐거운 지식'이다. 그는 밝은 대낮에 등불을 들고 시장에 나가 "인간을 찾노라"라고 말한 적이 있다. 그런데 사람들이 모여들자 이렇게 일갈했다. "나는 인간을 찾고 있다고 했다." 거기 모여든 사람들을 '인간' 취급하지 않은 것인데, 그 뜻을 논하기 전에 너무 재미가 있다. 언젠가는 플라톤이 인간을 '깃털 없는 두 발 달린 짐승'이라고 하자, 그는 닭을 잡아서 털을 뽑고는 '플라톤의 인간'이라는 이름을 달아 던졌다고 한다. 아마도 그는 우리가 인간을 안다는 것이 그런 형식적 정의, 즉 '깃털 없는 두 발 달린 짐승'이라는 식을 의미한다고 생각지 않았을 것이다. 논리적으로는 그럴듯한 분류지만 현실에서 인간을 이해할 때 그런 정의는 별 도움이 되지 않는다. 엘리트들의 로고스는 '깃털 없는 닭'처럼 현실에서는 공허하거나 우스꽝스러운 것에 지나지 않을 때가 많다.

견유주의, 즉 퀴니코스(영어로는 '시닉'Cynics이라 한다)라는 말에서 '시니컬'하다는 말이 나왔다. 그런데 '개'가 '시니컬'하다는 것, 다시 말해 '냉소적'이라는 것은 잘 이해가 되지 않는다. 아마 알렉산더대왕의 제안을 내쳤던 일이나, 플라톤의 인간에 대한 정의를 조롱한 것에서 그런 의미가 파생되지 않았나 싶다. 그러나 실제 견유주의의 정신은 오늘날 우리가 '냉소적'이라고 말하는 것과는 정반대에 가깝다. 오늘날 냉소주의는 행동이 수반되지 않는 말, 실천의 용기가 없는 말뿐인 비판에 지나지 않지만 견유주의는 그 반대였다.[3] 그들은 비판을 말이 아니라 행동으로 보여주었다. 게다가 과거의 견유주의는 현실적이지 못한 엘리트들에 대한 민중적 풍자와 비판이었으나, 오늘날 냉소주의는 엘리트들이 '무지한 대중'을 조롱하면서 취하는 태도에 가깝다.

어떻든 디오게네스는 용기 있는 사람이었지만 또한 재밌는 사람이었다. 우리는 용기만 있는 위인들에게 외경畏敬, 다시 말해 존경하면서도 두려운 마음을 갖게 된다. 그들이 있어줘서 고맙기는 하지만 그렇다고 그들처럼 되기에는 조금 겁이 난다. 하지만 용기 있는 사람이 유머까지 있다면 상황은 달라진다. 우리는 자꾸 그 옆에 서 있고 싶고 그처럼 되고 싶어진다. 유머에는 그런 힘이 있다. 디오게네스는 참 드문, 고귀한 사람이다.

6

이제 나는 강연 처음에 꺼낸 일화로 돌아가 거기 나온 단어들을 하나씩 음미해보려고 한다. 디오게네스가 길에서 씻고 있었던 것부터 이야기해보자. 바로 '샐러드'다. 디오게네스의 일화에 등장하는 그의 음식은 주로 샐러드와 무화과였다. 디오게네스는 검소한 채식 생활을 했던 것 같다. 하지만 그는 육식에 대해서, 심지어 식인 풍습에 대해서도 그렇게 비난하지는 않았다.

디오게네스에 따르면 "그는 사원에서 무언가를 훔치거나 육식을 하는 것

---

3) 페터 슬로터다이크, 이진우·박미애 옮김, 『냉소적 이성비판』, 에코리브르, 2005.

을 부당하다고 생각하지 않았다. 심지어 몇몇 외국의 풍습에서처럼 사람고기를 먹는 것조차 그렇게 생각하지 않았다.(……) 그는 올바른 로고스를 가지고서 말했다. 만물은 만물 안에, 그리고 도처에 있다고. 빵 안에는 살이 있고, 채소 안에는 빵이 있기 때문이다. 어떤 보이지 않는 이동과 입자들을 통해 증기의 형태로 다른 모든 신체들 역시 모든 실체들에 들어가 하나를 이룬다."[4]

'빵 속에 살이 있다'는 말은 무슨 뜻일까. 혹시 이런 게 아닐까. 가령 우리가 죽게 되면 우리 몸의 어떤 부분은 미생물에게 분해될 것이고 그 일부는 식물의 뿌리를 통해서 흡수되지 않을까. 그렇다면 식물 속에는 동물의 일부를 이루던 것이 분해되어 들어 있지 않을까. 꼭 죽어서가 아니더라도 실존하는 모든 것들은 서로를 부분적으로 품고 있다고 보았는지도 모르겠다. 디오게네스는 어떤 보이지 않는 방식으로 만물 속에는 만물이 들어간다고 했다. 『화엄경』에서 말하는 '일미진중함시방'—微塵中含十方, 즉 하나의 먼지에도 온 우주가 담겨 있다는 말이 떠오른다. '만물 속에는 만물이 있다'. 우리가 들이마시는 공기는 저기 중동의 민중들이 내쉬는 공기이고, 내가 오늘 먹은 밥은 남미의 누군가가 차를 마시기 위해 끓인 물이다. 만물은 만물 속에 있으며, 나는 너 안에 있고, 너는 내 안에 있다. 거기에 어떤 경계도 있을 수 없다. 나는 여기서 매우 중요한 두 가지의 원리(삶의 원리이자 민주주의의 원리)를 발견한다. 그 하나는 '평등'이고 다른 하나는 '연대'이다.

우선 평등에 대해 말해보자. 만물은 각자 만물을 품고 있으므로, 만물은 그

---

4) Diogenes Laertius, *Lives of Eminent Philosophers*, tr. by R. D. Hicks, Vol. Ⅱ, Harvard University Press, 1958, p.75(국역본, 전양범 옮김, 『그리스철학자열전』, 동서문화사, 2011, 378쪽.) 본문 번역은 영역본을 따랐다. 참고로 디오게네스 라에르티오스의 원전 제목을 글자 그대로 옮기면 『열 권으로 된 저명한 철학자들의 생애와 사상』이라고 할 수 있는데 영역본과 국역본 제목에서는 '생애'와 '사상', 다시 말해서 '삶'과 '철학'이 나란히 가는 것의 의미가 잘 드러나 있지 않다.

자체로 평등하다. 인간이 서로 평등함은 말할 것도 없고, 인간과 다른 존재들, 가령 그것이 길가의 돌멩이에 불과할지라도, 모두 평등하다. 우리는 종종 '법 앞에서' 평등하다는 말을 하지만, 디오게네스의 '샐러드'에 들어 있는 생각에 따르면 우리는 '법 이전에' 평등하다. 설령 우리가 타고 가는 배가 난파되어 무인도에 두 사람만 살아남았다 해도, 법이 없는 그 상황에서도, 두 사람은 서로를 평등하게 대해야 한다. 뿐만 아니라 그는 그 섬에서 만나는 모든 존재를 평등하게 대해야 한다. 우리는 대니얼 디포의 소설 속 주인공 '로빈슨 크루소'처럼, 만나는 모든 존재를 식민화하거나 노예로 삼는 짓을 해서는 안 된다. 디오게네스의 철학을 따른다면, 우리는 법 이전에, 심지어 법 없이도 모두 평등한 존재라고 할 수 있다.

디오게네스에게 누군가 "어디서 왔느냐"라고, 즉 고향이 어디냐고 물은 적이 있다. 그때 그는 이렇게 답했다. "나는 세계(우주)의 시민코스모폴리탄"이라고. 그는 스스로를 '코스모스(우주)'에서 왔다고 했다. 온 세계가 자신의 고향이기에 특별한 곳을 고향이라고 부르지 않는다는 것이다. 어떤 주석가에 따르면, 세계시민사상, 즉 '코스모폴리타니즘'은 디오게네스의 이 대답에서 연원했다고 한다. 디오게네스를 추종한 사람들은 심지어 가정을 꾸리지도 않았다. 사랑해야 할 특별한 사람들을 갖는다는 것은, 사람들을 똑같이 사랑하지 않는다는 것을 의미하기 때문이다. 디오게네스는 이렇게 말했다. "참된 나라(공동체)는 우주만큼 넓은 것이다."

이제 두 번째 원리인 '연대'에 대해 말해보자. '만물이 만물 속에 있다'는 것. 내 안에 네가 있고, 네 안에 내가 있다는 것. 이것은 그 자체로 모든 존재가 연대의 산물임을 말해준다. 물론 우리는 이해관계를 따져 당파를 잘 형성하곤 한다. 그와 손을 잡는 것이 내게 유리하다고, 그것이 정치적 대의를 위해서이건, 경제적 실리를 위해서이건, 우리가 떠올리는 연대의 원리는 어떤 '이익'과 관련이 있다. 우리가 그것을 '협잡'이라고 부르든, '계약'이라고 부르든, '동맹'이나 '단결'이라 부르든 원리가 크게 다른 건 아니다.

하지만 디오게네스 철학에서 끌어낼 수 있는 연대는 이런 이해관계 이전의 것이다. 그것은 사회계약에 우선한다. 왜냐하면 그것은 타인과의 관계 이전에 나 자신의 존재에 관한 이야기이기 때문이다. 그것은 우리 존재 자체가 타인들로 이루어졌다는 깨달음이다. 나는 언젠가 『전태일 평전』을 읽으며 그런 느낌을 가진 적이 있다. 전태일이 신문팔이, 여공, 철거민들과 연대하기 이전에, 그런 존재들을 자기 안에 품고 있다는 느낌 말이다. 그의 존재 안에서 그들이 연대하고 있었다. 그리고 그는 유서에서 우리에게 동일한 존재가 되어 주기를 요청했다. '나를 아는 모든 나' 그리고 '나를 모르는 모든 나'에게 부친 그의 유서는 '그대 영역의 일부'로서 자신을 받아들여 주기를 요청한다. 그를 이루는 어떤 부분이 우리 안에 그렇게 자리함으로써, 다시 말해 우리가 자기 안에 그의 자리를 내줌으로써, 우리는 또 다른 존재가 될 수 있다. 우리는 그런 방식으로 그와 연대하는 것이다. 우리가 누군가와 연대한다는 것은 그 존재를 우리 안에 품는 것이다. 그것이 우리에게 이익인지를 판단하기 이전에, 그것이 우리에게 법으로 허용되었는가를 따지기 이전에 누군가를 우리에게 허락하는 것, 또 누군가 우리 안에 자리를 잡는 것, 그것을 우리는 '연대'라고 말할 수 있다.

7

다음으로 나는 일화 속 '장소'에 대해 말하고 싶다. 디오게네스가 자신의 샐러드를 씻던 장소 말이다. 그리고 그 '장소'를 무엇보다도 '철학의 장소'로서 플라톤의 경우와 비교하고 싶다. 플라톤은 힘 있는 한 사람을 바꾸는 것이 중요하다는 생각에 '궁정'으로 갔다. 플라톤은 철학자의 임무를, '힘을 가진 자'에게 용기를 내 올바른 소리를 하고, 그를 올바른 길로 인도하는 것, 그래서 결과적으로 만인이 그 올바른 삶을 따르도록 하는 것에 있다고 보았다. 그가 생각한 철학의 장소—궁정이든, 아카데미이든, 이런 장소—는 디오게네스가 철학을 했던 장소인 '길'과 대비된다. 길은 앞서의 장소들과 한 가지 점에서 구분된다. 거기에는 '벽'이 없다. 거기에는 '보호'도 없고 '감춤'도 없다.

이 '길'이라는 장소에 대해 생각해보자. 디오게네스에게 길은 일단 '모든 것을 모두에게 내보이는' 공적인 장소였다. 그는 공적인 장소에서 자기 삶을 내보일 수 있을 정도로 떳떳하게 살아야 한다고 생각했다. 그의 전기에 따르면 디오게네스는 "모든 것을 공적으로 하는 것을 습관"으로 삼았다고 한다. 먹는 것, 입는 것, …… 살아가는 것 전체가 대중에게 노출되었다. 그는 길에서 밥을 먹었고 길에서 자위행위를 했다. 누군가 그 이유를 묻자 이렇게 답했다고 한다. "아침식사를 (길에서) 하는 게 잘못이 아니면, 그것을 길에서 하는 것도 잘못이 아니다." 그는 잘못된 게 아니라면 누구 앞에서도 당당해야 하고, 만약 모두 앞에서 당당한 것이 아니라면 혼자 있을 때도 당당한 것이 아니라는 말을 하고 싶었던 것 같다.

디오게네스의 '공적인 습관'의 첫 번째 의미를 우리는 '공공연함', '감추지 않음'으로, 혹은 기꺼이 '발가벗음'으로 이해할 수 있을 것이다. 우리는 여러 세기를 가로질러, 칸트가 말한 '계몽의 정신'에서 '공적인 것'의 이러한 의미를 재발견할 수 있다.[5] 칸트는 당대 잡지 『월간 베를린』Berlinische Monatsschrift이

제기한 '계몽이란 무엇인가'에 대한 물음에 답하면서, '계몽의 정신'을 이 '공적인 것'과 관련해서 이해했다.[6]

보통 우리는 '계몽'을 지적으로 똑똑해지는 것, 다시 말해 과거의 미신적인 것에서 벗어나 과학적이 되는 것이라 생각하기 쉽지만, 칸트는 '계몽'의 정신을 '지성'이 아닌 '용기'에서 찾았다. 그는 이성의 사용을 '사적인 것'과 '공적인 것'으로 나누었다. 이성의 사적인 사용은, 그가 든 예를 따르자면, 기계 부품처럼 사용하는 것이다. 기계 부품이 된 듯 일을 효율적으로 잘 처리하는 것이다. 그러나 이성의 공적인 사용은 이와 다르다. 그는 '학자처럼' 혹은 '저자처럼'이라는 비유를 들었다. 아마 당시가 '출판업'publishing이 부흥하기 시작했던 때였기 때문일 것이다. '공적인 것'은 익명의 독자들에게 자신의 의견을 공공연하게 드러내는 것과 관련이 있다.[7]

그는 아주 분명한 예를 들었는데, 가령 교황이 성직자에게 어떤 일을 지시한 경우, 사적인 이성의 사용자는 그 지시를 효율적으로 빨리 처리할 것이다. 그러나 그 일이 부당하다고 느낀 성직자가 있다면, 그는 공중을 향해 그것을 말해야 한다. 물론 자신이 잘못 생각할 수도 있지만, 그는 자신의 이성이 명하는 대로 공중에게 말해야 하고, 미래 세대를 위해서라도 말해야 한다. 이런 이성의 공적인 사용이 바로 계몽된 태도이다. 만약 중세가 계몽되지 못한 시대였다면, 그것은 그들이 비과학적인 미신을 믿어서가 아니라, 어떤 미신, 어떤 우상을 감히 비판할 용기를 내지 못했다는 데 있을 것이다. 그래서 칸트는 계

---

5) M. Foucault, *Le gouvernement de soi et des autres*, pp.9~10.

6) 칸트, 정지인 · 강유원 옮김, 「계몽이란 무엇인가에 대한 답변」(http://armarius.net)

7) 푸코에 따르면 칸트가 생각한 익명의 공중(public)은 대학의 공중도 아니었고(대학 공중은 19세기 대학 개혁 이후에나 출현한다), 오늘날 '대중문화' 등에서 말하는 그런 '대중'도 아니었다. 칸트가 말한 것은 당시 저널이나 학술모임 등 지식이 유통되던 다양한 모임의 사람들이었다.

몽의 구호를 '감히 알려 하라'Sapere Aude 라고 했다. 그 '감히' 알려 하고 '감히' 말하는 용기가 계몽이라는 것이다. 나는 이런 계몽의 정신이 바로 디오게네스적 의미에서 '개'가 가졌던 용기라고 생각한다.

길에서 철학을 한다는 것은 이처럼 내가 통제할 수 없고, 어쩌면 나를 잃어버릴지도 모를 세계를 향해 나를 여는 용기를 필요로 하며, 또한 길에서 내가 생각하는 바를 굽힘없이 말할 용기를 필요로 한다. 그런데 우리가 이처럼 '길'에 나설 용기를 내야 하는 것은 그것이 비단 옳은 일이기 때문에, 다시 말해 그것이 우리 이성이 명한 일이기 때문만은 아니다.

내 생각에 '길'은 무언가를 폭로하는 장소이기도 하지만, 무엇보다 '집'과 '학교', '공장', '궁정' 같은 곳, 다시 말해 법의 보호와 명령을 받는 장소에서는 떠올릴 수 없는 새로운 비전 같은 것이 나오는 장소이기도 하다. 나는 여기서 '길'의 두 번째 의미를 발견한다. 길에서는 그야말로 온갖 일, 온갖 사건이 일어난다. 누군가에게 따귀를 맞을 수도 있고 누군가를 친구로 사귀기도 한다. 거기서는 내가 통제할 수 없는 온갖 일들이 일어난다.

대략 10년 전쯤 읽은 신문 기사 하나가 떠오른다. 2003년 어느 날 안산 원곡동에서 대대적인 미등록 이주자에 대한 단속이 있었다. 그들의 체류 자체가 불법이라는 이유로 단속반원들은 인권침해적 행동을 서슴지 않았다. 검문에 불응하고 도주하면 동물을 사냥하듯 그물총을 쏘았고, 어떤 경우에는 잠자는 기숙사 벽을 부수고 연행해가기도 했다. 그 과정에서 도망치던 이주노동자들이 사망한 예도 여럿 있었다. 내가 읽은 기사에는 어느 상점 주인과 단속 공무원이 실랑이를 벌이는 장면이 있었다. 상점 주인들이 불법체류자의 도피를 도왔다는 것이다. 기자는 해설기사에서 원곡동 거주자의 60% 이상이 이주자들이기에, 지역 경제가 이들에게 의존하고 있으므로 상점 주인들이 이들을 보호하는 것 같다고 썼다. 하지만 나는 그렇게 복잡하게 생각하지 않는다. 생각해보라. 어제까지 자주 들락이며 물건을 사간 동네 사람이 땀을 흘리며 들어와 자신을 숨겨 달라고 할 때 당신은 어떻게 하겠는가. 나는 사람들이 사는 법이 그렇다고 생각한다.

내가 말하고 싶은 지점이 바로 여기다. 즉, 길에서는 법으로 한정할 수 없는 다양한 일들이 일어나고, 그 속에서 사람들은 어떤 생각을 하게 된다. 아무리 불법이라고 해도 이렇게까지 해야 하는가에 대해서. 이곳에 오래 머문 사람들, 이미 이곳이 삶의 터전이 된 사람들에 대해서는 다른 조치가 취해져야 하는 것 아닌가 하는 생각. 법을 넘어서, 경계를 넘어서, 사람들을 접하다 보면 이전의 제도에서 규정한 삶과는 다른 삶에 대해서 생각할 수밖에 없다. 구체적인 정책이나 제도야 정부 담당자들의 몫이겠지만, 사회의 기본 지향이랄까 정신이랄까 하는 것은, 우리의 법과 제도를 넘어선 영역과의 교감과 교섭을 통해서 변경되고 또 창안된다. 완전히 문을 열어두는 것은 너무 위험하다고 해도, 우리는 어떻든 조금은 문을 열어두어야 하고, '문 밖에서' 조금은 교섭할 용기를 마련해두어야 한다. 도둑이 들어오는 그 문으로 우리를 구원하는 손님도 들어오는 것이니 말이다. 문을 걸어두면 도둑도 없지만 손님도 없다.

8

이제 주제 하나만 더 다루고 이 긴 강연을 마무리하려고 한다. 마지막으로 말하고 싶은 것은 '힘', '권력', '자유', '노예'에 대해서다. 디오게네스와 플라톤의 일화 속에는 아주 성격이 다른 두 개의 힘, 두 개의 자유 개념이 들어 있다.

처음 일화를 다시 상기해보자. 플라톤은 디오게네스에게 "네가 디오니시우스 왕에게 조금만 더 공손했더라면 넌 네 샐러드를 손수 씻을 필요가 없었을 것이다"라고 했다. 그럼 질문을 던져보자. 자기 샐러드를 손수 씻을 필요가 없다면, 나는 내 샐러드를 어떻게 먹을 수 있을까. 누군가에게 내 샐러드를 씻게 하는 것이다. 바로 이것이 플라톤이 생각한 권력이다. 자기의 이익을 위해 타인을 강제할 수 있는 힘 말이다. 흥미롭게도 플라톤은 이런 권력을 어떻게 얻을 수 있는지에 대해서도 말했다. 바로 '왕에게 공손함으로써', 즉 '왕에게 복종함으로써'이다. 권력자에게 복종함으로써 나 또한 누군가를 복종시킬 권력을 얻는다. 복종에서 복종으로 이어지는 권력. 이것이 니체가 우리 시대를 노예적이라고 말하는 이유일 것이다.

예전에 〈넘버 쓰리〉라는 영화가 있었다. '넘버 쓰리'의 생리에는 노예 중에서도 '영리한 노예'의 처신이 잘 드러나 있다. 모든 '넘버 쓰리'들은 '넘버 원'에게 빨리 복종함으로써 그에게 '넘버 투' 자리를 보장받으려고 한다. 빨리 복종함으로써 제1의 노예 위치를 차지하고, 그것을 통해 다른 이들보다 더 나은 지위와 부를 보장받는 것이다. 그들은 애당초 '넘버 원' 자리에는 관심이 없다. 그것을 차지하기 위해서는 목숨을 걸어야 하기 때문이다. 그러나 그런 '영리함' 때문에 '넘버 쓰리'는 평생 '넘버 쓰리'로 산다. 영리한 노예는 그 영리함 때문에 영원히 노예인 것이다. 사실 대부분의 '넘버 원'들도 실제로는 '넘버 쓰리'들이다. 가령 그들은 돈의 명령에 남보다 빨리 적응하고 복종함으로써 유리한 지위를 보장받는다. 돈은 우리에게 속삭인다. '내게 복종하라, 그러면 모든 것의 주인이 되게 해주겠다.' 누구보다 돈의 흐름을 빨리 알아채고 거기에 순응하는 것, 그런 자가 가진 힘은 사실상 '돈의 힘'이다. 그가 그것을 자기의 힘이라 착각하든 말든 자유이다. 그러나 돈이 없을 때 그는 확실하게 알 것이다. 그는 단지 힘을 빌려온 자임을 말이다.

이제 플라톤의 충고에 대한 디오게네스의 답변을 보자. "네가 네 샐러드를 직접 씻는 법을 배우면 넌 디오니시우스 왕의 노예가 될 필요가 없다." 여기에도 힘이 있다. 자신의 샐러드를 씻을 수 있다는 것, 그것은 '힘'이지만 플라톤적 '권력'이 아니라 '능력'을 의미한다. 여기서 힘은 '무엇을 할 수 있음'이다. 정치의 많은 질문이 대권으로 상징되는 '최고 권력'을 누가 어떻게 장악하느냐에 집중되어 있지만, 디오게네스의 답변은 우리로 하여금, 도대체 우리가 장악하고자 하는 '권력'의 정체가 무엇이냐는 물음을 일으킨다.

이와 관련된 일화가 하나 있다. 디오게네스에게는 '마네스'라는 이름의 노예가 있었다. 그런데 그 노예가 도망을 쳤다. 사람들이 몰려와서 '도망 노예'를 추적하자고 했다. 그때 디오게네스가 말했다. "마네스는 디오게네스 없이 살 수 있는데 디오게네스는 마네스 없이 살 수 없다면 그건 어처구니없는 일일 것이다." 노예는 주인이 없어도 살 수가 있어 도망쳤는데, 주인은 노예 없이 살 수 없다면 누가 더 강한 것인가. 여기에는 누구의 권력이 큰가와는 다른 물음, 즉 능력에 대한 물음이 들어 있는 셈이다. 다시 말해 '자율' 내지 '자기 통치'로서, 철학과 정치에 대한 사유가 들어 있다고 할 수 있다.

비슷한 일화가 하나 더 있다. 이번에는 디오게네스가 노예가 된 이야기다. 배를 타고 가다 해적선을 만난 디오게네스는 노예시장에 팔렸다. 노예들은 저마다 자신의 특기 내지 재능을 적어 목에 걸어두었다. 그런데 디오게네스는 이런 말을 적었다. "나는 사람을 잘 부릴 줄 아는 재능을 가졌다." 다시 말해 그는 '주인 역할을 잘한다'는 것을 노예의 주특기로 적은 것이다. 심지어 그는 자신을 사가는 사람이 없자 직접 자기 구매자를 선택하기도 했다. 당신은 나를 필요로 한다고, 어느 돈 많은 귀족을 지목한 것이다.

플라톤은 훌륭한 통치자 이야기를 종종 했는데, 그가 그린 훌륭한 통치자란 대개 훌륭한 '목자'의 이미지다. 아마도 그가 대중들을 '양떼'처럼 생각했기 때문일 것이다. 대중에 대한 불신이 목자에 대한 염원으로 나타난 것이리라. 그러나 디오게네스는 반대로 접근하려고 했다. 그는 먹이를 얻어먹을 때조차 자신을 양이 아닌 '사자'로 그리려고 했다. 언젠가 디오게네스의 친구들이 몸값을 지불하고 그를 자유롭게 만들어주려고 했을 때 그는 친구들을 '바보들'이라고 불렀다. "왜냐하면 사자는 자신에게 먹이를 주는 이들의 노예가 되지 않기 때문이며, 오히려 먹이를 주는 자들이야말로 사자의 자비에 달려 있기 때문이다. 또한 공포란 노예의 표시이지만 야수는 사람들을 오히려 두렵게 하기 때문이다."[8] 대중이 '양떼'로 존재한다면 그들은 '좋은 목자'를 만났을 때조차 매우 위험하다. 만약 그들이 '좋은 목자'를 만나지 못했으면 어쩔 뻔했는가. 그러나 대중이 '양'이 아니라 '사자'라면 상황은 반대이다. 목자가 양을 키우는 이유는 그 양을 잡아먹기 위해서이지만, 사자에게 누군가 먹이를 가져다 준다면 그것은 오히려 사자가 무섭기 때문이다. 대중이 스스로 강한 존재라면 소위 '치자'治者들이 대중을 두려워할 것이고, 그 반대 경우라면 대중들이 '치자'들에 대한 두려움 속에 살 것이다.

나는 여기서 철학의 목표와 정치의 목표가 수렴한다고 생각한다. 플라톤은 '철학하는 왕' 속에서, 다시 말해 통치자의 형상 속에서 철학과 정치의 수렴을 보았지만, 나는 대중들 속에서 철학과 정치가 수렴되는 길을 생각해본다.

---

8) Diogenes Laertius, *Lives of Eminent Philosophers*, tr. by R. D. Hicks, Vol. II, Harvard University Press, 1958, p.77.

철학과 정치를 하나의 과제 속에서 포착한 플라톤을 완전히 거꾸로 세워보는 것이다. 그의 과제를 그로부터 가장 먼 방식으로, 그와 가장 먼 결론에 도달하기 위해서 다시 취해보는 것이라 할 수도 있다. 철학하는 왕을 철학하는 데모스로 말이다. 철학하는 왕을 나와 당신에게 요구해보는 건 어떤가. 그리고 전제주의적 진리에 반대하는 철학적 사명과 전제주의적 권력에 반대하는 정치적 사명을 하나로 묶어보는 건 어떤가(철학과 민주주의의 수렴).[9] 그 속에서 진리와 권력의 의미를 함께 전복시켜보는 것이다. 자기 삶을 잘 가꾸고 그 속에서 또한 타인에 대한 돌봄을 깨닫는 것, 다시 말해 삶의 특이성과 연대를 이해하고 또 만들어갈 줄 아는 것. 나는 여기서 철학과 정치를 함께 본다. 오늘 여러분은 내게 철학에 대해서 물었지만 아마 민주주의에 대해 물었어도 같은 답을 들었을 것이다. 어떻든 이것이 오늘 내가 여러분에게 말하고 싶은 '철학한다는 것'이다.

---

9) 니체는 권력에 대해서만이 아니라 진리에 대해서도 아곤(Agon)을 요구하지 않았던가.

대학의 앎은
우리의 삶을
구원하는가

1. 대학 강의의 추억

몇 해 전 나는 「앎은 삶을 구원하는가」라는 거창한 제목의 글을 쓴 적이 있다.[1] 교도소나 장애인야학 등 대학 바깥에서의 강연 경험을 바탕으로 인문학이 우리 삶을 바꿀 수 있는지를 논해본 글이다. 거기서 나는 '대학에서의 배움'과 '대학 바깥에서의 배움'의 경험을 짧게 비교했는데, 그 때문인지 대학 문제에 대한 토론회나 강연회 자리에 종종 초대를 받는다. 오늘 이 자리에 초대를 받은 것도 그 글 때문이라고 생각한다.

그런데 '대학에서의 배움'이라는 오늘 주제에 내가 적합한 강연자인지는 잘 모르겠다. 이 말을 꺼내놓고 보니 좀 씁쓸한 기억 하나가 떠오른다. 지방의 어느 국립대학에서 '대학 인문학의 위기'를 주제로 간단한 발제를 한 적이

---

1) 이 글은 『추방과 탈주』(그린비, 2009)에 실려 있다.

있는데, 토론자였던 교수로부터 대학에 대해 함부로 말하지 말라는 힐난을 들었다. 특히 그는 '대학은 죽었다'라는 표현에 화를 냈다. 내가 졸업한 대학, 내 전공에 대해서라면 모르겠지만 너무 일반화해서 말하지 말라고 했다.

그러고 보니 내가 졸업한 대학, 내가 전공한 학과에서도, 맥락은 조금 달랐지만 비슷한 이야기를 들었던 것 같다. 교직 생활이 20년이 넘었던 어느 교수는 학부 시절 과대표였던 내게 "너희는 겨우 대학을 4년 다니는데 뭘 안다고 이러쿵저러쿵 떠드느냐"라고 했다. 그런 식으로 보자면 대학원도 마찬가지다. 난 한 주에 두어 번 있는 수업에 몇 학기 참석했을 뿐이고 대부분의 시간을 소위 '재야연구소'에서 보냈으니 대학을 알 수가 없다. 등록 학기로만 따지면 학부 4년에 석사 2년, 박사 2년, 모두 8년 동안 대학에 적을 두었고, 박사학위를 마치는 과정을 포함하면 거의 15년 동안 대학 언저리에 있었던 셈인데 딱히 대학을 안다고 말할 수가 없다.

그래서 이제 생각을 바꿨다. 대학에 대한 전문가도 아니고 그런 대접을 받고 싶지도 않으니, 대학에 대한 내 무지를 적극적으로 드러낼 생각이다. 난 대학을 모른다. 내게 대학은 정말 이해할 수 없는 곳이다. 솔직히 말해서 엄청나게 비싼 등록금을 치르며 모두가 '거기서' 무엇을 하고 있는지를 모르겠다.

오늘날 우리에게 대학은 무엇인가? ① 지성의 전당? 설마. ② 취업학원? 대졸 실업자가 이렇게 많아지는데 등록금은 왜 오를까? 성과가 없으면 가격이 떨어져야 정상 아닌가? ③ 혹시 테마파크? 스타벅스에 던킨도너츠에, 심지어 어느 대학은 대형마트까지 캠퍼스에 들여올 생각을 한 걸 보면 그럴듯한 가설이다. 하지만 매번 수업 들어갈 때마다 수만 원씩을 내야 할 정도로, 게다가 저임금 불안정 알바시장을 전전하면서 번 돈을 써가며, 그렇게 즐기고 싶을 정도로 대학이 재미있는가?

순전히 개인적인 경험을 중심으로 오늘 이야기를 풀어가 보려고 한다. 나는 요즘 대학 강의를 가급적 하지 않으려고 한다. 대학 강의는 매번 수만 원씩 내는 학생들도 그렇지만, 매번 수만 원밖에 받지 못하는 시간강사에게도 그다지 재미가 없다. 하지만 먹고사는 게 쉬운 일은 아니니 그나마 그거라도 어디냐는 심정에서 대학 강의를 하기도 한다. 내가 대학 강의를 가급적 줄이는 이유는, 그렇게 해도 먹고살 수 있는 공동체적 기반을 갖고 있어서지만, 무엇보다 어떤 불쾌한 기억 때문이다.

한 6~7년 전쯤이 아니었나 싶다. 대학에서 교양과목을 맡은 나는 첫 시간에 강의계획서를 나눠주며 한 학기 수업 내용을 간략히 소개했다. 그런데 강의실 맨 뒷줄에 앉은 세 명의 학생이 가방을 책상에 올려놓은 채 엎드려 있었다. 첫 시간이기도 하고 본격 강의를 시작하지 않은 터라 '그냥 무시할까' 하는 생각에 그대로 두었다. 하지만 강의 내내 신경이 쓰였고 결국 바로 앉아 수업을 들으라고 했다. 그때 그 중 한 친구가 말을 했다. "이래도 다 들려요." 그 친구 말이 옳긴 했다. 칠판에 무언가를 적은 것도 아니고 말만 들으면 됐지 굳이 바로 앉아야 할 이유는 없어 보였다. 게다가 듣지 않아도 그만 아닌가. 자기 돈 내고 알아서 듣겠다는데. 내가 그 때문에 돈을 적게 받는 것도 아니고. 하지만 화가 났고 그 앞에 그렇게 서 있어야 하는 내가 서글펐다. 그 학기 이후로 나는 대학 강의를 하지 않으려고 꽤나 노력했다.

대학에서 강의를 하지는 않았지만 강의할 곳은 많았다. 내가 속한 공동체 '수유너머'의 강의도 많았고 언제부턴가 교도소나 야학 같은 곳에서 강의할 일도 많아졌다. 앞서 언급한 「앎은 삶을 구원하는가」라는 글은 이런 경험들을 바탕으로 쓴 글이다. 그런데 대학 바깥, 특히 '가난한 사람들'(빈민, 재소자, 노숙인, 장애인 등을 포함하는 넓은 의미에서)과 함께하는 공부의 현장에서 내가 깨달은 건, 그곳에서의 '앎'과 '배움'의 성격이 대학과는 많이 다르다는 사실이었다. 나는 그 차이를 '앎을 참조하는 앎'과 '삶을 참조하는 앎'으로 구분한 적이 있다.

대체로 '가방끈이 짧은' 사람들이 많아서였겠지만, 가난한 이들은 강의를 들을 때 책이나 다른 강의에서 얻은 '앎'을 참조하기보다, 그동안 자신이 살아온 '삶'을 참조한다는 느낌을 준다. '저 사람이 말하는 게 예전에 내가 겪었던 그 일과 관련이 있을까.' 질문을 받아보면 차이가 확연하다. 대학이나 대학원에서 나오곤 하는, '지식 전제형 내지 참조형 질문'—가령 "당신이 말하는 니체의 '강자'는 베버의 '카리스마 정치인'과 어떻게 다릅니까"—이 거의 나오지 않는다. 그들은 이렇게 말할 때가 많다. "예전에 내게 이런 일이 있었는데, 선생님이 말하는 게 그런 겁니까. 내가 전에 이 말을 들었으면 그런 짓을 안 했을 것 같아요." "우리 오빠가 발달장애를 겪고 있는데 이런 경우에도 공부라는 게 도움이 될까요." "내가 장애인이라고 무시하는 형이 있는데 용서가 안 돼요. 그래도 용서를 해야 해요?" 심지어 몸의 어딘가가 아프다고, 어찌해야 하느냐고 묻는 사람도 있다. 강사가 무슨 해결사라도 되는 양 강의는 곧잘 상담으로 변한다.

강의 내용을 곧바로 자기 삶 속에 집어넣으려 하고, 그게 잘 안 되면 아예 강사에게 자기 대신에 그 삶을 살아보라는 식으로 과제를 내놓는다. 진리 판별의 기준이 논리적 정합성보다는 삶의 유용성 쪽에 있는 게 아닌가 생각이 들 정도다. 뭔가 삶의 해법이 보이면 '역시 사람은 배워야 한다'고 말하다가도, 도무지 그 길이 보이지 않으면 '역시 배운 것들은 쓸모가 없다'고 말하기도 한다. 그래서 '우리가 왜 지금 여기서 공부를 해야 하느냐'고 항변하는 소리가 곧잘 나온다.

흥미로운 사실은 앎이 삶을 참조하다 보니, 그 배움이 삶으로, 신체적으로 나타나는 경우가 많다는 것이다. 언제부턴가 자세를 바로 하고 듣는다든지, 머리카락을 자르고 온다든지, 옷을 다려 입는다든지, 눈에 띄게 말투를 고친다든지 한다. 그것이 얼마나 지속되는가와 상관없이 공부는 생활에서 나타나며, 대체로 '다르게 살겠다'는 결심이나 소망 형태로 나타난다.

지난 달 내게 편지를 보낸 어느 재소자는 이렇게 썼다. "책을 읽고 또 읽으면서 딱히 뭐라 얘기할 수는 없지만 남은 생을 지금까지와는 분명 다르게 살 수 있을 것 같습니다." 다른 곳에서 강연을 했을 때도 비슷한 편지를 받은 적이 있다. 하지만 대학에서 그런 편지를 받기는 어렵다. 교도소에서 강연을 했던 내용과 똑같은 책에 대해, 가령 내 동료 중 한 사람은 그 책의 독후감을 대학생들에게 중간 리포트로 내주고는 그것을 내게 보여주었는데, '다르게 살 수 있을 것 같다'고 자기 배움을 표하는 사람은 없었다. 그 책이 '다르게 살라'는 식의 주장을 펴고 있지는 않기 때문에 어찌 보면 당연한 일일 수 있다.

왜 어떤 앎은 '엎드려서도' 들을 수 있고, 어떤 앎은 '옷을 다려 입고서야' 들을 수 있는 것일까. 왜 어떤 공부는 도서관 자리를 맡아서 하루 종일 달달 외웠는데도 시험 외에는 쓸모가 없고, 어떤 공부는 삶의 변화를 초래하지 않고서는 배우는 것 자체가 불가능한가. 내가 '배움의 끈이 짧은 사람들이 더 낫다'고 말하려는 게 아니다. 다만 여기서 일어나는 일이 앎과 삶, 배움에 대해서 무언가를 생각하게 한다는 사실을 말하고 싶다.

아마도 근대 인식론은 우리에게 '아는 것'과 '행하는 것'은 별개의 문제라고 말할 것이다. 과학의 영역과 윤리의 영역을 혼동하면 안 된다고 말할 수도 있을 것이다. 어느 것이 더 나은가를 따지기 이전에, 오늘날 대학에서 앎은 삶과 분리된 채로 있다. 앎이 삶과 분리되어 있을 때, 그 앎은 그저 '정보'가 되고, 공부는 그 정보의 '저장' 이외에 다른 것이 아니게 된다. 앎이 정보에 지나지 않는 것이라면, 분명 그것은 삶과 상관없이 '전달'될 수 있을 것이다. 지식의 전달자는 자기 삶으로부터 분리된 그 지식을 판매할 수도 있을 것이고, 구매자 역시 정보 상품의 형태로 그 지식을 구매할 수 있을 것이다. 그것을 '엎드려서' 받았느냐 '누워서' 받았느냐는 중요하지 않다. 다만 그것에 얼마를 지불했느냐만이 중요할 뿐.

2. 대학—배움의 코뮨

나는 개인적으로 '지식인'이라는 말을 좋아하지 않는다. 지식인임을 자부하는 이들이, 그 말을 통해 자신을 '대중' 바깥에 두기 때문이다. 농부와 노동자 사이의 거리보다 지식인과 이들의 거리가 정말 압도적으로 큰 것인가. 나는 판단이 서질 않는다. 다만 흥미로운 사실은 서구에서 소위 '지식인'이라는 범주가 역사적으로 등장하고, '우니베르시타스'universitas, 즉 대학이 생겨날 즈음에 지식인은 분명 대중의 한 부류였다는 점이다.

자크 르 고프Jacques Le Goff의 말을 빌려보겠다. "12세기의 지식인은 자신을 다른 도시민들과 마찬가지로 하나의 장인이요, 직업인으로 인식한다. 그의 기능은 자유 학예들을 연구하고 가르치는 것이다. 그런데 학예art란 무엇인가? 그것은 학문이 아니라 기술이다. 아르스ars는 테크네techne이며, 그것이 교수의 특기인 것은 목수나 대장장이가 나름대로의 특기를 지닌 것과 마찬가지다."[2] 굳이 말하자면 이들은 '정신의 장인', '말과 글의 장인'이었을 뿐이다.

---

2) 자크 르 코프, 최애리 옮김, 『중세의 지식인들』, 동문선, 1999, 108쪽.

당시 도시의 많은 이들이 생계를 위해 길드, 즉 동업조합을 결성했다. 이 '정신의 장인들'도 마찬가지였다. 이들이 만든 길드, 삶의 방편으로 만든 이 코뮌이 다음 세기에 '우니베르시타스', 즉 '대학'이라고 불렸다. 한마디로 대학은 '앎'과 '배움'을 매개로 한 '삶의 공동체'였던 셈이다.

13세기에는 다른 동업조합 못지않게 '대학'의 활약이 두드러졌다. 12세기 '유랑적 지식인'의 시대가 끝나고 볼로냐, 파리, 옥스퍼드 등 일정한 장소에서 마치 장이 열리듯이 대학이 열렸다. 마치 장이 열리듯이. 가령 단테의 시구 중에는 '브라방의 시제'Siger de Brabant가 '푸아르가'rue de Fouarre, vico degli strami에서 가르침을 편 이야기가 있다. 대학 건물이 따로 없었기에(그들은 말 그대로 여기저기서 대학을 열었다.) 청중이 많을 경우 교사들은 옥외에서 강의를 자주 열었다. 추운 겨울에 땅바닥에 그대로 앉을 수 없었던 이들은 짚fouarre을 깔았기 때문에, 대학이 열렸던 거리 이름이 '푸아르가'가 된 것이다. 다른 장인들이 물건을 내놓듯이 그들은 가르침을 전했고 거기서 생활에 필요한 수익을 얻었다.

대학은 금세 교황청과 군주, 부르주아의 주목을 받았다. 대학인들 중에는 성직자 출신이 많았고, 신학 해석의 문제를 제기했기에 교황청은 이들을 통제하고 감독하려고 했다. 군주들 역시 관료 양성소로서 대학을 주목했다. 도시의 부르주아도 이들을 자신의 질서 아래 두려고 했다. 종종 소란을 일으키고 정의의 이름으로 상업적 거래를 제한하려는 게 싫기는 했지만 대학인들은 부르주아의 무시할 수 없는 고객이기도 했던 것이다. 당시 대학이 쥔 무기는 '파업'과 '철수'였다.[3] 대학의 파업이라고? 그렇다. 왜냐하면 대학은 말 그대

---

3) 『중세의 지식인들』, 120쪽.

로 '조합'이었기 때문이다. 대학을 둘러싼 세력들의 상호 견제와 대학의 존재 자체가 가진 매력 때문에 대학의 파업권은 곧잘 성공했다고 한다.

하지만 13세기 후반에 접어들면서 대학의 운명에 관한 중요한 논쟁이 일었다. 대학인은 자신의 생계를 직접 해결해야 하는가. 한쪽에서는 "사람은 자신의 노동으로 살아야 한다"며 수업료에 기반한 기존 방식을 지지했고, 다른쪽, 특히 탁발수도회 측(프란체스코회와 도미니쿠스회)은 교사는 '보시'布施 내지 '탁발'을 통해서 살아가야 한다며 학생들에게는 수업료를 받을 필요가 없다고 주장했다. 애초에 후자가 주장한 '탁발'에는 학문을 상품처럼 거래하는 것에 대한 불만, 그리고 학문이란 경제 상황에 상관없이 신의 선물로서 모두가 누리는 것이라는 생각이 전제되어 있었다. 그런데 이후 문제가 된 건 '보시'나 '탁발'이 누구에게서 나오느냐였다. 가령 성 프란체스코가 '청빈서원'을 세우고 '탁발'에 대해 말한 것은 "손수 노동을 하되, 불가피한 경우에는 구걸이라도 하라는 것"[4]이었고 그것은 교단이나 군주의 세속적 지배로부터 '대학이라는 코뮨'의 자율성을 확보하려는 뜻이 담겨 있었다. 하지만 한 세기 뒤 그를 추종하는 대학인들, 스콜라 학문의 창시자들은 대학의 기초를 자신의 노동보다는 유력자들의 후원에 두었다. 르 고프의 표현을 빌리자면 "이는 지식인의 노동을 특별한 것으로 고립시킴으로써 대학의 기초를 약화시키고, 도시 일터에서 지식인과 다른 노동자들의 연대를 끊는 데 스스로 동의한 셈이다."[5]

13세기 말, 14세기에 접어들면 대학은 후원자(교황, 군주 등)의 지배 아래 들어간다. 번듯한 건물도 생겼다. 그러면서 "대학의 활력소였던 하층계급의 학

---

4) 『중세의 지식인들』, 123쪽.
5) 『중세의 지식인들』, 166쪽.

생들 공급은 끊기고 "후원자들이 세력 확보를 위해 공급하는 학생들"로 대학이 충원되었다. 교수들은 점차 축재 행위를 했고 귀족화되어갔다. 의복에 귀족처럼 표장을 달았고 교단에는 귀족풍의 닫집이 달렸다. 금반지와 교수모를 착용했고, 긴 옷을 입고 두피 모건을 썼다. 요즘 대학 졸업식 때 교수들이 입는 옷이 바로 그 잔재이다. '마기스테르' magister는 12세기만 하더라도 동업조합의 우두머리를 지칭하는 것이었고, 대학도 조합이었기에 그 우두머리를 그렇게 불렀다(오늘날은 석사학위를 그렇게 부른다). 하지만 14세기가 되면 그 말은 '영주'와 동격처럼 쓰였고, 학생들은 스승을 '주군' dominus이라 불렀다.

'콜레주' collége의 의미 역시 크게 바뀌었다. 본래 콜레주란 '우니베르시타스'에 다니는 가난한 학생들을 수용하기 위한 기관이었다. 대학이 건물을 갖고 있지 않았기 때문에 선생들은 종종 콜레주로 강의를 왔고 이로 인해 나중에는 '교육기관'과 같은 말이 되었다. 하지만 이 콜레주도 대학의 귀족화 분위기 속에서 "극소수의 특혜자를 받는 기관"이 되고 말았다. 불과 한두 세기만에, 다른 작업장에 붙어 있는 지식 작업장이었던 '대학'은 특혜받은 권위체가 되어버렸다. 청중에 둘러싸여 무언가를 말하던 중세의 대학인도 언제부턴가 서재에서 혼자 사색하는 인문학자로 변해버렸다. 대학의 역사와 관련해서 보자면, 어쩌면 13세기와 14세기 사이에 벌어진 격차가 14세기에서 오늘날까지 벌어진 격차보다 더 컸는지도 모르겠다.

3. 대학인의 고백과 약속

대학이 세속의 '먼지'에서 벗어나는 과정은 '앎'이 '삶'으로부터 멀어지는 과정과 무관치 않을 것이다. 오늘 많이 인용한 자크 르 고프의 책

『중세의 지식인들』에는 중세가 저물어갈 무렵 귀족화된 대학인의 일단을 보여줄 수 있는 '공티에 콜'Gontier Col이라는 인문주의자의 모습이 나온다. "그는 호화롭게 살았으며 수많은 하인들을 거느렸고, 말과 사냥개와 매 등을 가지고 있었으며 도박에 열광했다. 이 모든 것에도 불구하고 그는 고대인들 풍으로 '성스러운 소박함'을 찬미했다."[6]

교수가 자신의 가르침에 따라 살아야 할 필요가 있을까. 페터 슬로터다이크Peter Sloterdijk는 『냉소적 이성비판』에서 근대를 '알지만 행하지 않는' 냉소주의Zynismus 시대로 명명한 바 있다.[7] 그리고 근대의 이 냉소주의가 그 어원적 사상인 견유주의Kynismus에 대한 배신임을 지적했다. 고대 견유주의자들은 '아는 대로 말하고 말한 대로 행하는', 말 그대로 앎과 삶이 일치하는 이들이었기 때문이다. 하지만 그 둘이 일치할 필요가 없는 오늘날의 대학에서, 중요한 것은 교육자의 삶이 아니라 그가 가진 정보이다. 학생이 수업을 듣기 전에 군이 교수의 삶을 먼저 확인할 필요가 없다. 그것은 별개의 문제이기 때문이다.

현재의 대학만큼이나 교수도 그 어원에서 상당히 멀어져 버렸다. 다음은 데리다의 강연집, 『조건 없는 대학』[8]에서 따온 구절이다. "'Professer'교수행위를 하다, 공언하다는 라틴어 profiteor, professus sum; pro et fateor에서 연원한 말로, 영어에서처럼 불어에서도 '공공연하게 선언하다, 공적으로 선언한다' (déclarer ouvertement, déclarer publiquement)는 것을 의미합니다. 『옥스포드 영어사전』에 따르면 1300년 이전까지 이 말은 단지 종교적 의미만을 지녔습

---

6) 『중세의 지식인들』, 245쪽.
7) 슬로터다이크, 이진우·박미애 옮김, 『냉소적 이성비판』, 에코리브르, 2005.
8) J. Derrida, *L'Université sans condition*, Galilée, 2001. pp. 34~35.

니다. 그래서 'To make one's profession'이라는 말은 '어떤 종교적 계율에 대한 맹세를 한다'는 의미였습니다. 'professe' 하는 사람의 선언은 일종의 수행적performative 선언이었던 것입니다."

일단 '수행적'이라는 말에 주목할 필요가 있다. 오스틴 등의 언어행위이론에 따르면 일반적으로 발화는 '사실확인적'constative 발화와 '수행적' 발화로 나누어진다. 어떤 사실을 확인하는 발화와 달리 '수행적 발화'는 말 자체가 '행위'를 수반하거나 제약한다. 고백이나 약속, 맹세 같은 말들이 바로 그렇다. 그런데 '교수행위를 한다'는 것은 어떤 고백과 맹세를 담고 있다는 것이다. 교수행위에 그런 게 담겨 있다면, 심지어 사실확인적 발화라 할지라도 그것이 선생의 입에서 나올 때는 수행적 성격을 갖는다고 할 수 있을 것이다. 단순한 사실 확인조차 그것이 선생의 입에서 나올 때는, 그동안 선생이 걸어온 길에 대한 믿음과 걸어갈 길에 대한 약속 위에서 나오는 것이다.

사실 이것은 고대의 교육자들에게 한결같이 내려온 금언이기도 하다. "살아온 대로 말하고 말한 대로 살아가라." 고대 선생들의 가르침이란 공개적으로 자신의 삶을 고백하는 일이었고 앞으로 살아갈 길에 대해 약속하는 것이었다. 또 그의 제자가 된다는 것은 바로 그 길을 존경하고 그 길을 함께 걷겠다고 약속하는 것이었다. 배움의 공동체를 스승과 함께하겠다고 결심한 이는 스승의 그 고백과 맹세를 또한 함께하는 것이다.

데리다의 말을 다시 인용해보겠다. "필로소피암 프로피테리Philosophiam profiteri, 그것은 철학을 가르친다는 뜻입니다. 하지만 이는 단지 철학자임을, 적절한 방식으로 철학을 실천하고 가르친다는 것만을 의미하는 게 아닙니다. 이는 공적 약속의 형태로, 철학에 헌신하고 전념할 것을 약속하는 것이며, 철학을 입증하는 것, 즉 철학을 위해 필사적으로 싸워나갈 것임을 공적으로 약속하는 것입니다."[9]

진리를 사랑하는 사람필로소프스이 자신이 걸어온 길을 고백하고 약속한다는 것은 무엇을 의미하는가. 진리의 사랑에 헌신할 것을 약속한다는 것, 그 사랑을 입증한다는 것은 무엇을 의미하는가. 나는 여기서 칸트의 저서 『학부들의 논쟁』을 참조해보고자 한다.[10] 칸트 시대 대학은 크게 철학부(이때의 철학부는 오늘날의 '철학부'에 한정되지 않고 교양학부나 자유학부 내지 인문학부에 해당한다)라는 기초 과정과 '신학부', '법학부', '의학부' 등의 전문학부(상위학부)로 나뉘어 있었다. 이들 전문학부는 삶의 실질적 복리를 아우르는 영역으로(신학부는 인간의 영원한 안녕을, 법학부는 시민생활의 안녕을, 의학부는 신체적 안녕을 관장했고, 각각 성경과 교리집, 국법, 의학규범 등을 배웠다), 국가(또는 교회)에 의해 그 권위를 인증받고 또 통제받았다.

반면 철학부는 국가의 권위에 기반하지 않았다. 철학부가 국가 권위(당국)에 반대해서가 아니다. 철학(진리에 대한 탐구) 자체가 '비권위'non-authority였기 때문이다. 이 '권위를 갖지 않는다'는 말은 중요한 의미가 있다. 초월적이고 제도적인 권위가 보장되지 않는다는 것은 오직 '비판적 이성'의 권위만을 인정한다는 뜻이기 때문이다. 즉, 철학부는 '정부의 입법'이 아니라 '이성의 입법' 아래에 있다. 그런데 이 비판 정신은 한편으로는 대학의 한 학부, 한 과정이었지만 다른 한편에서는 대학 전체, 아니 배움이 일어나는 모든 곳의 정신이기도 했다. 전문학부(상위학부)의 실무자들에 대한 감독과 지침은 정부로부

9) J. Derrida, *L'Université sans condition*, p.36.
10) I. Kant, *Der Streit der Fakultäten*, 1798 (오진석 옮김, 『학부들의 논쟁』, 도서출판b, 2012). 이 책이 오늘날 대학 문제에 대해 갖는 함의는 미야자키 유스케(Miyazaki Yusuke)의 글["The Conflict of the Faculties" (2007. 12. 9)]도 참고했다. 이 글은 도쿄대학의 '공생을 위한 철학 센터'(UTCP)의 웹사이트 (http://utcp.c.u-tokyo.ac.jp)에서 볼 수 있다.

터 나오지만, 거기서 다루는 지식의 진리성이 문제될 때는, 다시 말해 진리가 관건이 될 때는 철학부의 정신이 다른 학부에서도 관철되어야 한다. 칸트의 말을 직접 인용하자면, "상위학부들의 학급은 정부 조례를 수호하지만, 반면에 진리가 관건이 되는 곳인 …… 자유로운 헌정체제에는 철학부의 의석인 반대당파(왼쪽)도 있어야만 한다." 정부의 지침을 따를 수는 있지만 그것이 옳은 것인지 아닌지를 따질 경우에는 상위학부에서도 철학부의 정신, 즉 아무런 초월적 자격이나 권위 없이 비판이성만을 허용하는 그런 정신이 필요하다는 것이다.

앞서 중세의 대학을 말하면서 인용했던 르 고프는, 푸아르 길거리에서 강의했던 브라방의 시제를 언급하며, 시제와 그의 코뮌이 한때 "파리 대학의 정신 그 자체"였으며, 그것은 "학예학부(자유학부, 인문학부)의 대다수 의견을 표한 것"이라고 말한 바 있다. 그가 묘사한 중세의 학예학부의 모습을 보자. "학예학부는 누가 뭐라던 대학의 소금이요 누룩이었으며 대학 발전에 길이 그 흔적을 남겼다. 학예학부야말로 기초 교양을 얻는 곳이었으며, 가장 열띤 토론과 가장 대담한 호기심과 가장 풍요로운 의견 교환이 이루어지는 곳이었다. 돈이 드는 박사학위는 물론이고 학사학위까지도 마치지 못할 가난한 문사들, 그러나 도전적인 질문들로 토론에 생기를 불어넣는 문사들을 만나게 되는 것도 거기서다. 도시와 외부 세계의 민중을 가장 가까이서 만나며, 성직록을 얻거나 교회의 위계질서에 잘 보이는 일에 가장 초연하고, 세속 정신이 가장 생동하며, 한마디로 가장 자유로운 것도 거기서다."[11]

나는 바로 이러한 정신, 이러한 삶이 대학인의 삶이며, 선생들이 약속했고

---

11) 『중세의 지식인들』, 179쪽.

제자들이 맹세했던 길이 아니었을까 생각해본다. 진리를 사랑하는 자가 '살아온 길, 살아갈 길'에 대해 고백하고 약속하고 맹세할 때, 그것은 자신이 '진리를 사랑해왔으며, 앞으로 어떤 권위에도 굴하지 않고, 계속해서 진리를 사랑할 것'이라고 고백하고, 약속하고, 맹세하는 것 아니겠는가.

칸트가 철학부를 논하면서 '진리'보다 '이성의 자유'를 많이 참조케 한 이유도 거기 있을 것이다. 그는 '진리'를 어떤 적극적인 것으로 제시하기보다, '진리가 가능한 조건', '어떻게 이성의 자유로운 판단이 가능한가'에 초점을 맞추어 대학 문제를 논했다.[12] 그는 대학이 아니라 '계몽'의 문제를 다룰 때도 그랬다. 「'계몽이란 무엇인가'에 대한 답변」에서 그는 '계몽'을 지능이 아니라 용기와 관련지었다. 그에게 계몽이란 기계처럼 일을 효율적으로 처리하는 것(칸트 용어로 말하면 '사적 이성'의 사용)이 아니라, 학자처럼 문제를 공적으로 제기할 수 있는 용기('공적 이성'의 사용)였다. 그가 여기서 '공적'public이라고 말한 것은 특수한 자격이나 조건을 넘어서는 개방과 공공성을 의미한다. 감히 알려고 하라! 감히 말하려고 하라! 그것이 계몽의 정신이다.

오늘날 대학은 울타리를 두르고 있다. 이 울타리(대학에 들어갈 수 있는 자격이나 조건)는 대학을 외부로부터 보호하는 장치이기도 하지만 대학에 진리가 들어오는 것을 제한하는 장애물이기도 하다. 대학인이 공적으로 행동한다는 것은 이런 '보호'를 넘어서, 배움을 위해, 진리를 위해 기꺼이 자신을 여는 행동이다. 그러니 대학인이 된다는 것은 지식보다 먼저 그 '용기'를 배운다는 것이라 하겠다. 요컨대 대학에서 배워야 할 것은 '진리'가 아니라 '진리를 말할

---

12) 미야자키 유스케, 앞의 글.

용기'다.

그런데 이 '용기'는 진리가 우리에게 다가서기 위한 또 하나의 조건이기도 하다. 즉, 진리의 조건을 마련하기 위해 스스로를 여는 '용기'가 그 자체로 진리가 도래할 조건이기도 하다. '감히 알려 하고 감히 말하려 하는' 용기가 없다면 진리는 우리에게 나타나지 않을 것이기 때문이다. 이는 전공이 무엇인지에 상관이 없다. 심지어 오늘날 '대학'이라는 이름을 달지 않은 어떤 곳에서도, 배움이 일어나는 곳이라면 이 '무조건성'에 자신을 개방하는 용기가 있어야 한다.

공적으로 발언하고, 공적으로 약속하고 맹세한다는 것은 '진리성'을 검증하기 이전에 그 '용기'를 검증하는 것이다. 대학과 대학인은 자신이 처한 조건에서 이 무조건적 요구를 어떻게 조직할 수 있느냐에 따라, 그 배움에 한 걸음 다가설 수 있을 것이다. 그러고 보면 대학의 기업화를 비판하면서 최근 '탈대학선언'을 한 대학생들이야말로 아이러니하게도 참된 대학인, 참된 대학 정신의 구현자인지도 모르겠다.

4. 아카데믹 캐피탈리즘을 넘어서—앎의 구원이 절실한 것은 자본이 아니라 삶이다

오늘날 대학의 현실에서 이런 '배움'을 이야기하는 게 어떤 의미가 있을지 모르겠다. 과연 대학이 앎을 매개로 한 삶의 공동체인가. 과연 대학인들, 특히 대학 교수들이 앎에 대해 어떤 서약을 하고 있는가. 누군가는 내가 또 너무 함부로 말한다고 하겠지만, 대학은 이제 지나치게 상업화된 공간이다. 앎에 대한 열정으로 삶을 바꾸기보다 돈에 대한 열정으로 앎을 바꾸고 있다고 해도 과언이 아니다.

헬무트 두비엘Helmut Dubiel의 명명을 빌리자면, 오늘날 대학은 '아카데믹 캐피탈리즘'academic capitalism이 지배하고 있다.[13] 두비엘은 대학에 대한 혁명적 변화를 세 시기로 나누고 있는데, 첫째는 19세기 국민국가가 형성되던 때의 대학 혁명으로, 수동적 사색일 뿐인 사변적 사유와 맹목적 적극성일 뿐인 실증적 과학 사이에서 균형을 맞춘 '교양'Bildung 개념을 중심에 두고 대학을 재편한 훔볼트Humboldt식 개혁이다. 둘째는 1960~1970년대에 이루어진 혁명으로, 한편에서는 글로벌된 자본의 요구에 따라 연구와 교육이 현대화되고, 다른 한편에서는 학생운동의 영향으로 참여와 민주주의를 확대한 대학 개편이다. 현재 대학 모습이 세 번째 대학 혁명—더 적절히 말하자면 '반혁명' counter-revolution—인데, 두비엘에 따르면 대학은 이제 더 이상 국가와 긴밀한 관계를 맺지도 않고 민주주의를 확장하는 것에도 관심이 없다. 대학을 움직이는 것은 시장과 기업의 힘이다. 국가가 대학 개혁에 깊이 관여한다고 해도, 그 것은 고등교육을 시장 스타일로 자율화하는 것market-style autonomization of higher learning을 위해서다. 각종 민간 평가기관이나 언론사에서 대학 평가를 발표하고 경영컨설턴트 회사가 대학 개혁안을 내놓는 일이 임박해 있거나 일부 시작되었다.

사실 '아카데믹 캐피탈리즘'이라는 말은 우리에게도 낯설지 않다. 2005년 12월 발표된 「제2차 국가인적자원개발 기본계획」(06~10)에 이미 그 표현이 등장한다. 각 부처의 의견을 종합해서 만든 그 계획안은 대학 개편과 고등교육

---

13) H. Dubiel, "Academic Capitalism: Toward a Global Free Trade Zone in University Services?" in Brett de Bary eds., *Universities in Translation*, Volume 5 of Traces, Hong Kong University Press, 2010.

정책의 중요한 방향을 "다양하고 특성화된 '시장반응형' 인력을 양성"하는 쪽에 두어야 한다고 주문한다.[14] 그러면서 선진국 사례로부터 '아카데믹 캐피탈리즘'이나 '기업가적 대학'에 주목할 필요가 있다고 주장했다.

대학과 기업이 외면적 관계를 맺으며 지식과 정보, 돈을 주고받던 '산학협력'의 시대도 이젠 옛말이 되어가는 것 같다. 예전 모델에서 대학은 여전히 기업 바깥에 있고, 기업도 대학 바깥에 있었기 때문이다. 하지만 여러 대학들이 이미 대학기업을 설치·운영 중에 있고, 대학 안에서 '교수이면서 사장이고, 대학원생이면서 직원인 관계'도 만들어지고 있다. 주식시장에 상장된 대학기업들도 있고, 가령 서울대 공대의 경우 "다수의 공대 교수들은 기술 개발은 물론이고 주주로서 경영에도 참가하며, 상급기관인 서울대도 3%의 지분을 갖고 있다."

소위 '지식기반 경제'니 '지식기반 사회'니 하는 말들이 횡행하고 고등교육, 특히 대학교육이 한 인간의 미래부터 한 국가의 장래까지 결정할 것이라는 주장이 곧잘 나오고 있다. 지식과 정보를 다루는 일이 권력자나 자본가에게 복무하는 길이기를 넘어서, 그 자체로 권력자나 자본가가 되는 길이 되고 있다. 그러다 보니 그 핵심 통로인 고등교육기관, 특히 대학이 계급전쟁의 공간이 되는 것은 당연하다. '지식기반 사회'라는 말은 지식이나 정보가 중요하다는 말을 할 뿐, 그것들의 배분이 또한 계급적 기반을 갖는다는 사실, 지식기반 사회 역시 자본주의의 한 형태라고 하는 사실을 은폐할 수 있다. 대학은 입학에서부터(가령 소위 명문대 계층별 진학률) 대학 과정 내내(비싼 등록금으로 인한

---

14) 대통령보고 「제2차 국가인적자원개발 기본계획」(06~10), 2005. 12. (http://www.moe.go.kr/nhrd/nhrd 02.htm)

휴학과 알바시장으로의 진출) 가난한 이들을 추방하고 있다.

이제 대학이 '배움을 매개로 한 삶의 공동체', '배움의 코뮨'이었다는 이야기는 그 신빙성조차 의심받는 전설이 되어버렸다. 대학에서 앎과 배움의 성격은 크게 달라졌다. 무엇보다 대학은 더 이상 삶의 공동체, 운명의 공동체가 아니다. 작년(2010) 겨울과 올봄, 캘리포니아 대학들이 재정상의 이유로 등록금을 대폭 인상하면서 큰 시위가 있었다. 비싼 등록금이 시위 촉발의 일차적 이유였지만, 논쟁은 금방 교육의 공공성과 대학의 성격을 규정하는 쪽으로 발전했다. '대학을 구하자'Save Our University는 조직이 만들어지기도 했다. 무엇으로부터 어떻게 대학을 구할까? 이 운동을 이끌고 있는 사람들 중에 '아난야 로이'Ananya Roy라는 교수가 있는데, 그가 했던 말이 내게는 아주 인상적이었다. 자신의 수업을 듣던 학생들 중 일부가 학비 때문에 휴학을 해야 한다는 것을 알게 되었다는 이야기에서 내게 인상적이었던 것은, 바로 그런 '흔하디 흔한' 이유로 시위에 나설 정도의 심각성을 느끼는 감수성이다. 대학이 지식을 매개로 한 하나의 공동체라면 어린 학생들의 삶에 교수가 더 이상 무관심할 수가 없을 것이다. 그런데 이 당연하고 자연스러운 행동이 한국적 맥락—비단 한국만은 아니겠지만—에서 특별해 보이는 것은 왜일까.

총장이 경영자처럼, 교수가 관리자처럼 행동하고, 학생을 소비자처럼, 심지어 적당히 '벗겨먹을 수 있는' 눈 먼 소비자처럼 생각하는 곳을 '기업'이나 '시장'이라고 부를 수 있을지는 모르겠지만, '공동체'라고 부르기는 어려울 것이다. 앎이 지식과 정보 상품 형태로 거래되고, 상품화를 위한 독점이 만들어질 때, 그곳을 지식상품의 생산업체라고 부를 수는 있어도, '우니베르시타스'라고 부를 수는 없을 것이다. 거기서는 진리를 사랑하는 삶에 대한 고백도, 약속도, 맹세도 이루어질 수 없기 때문이다.

참고로 피닉스 대학University of Phoenix에서는 노벨상 수상자의 텍스트를 세계 유명 배우가 읽는 DVD가 출시되었다고 한다.[15] 어쩌면 더 이상 교수의 말이 삶과 관련된 수행적 성격을 갖지 않는 곳에서, 퍼포먼스performance가 교수가 아니라 배우의 몫이 되는 것도 당연한 건지 모르겠다. 교육자의 앎이 교육자의 삶과 분리되어 유통될 수 있는 순간부터 이미 예정된 결과일 것이다.

지식과 정보가 그 자체로 상품화되고, 지식과 정보에 대한 접근 통로가 사실상 계급적으로 독점화되고 있는 현실에서 도대체 어떤 실천이 우리에게 필요한 것일까. 물론 일차적으로는 지식과 정보, 한마디로 '앎'에 대한 독점 구조를 깨는 것이 필요할 것이다. 지식과 정보에 대한 가난한 이들의 접근권right to access을 확보해야 한다. 하지만 지식과 정보에 대한 접근 기회를 계급적으로 균등하게 배분하는 것보다 더 중요한 것은 지식과 정보, 즉 대학에서 앎이 가진 성격을 바꾸는 일이다.

현재 기업은 고급 지식 생산과 창의성, 혁신에 사활을 걸고 있다고 한다. 물건의 양보다 중요한 것은 혁신적인 아이디어라고도 한다. 따라서 지식 생산 방식과 고등교육에 대한 기업의 불만은 실질적인 것이다. 대학을 그대로 둬서는 안 된다는 말이 여기저기서 나온다. 예전 성균관대를, 그리고 최근 중앙대를 인수하면서 삼성과 두산이 느꼈을 '답답함'은 그들이 시장에서 피부로 느끼는 '절실함'과 무관치 않을 것이다. 하지만 대학 개혁에 사활을 걸어야 하는 것은 기업이 아니라 우리 자신이다. 새로운 지식과 창의성, 혁신이 절실한 것은 바로 우리 자신의 삶이다. 자본의 위기보다 우리 자신의 삶의 위기에 주목해야 한다. 어떤 앎이 돈이 좀 될지를 묻기 이전에, 어떤 앎이 우리 삶

---

15) H. Dubiel, 앞의 글, p.67.

에 필요한가를 진지하게 물어야 한다.

'인지 자본주의'Cognitive Capitalism 개념을 내놓은 얀 물리에 부탕Yann Moulier-
Boutang은 자본주의적 '앎'의 상품화에도 불구하고, 자본이 필요로 하는 그 '능
력'이 우리 삶의 혁신을 위해서도 사용될 수 있다는 것을 분명히 한다. 그는
우리가 '지식의 상품화'에 대해서 니힐리스트가 될 필요는 없다고 말한다. 기
업들이 잘 알고 있듯이 '지식 생산 활동과 지적인 인적 자원'은 그렇게 해서
생산된, 상품으로 코드화된 지식이나 정보 자체보다도 훨씬 중요하다. 그런
데 그는 지식과 정보 자체는 상품으로 코드화가 가능하지만, 그것을 사용하
는 방법은 코드화되지 않는다고 말한다. 지적인 능력과 창의성, 대담함을 통
해 놀라운 상품을 생산할 수는 있지만, 그런 창의성과 대담함을 상품으로 만
들어 팔 수는 없다(모르겠다. 대학이 그런 '살아 있는 인간 상품', 말 그대로 '인적 자
원'의 판매자가 될지). 다만 우리는 그 능력과 용기를 기업을 살리는 데 쓰라고,
자본을 증식하는 데 쓰라고 강요받고 있는 것뿐이다.

생각해보면 '앎을 매개로 한 삶의 공동체'였던 '우니베르시타스' 역시 가
르친 것은 '진리'(어떤 불변의 참된 지식으로서의 진리)가 아니었을 것이다. 대학
이 키워낸 것은 진리의 생산 조건으로서의 능력과 용기였을 것이다. 대학은
우리 삶에 필요한 모든 질문들을, 어떤 선험적 권위나 제약을 인정하지 않는,
무조건성 속에서 던질 용기를 가르쳤다. 그런데 지금 우리의 삶에 필요한 것
이 바로 그것 아닌가. 앎이 구원해야 하는 것은 자본이 아니라 우리 자신의 삶
이다. 우리 삶의 혁신을 위한 대담한 실험의 장, 그 배움의 공동체가 '우니베
르시타스', 즉 대학이라는 이름의 합당한 상속자일 것이다.

탈시설,
그 '함께-삶'을
위하여

1. '타자 공간'으로서의 '시설'

오늘 나는 우리 사회에서 배제되어온 한 '삶의 형태'에 대해서 말하고자 한다. 그것은 우리 사회에서 오랫동안 배제되어왔지만 또한 우리 사회를 떠나본 적이 없는 형태이며, 우리 사회가 존속하는 한 우리를 떠나지 않을 그런 형태이다. 애초에 그것은 배제되는 방식으로 우리 사회에 포함되어 있다고 말해야 할지도 모르겠다. 그러므로 오늘 나의 문제제기는 한편으로는 우리에게 무척 낯선 삶의 형태에 대한 것이지만 다른 한편으로는 우리에게 매우 익숙한 삶의 형태에 대한 것이기도 하다. 지금 강연장의 앞자리에는 그런 삶의 형태에서 탈출한 사람들, 우리가 '시설'[1]이라고 부르는 장소에서 탈

---

1) 여기서 '시설'은 일단 법제상 규정되어 있는 '장애인 생활시설'을 말한다. 하지만 공간을 하나의 '배치'로서 이해할 때, '시설'이라는 이름은 사회적–정치적–문화적 삶을 박탈한 채 자연적 생명만을 관리하는 모든 공간으로 확대될 수 있다. 가령 장애인이 수십 년간 집 안에 갇혀 있을 때 '집'은 '시설'의 이

출한 분들이 '함께' 앉아 있다고 들었다. 지금 이 자리―내가 '현장'이라고 부르곤 하는 이 독특한 시공간―를 내게 선물해준 분들, 지금 이 자리에 '함께한' 분들에게 큰 감사를 표하고 싶다. 오늘 강연은 결국 이 선물의 정체를 밝히는 일이 될 것이다.

우선 나는 '시설'이라고 불리는 특별한 공간에 대해서 생각해보려고 한다. 그곳은 내가 체험은커녕 직접 보지도 못한 곳이다. 희소한 곳이어서가 아니다. 서울시만 하더라도 지원 법인 수가 38개, 수용 장애인 수만 3000명이 넘는다.[2] 그럼에도 그 많은 '시설'과 시설 장애인들은 좀처럼 눈에 띄지 않는다. 시설은 우리 사회 깊숙한 곳에 감추어져 있다.

'시설'은 분명 번지수를 가진 물리적 장소이지만 또한 도덕적 장소이다. '시설'에 들어가는 것은 서점이나 박물관, 병원에 가는 것과는 다르다. '시설'에 들어가면서 장애인은 '자립할 수 없는 존재', '버림받은 존재'라는 낙인을 마음속에 찍게 된다. 명목상으로는 돌봄을 받기 위해 들어가지만, 그것은 주변에서 돌봄을 포기했다는 뜻이기 때문이다. '시설'은 준사법적 공간이기도 하다.[3] 전화나 외출 등이 사실상 통제되고, 일부에서는 교도소와 비슷한 생활 방식까지 요구한다.[4] 무엇보다도 시설 경험 장애인들이 시설 생활을

름으로 불릴 수 있다. 따라서 이 글에서 말하는 '탈시설'은 일차적으로는 '장애인 생활시설'로부터 벗어남을 의미하지만, 원칙적으로는 장애인을 격리시키는 모든 공간에서 벗어나는 것을 의미한다.

2) 「탈시설화 정책 및 주거환경 지원 학술연구」, 서울시정개발연구원, 2009. 3. 30.

3) 이 점은 '시설'과 닮은 정신병원이나 외국인보호소에서 더 분명하다. 병원에서 도망친 환자를 붙잡은 일을 언론이 '검거'라고 표현한다든지(가령 2009년 1월 6일자 신문들에는 고양정신병원에서 도망친 환자들을 경찰이 모두 '검거'했다는 기사가 실려 있다), 단속된 미등록이주자들을 해당 지역 외국인보호소가 없는 경우 교도소에 수감한다든지 하는 것이 그것을 보여준다(가령 외국인보호소가 없는 강원도에서는 미등록이주자들을 춘천교도소와 강릉교도소에 분산 수용해왔다). 이들은 범죄자가 아니지만 사실상 그렇게 간주된다.

4) "TV에 나오는 교도소 풍경과 제가 살던 시설의 풍경이 흡사하다는 생각이 들더군요. 교도소에는 수인

'형기 없는 감옥', '옥살이 아닌 옥살이'라고 부르고 있다.

따라서 누군가 '시설' 입소를 결심했다면, 아니 강요받았다면, 그는 이런 규정들이 내려진 공간에 들어가는 것이다. 그리고 우리들로부터 멀리 떠나는 것이다. '시설'은 진정 먼 곳에 있다. 우리는 그것이 물리적으로 제아무리 가까워도 '여기'here라 부르지 못하고, '거기'there라고만 부를 수 있다. 누군가 '시설'에 입소한다는 것은 어떤 어둠 속으로, 어떤 침묵 속으로 들어가는 일이다.

사회의 어떤 공간에 들어가는 일이 어떻게 사회를 떠나는 일이 될 수 있을까. 우리 사회에 어떻게 그런 공간이 있을까. 사회란 여러 공간들의 집합이다. 사물들의 배치에 따라 다양한 공간이 존재한다. 맑은 공기와 따스한 햇살, 울창한 삼림이 쾌적한 침실과 어울려 휴양의 공간이 되기도 하고, 비슷한 지역에 좁은 창과 닫힌 철문, 감시 카메라 등이 결합해서 감금의 공간이 되기도 한다. 그런데 사회를 이루는 이 다양한 공간, 다양한 배치 중에서도 다른 것들과 매우 특별한 관계를 갖는 것이 있다. 그것은 다른 모든 배치들을 비춰주면서 동시에 뒤집혀 있는 배치이다. 그것은 국지적임에도 사회 전체의 윤곽을 드러내고, 사회 내부에 있으면서도 '외부 공간'espace du dehors을 구성한다. 푸코의 명명命名을 빌리자면 그것은 '타자 공간'espaces autres 혹은 '헤테로토피아'heterotopia다.

번호라는 게 있어서 수인의 앞가슴에 붙이고 있는데 우리도 방 번호를 앞가슴에 붙이고 다녔고 머리 역시 수인처럼 남녀 구분 없이 짧은 커트를 쳐야 했습니다. 그래야 머리 감기 좋다나 뭐라나 하면서요. 어째서 이렇게 우리 장애인들은 장애를 가졌다는 이유만으로 죄인 아닌 죄인 취급을 받아야 하는 걸까요?"(박정혁, 「시설은 그곳에 수용되어 있는 모든 장애인들을 획일화시킵니다」, 『시설생활 경험 수기 모음』, 『지역간담회를 통한 시설장애인 자립생활 모색 결과 자료집』, 52쪽)

내 생각에 '시설'은 우리 사회에서 명백히 그런 공간이다. 가능하다면 나는 오늘 '시설'이라는 특정한 공간, 특정한 배치를 통해 우리 사회의 윤곽, 우리 시대 권력의 어떤 중요한 배치를, 흐릿하게나마 읽어내고 싶다. 무엇보다도 '인간'과 '삶/생명'에 관련된 우리 사회의 '기본 인식', 좀 더 엄밀히 하자면 '인식의 토대'를 문제 삼고 싶다. 그리고 이 토대에 구멍을 내기 위한, 이러한 사회적 배치를 깨기 위한 실천, 일종의 '대항배치'를 함께 생각해보고 싶다.

미리 말해두자면, 나는 '시설'의 문제를 특정 장소와 사람의 문제로 국소화하는 시도에 반대한다. 우리는 '타자 공간'을 '타자의 공간'으로 국한하는 것에 저항해야 한다. 타자에게 장소를 지정하는 일은 자칫 '거기'를 '여기'와 분리시키고,[5] 거기 있는 이들을 여기에 있는 이들과 무관하게 만들 수 있다. 마치 거기에는 타자가, 여기에는 동일자가 있는 듯 생각하는 것은 내 안의 타자를 생각할 수 없게 만들 뿐 아니라, 서로의 변신 잠재력을 차단하는 아주 나쁜 태도이다. 나는 우리가 서로의 언어를 아는 것이 불가능할 때조차, 우리의 공통 언어를 만들어내는 일이 불가능하다고 생각지 않는다. '시설'은, 운동가의 상투적인 선언으로 들릴지 모르겠지만, 확실히 '우리'의 문제이며, '우리'의 문제로 제기되어야 한다. '거기'를 사유하는 일은 '여기'를 사유하는 일이다.

---

5) 내가 '거기'(there)라는 말을 사용하는 것은 영어의 흥미로운 표현법을 염두에 두고 있어서다. '무엇무 엇이 있다'는 표현에 해당하는 'There is/are…'에서 'There'는 발음되지만 의미를 떠올리지는 않는 말 이다. 그것은 뒤에 나오는 사물들에게 제공된 어떤 '터'를 나타내는 것 같다. 책도 사람도 심지어 시간 이나 공간도 존재하기 위해서는 'There'를 필요로 한다(There is a book. / There is a time). 그것들은 모 두 'There'라는 '터'에 있는 것이다. 나는 아주 근본적 의미에서 우리가 사회나 역사라고 부르는 것은 이 'There'의 배치라고 생각한다. 우리는 이 선험적인(a priori) 배치 안에서 무언가를 경험하고 인식할 것이다. 그러나 나는 대문자로 된 이 단어를 도저히 손댈 수 없는 어떤 것으로 생각지 않는다. 우리는 '시설'과 같은 소문자 '거기'(there)를 통해 대문자 '거기'(There)를 문제 삼을 수 있으며, 심지어 그 배치 에 어떤 진동을 가할 수 있을 것이다.

2. '거기'에 수용된 것

시설에 수용된 존재의 정체를 묻는 데서 이야기를 시작해보자. 거기에는 누가, 무엇이 있는가. 시설이 보호와 육성의 공간인지, 파괴와 감금의 공간인지를 논하기 전에 거기에 격리되어 있는 삶의 정체가 무엇인지를 먼저 물어보자.

시설에 격리된 채 수십 년을 살아온 사람들의 삶, 일주일에 한두 번 교회에 가는 것, 일 년에 한두 번 놀이공원에 가는 것이 전부인 사람들의 삶, 그 삶의 정체는 무엇인가. 사회적·정치적·문화적 맥락이 제거된 채, 삶의 모든 색깔이 벗겨진 채 시설에서 관리되고 있는 그 무색無色의 삶은 무엇인가. 조르조 아감벤Giorgio Agamben의 표현을 빌리자면 그것은 '발가벗겨진 삶'barley life, '날 생명(그저 생명뿐인 삶)'just life이다.[6] 인간의 삶이 생물학적 생명으로 급격히 축소되는, 다시 말해 숨을 쉬고, 음식을 먹고, 배설을 하고, 성장을 하다 또한 쇠약해져 가는 '그저 생명체'로 축소되는 것이다.

노경수 씨의 증언.[7] "아침에 콩나물국이 나온다. / 넓은 대접에 밥을 말아 가지고 온다. / 아이들은 그것도 정말 잘 먹는다. / 점심은 콩나물국에 김치를 넣은 국이 나온다. / 저녁은 콩나물국에 김치를 넣고 거기다 두부를 넣은 국이 나온다. / 거기다 밥을 말아서 아이들에게 먹인다. / 잘~ 먹는다. / 왜? 배고프니깐!" 차라리 '시'詩라 불러야 할, 그의 절규와 분노를 담은 증언은 이렇게 계속된다. "그들이 사온 과자들은 고스란히 창고로 들어가서 썩고 있다는

---

6) 조르조 아감벤, 박진우 옮김, 『호모 사케르』, 새물결, 2008.
7) 본문의 '~씨의 증언' 및 시설생활 경험 인용구는 『지역간담회를 통한 시설장애인 자립생활 모색 결과 자료집』과 『자립생활 정보집 1-더불어 사는 곳으로』에서 인용된 것이다.

것을…… / 그들은 모를 것이다. / 그런 위문품은 들어온 순서대로 창고에서 나온다. / 유통기한 다 지난 바람 들어간 과자. / 그것도 / 잘 먹는다. / 왜? 배고프니깐!" 그리고 그는 이 모든 것의 의미를 단 한 문장에 압축하고 있다. "춥고 배고픈 것보다 더 슬픈 건 내가 짐승이 되어가는 기분이었다."

소위 '인간적인 것'이 제거되었을 때 사람의 생명은 한없이 '동물적인 것'에 가까워진다. 시설생활 경험자들은 이런 말을 하곤 한다. "나는 시설에서 살고 싶지 않다! 시설은 사람을 사육하는 곳이다." '날 생명'이 되었을 때 인간의 삶은 사실상 동물의 삶이다. 가령 시설 경험자 배덕민 씨가 자신이 들어간 기도원에 대해 "말이 기도원이지 소가 20마리, 개가 30마리, 알코올중독자가 80%, 정신지체가 20명이 있었던 곳이야"라고 할 때, 그가 동물과 사람을 함께 세어나갈 때, 나는 그것을 느낀다.

아감벤은 '어떻게 그런 잔학한 일이 인간에 의해 저질러질 수 있었느냐'고 묻는 것은 위선적이라고 했다.[8] 하나의 구조에서 눈을 떼고 있기 때문이다. "거기서 일어난 일들이 범죄의 사법적 개념을 초월해 있는 탓에 흔히 우리는 강제수용소를 사유할 때 그런 일들이 발생할 수 있었던 특별한 사법적·정치적 구조를 간과한다." 우리가 검토해야 할 것은 "범죄처럼 보이지 않으면서도 인간의 권리와 특권을 완전히 박탈할 수 있는" 권력의 행사 구조 자체이다.

어떤 개별적 폭력을 행사하기 전에도 '시설'은 잔인하다. 그 잔인성은 인간의 삶을 '날 생명'으로 떼어내어 권력 앞에 무방비로 노출시켰다는 점에 있다. 권력이 '날 생명'을 돌보든 파괴하든 상관없이, 한 삶이 '날 생명'으로 분리된 채 관리된다는 것은 잔인한 일이다. 침대 위에서 편히 자고 있을 때조차

---

8) 조르조 아감벤, 『호모 사케르』, 323쪽.

무방비 상태의 '날 생명'을 보는 것은 얼마나 끔찍한가. "보모들은 자신들이 농장에서 일하는 동안 자해나 사고가 벌어지니까 정신지체 아이들에게 CP[9]라는 약을 먹이기도 했습니다. 그러면 아이들은 하루 종일, 때로는 이틀이고 사흘이고 깨어나지 못하고 잠만 잤죠."

　그런데 '날 생명'에 대한 권력의 관심이 비단 '시설'의 문제일까. '시설'은 정말로 예외적인 공간일까. 하지만 모든 '예외'는 상례, 즉 규칙에 대해 무언가를 말해준다. 아니, 우리 시대, 생명에 대한 권력의 관리는 예외이기는커녕 아주 상례적인 것인지도 모른다. 마치 "디즈니랜드가 거기 있음으로 해서 미국 전체가 디즈니랜드라는 사실이 감춰진다"는 보드리야르의 수사처럼, '시설'은 우리 사회, 우리 시대가 시설을 가능케 하며, 더 나아가 하나의 시설일 수 있음을 감추는 게 아닐까.

　앞서 내가 인용했던 두 사람의 이론가, 푸코와 아감벤은 '생명에 대한 권력의 관심' 속에서 근대사회의 독특함을 읽어내고 있다. 푸코는 이렇게 말한다. 근대의 "기본 현상 중의 하나는 소위 생명에 대한 권력의 관심이다. 권력이 생명체로서 인간을 장악한 것, 생물학의 국유화라고나 할까, 아니면 적어도 그렇게 부를 수 있는 어떤 것으로의 경도 현상이다."[10] 생명 자체를 가꾸고 관리하는 것이 근대 권력의 가장 큰 관심사라는 것이다. 그래서 그는 근대 권력을 '생명권력'biopower이라 불렀다. 물론 이 권력의 관리 대상은 개개의 인간이 아니라 한 種종 전체(국민)의 생명력이다. 권력은 개인에 대한 훈육보다는 전체 생명의 건강, 그것의 '정상적'normal 분포를 유지하는 데 더 관심을 둔다.

---

9) 향정신성의약품의 일종으로 정신과 전문의만이 처방할 수 있다.
10) 미셸 푸코, 박정자 옮김, 『"사회를 보호해야 한다"』, 동문선, 1998, 277쪽.

권력의 관심은 한마디로 분포의 '정상화' normalization에 있다.

근대 생명권력은 출생률, 사망률, 발병률, 노화율 등 전체 인구의 생물학적 건강에 대한 지식을 끊임없이 축적하고 위험률을 최소화하기 위해 노력한다. 때로는 전체의 건강을 위해서라면 열등하거나 문제 있는 개별 집단을 정리해 버리는 잔인함을 보여주기도 한다. 전체를 위해 '살게 할 자'와 '그럴 가치가 없는 자'를 규정하는 것이다.

아감벤은 '날 생명'에 대한 관심이 근대만이 아니라 고대부터 서구 정치 관념의 근간이었다고 말한다.[11] 서구에서 정치란 인간으로 하여금 동물적 삶 조에zoe 에서 인간적 삶비오스bios으로 나아가게 하는 일이었다. 다만 고대의 정치 에서 동물적 삶이 '배제된 채로만 보존' 되었다면, 근대에서는 정치의 중심으로 진입해서 인간적 삶과 구분 불가능해지게 된 것뿐이다. 근대 정치의 중심 테마들은 이 사실을 잘 보여준다. 가령 '국민국가' nation state는 '출생' nascita이라 고 하는 자연적 사실에 근거해 있고, 민주주의와 인권은 시민법 이전에 '날 생명'의 인간이 이미 가졌다고 간주된 권리에 기반하고 있다. 근대 파시즘이 나 인종주의가 보여준 생명에 대한 잔인한 학살 역시, 역설적이지만 생명에 대한 대단한 관심의 결과이다.

그렇게 보면 '시설'은 근대사회의 '일탈'의 장소이면서 동시에 근대사회를 충실히 보여주는 '증언'의 장소이기도 하다. 근대의 생명권력은 '시설'에서, 생명에 대한 육성과 폐기, 보호와 감금이 동시에 이루어지는 '시설'에서 그 진정한 얼굴을 드러내고 있는지 모른다.

---

11) 조르조 아감벤, 『호모 사케르』, 43쪽.

3. 치외법권지대-'무엇이든 할 수 있는 자' 와 '무엇도 할 수 없는 자'

한나 아렌트Hannah Arendt는 수용소 사람들을 가리켜 이렇게 말한 바 있다. 적나라하게 인간이라는 추상적 사실로만 존재하는, 그저 '인간에 불과한 사람'은 바로 그 '사실' 때문에 최대의 위험에 처한다고.[12] 우리는 인간이라는 사실만으로도 '인권'이 존재한다고 말하지만, 정말로 '인간에 불과한 사람'은 아무 권리도 갖고 있지 않음이 드러난다. 인간 그 자체에 다가갈수록 인권은 선명해지기는커녕 추상화되고 껍데기만 남는다. 오히려 한 생명이 그저 '인간에 불과할 때', 그것을 다루는 권력이야말로 무한한 권리를 갖는다. '그저 인간'을 다루는 권력에게는 한마디로 '모든 것이 가능' 하다.[13]

이때 권력은 주권자의 형상을 하고 있다. '시설'은 법이 미치지 못하는 지대, 대신 법을 대체하는 규칙(시설 안에서 사실상 '법'이 되는 명령들)을 만들어내는 지대이다. '시설'에서 우리는 일종의 '치외법권'extra-territorial 지대, 말 그대로 영토 안에 있는 '영토 바깥' 지대를 보는 것이다. 이따금 언론에 보도되는 '시설'에서의 구타와 성폭행, 심지어 일부에서 확인된 살해와 암매장은 '무엇이든 할 수 있는 자' 와 '무엇도 할 수 없는 자'가 만났을 때 벌어지는 일들의 예시이다. 이와 비슷한 예를 우리는 미등록이주노동자의 단속추방 과정에서도 볼 수 있다. 소위 '불법체류자'로 불리는 미등록이주노동자는 엄밀한 의미에서 '불법적' 존재가 아니다. '합법'과 '불법'은 재판을 통해 가려지지

---

12) 한나 아렌트, 이진우·박미애 옮김, 『전체주의의 기원』 1권, 한길사, 2006, 538쪽.
13) 최정기의 다음 말은 아렌트가 전체주의와 수용소 모델을 연결했던 이유이다. "감금 시설은 그 자체로 전체주의 사회를 구현한 하나의 소우주이다. 그 안에서는 수용자들의 자발성이 완전히 배제되고, 관리하는 측의 지배가 완벽하게 시행되기 때문이다."(최정기, 『감금의 정치』, 책세상, 2005, 36쪽)

만, 이들에게는 재판받을 권리 자체가 없다. 왜냐하면 이들은 사실상 '법 바깥 존재', 즉 '치외법권적' 존재이기 때문이다. 이들은 '불법적'이라기보다는 '법외적'이다. 따라서 법은 원칙상으로는 이들에게 어떤 보호도 제공하지 않는다.

그런데 '법의 보호'를 받을 수 없다는 점에서 '치외법권지대'에 있는 존재가 '법의 제약'을 받지 않는다는 점에서 '치외법권지대'에 있는 주권의 대행자를 만날 때, 즉 미등록이주노동자가 단속반원들을 만날 때, 끔찍한 일들이 일어난다. 대규모 단속추방이 시작되면, 단속반원들은 '동물'을 사냥하듯 특정 구역을 버스로 에워싸고 도망치는 노동자들을 잡아들인다. 심지어 그물총을 쏘는 경우도 있었다. 이러한 모습은 시설 규칙을 위반하고 행패를 부렸다는 이유로 장애인에게 '개목걸이'를 채우는 것과 같은 것이다. 치외법권지대에서는 이처럼 '처벌받지 않는 범죄행위'가 일어난다. 여기서 '죄'가 성립하지 않는 것은 그곳이 법이 미치지 못하는 곳, 법 바깥이기 때문이다.

4. 신성동맹—국가와 자본, 그리고 가족

장애인이 시설 입소를 택한 경우는 자발적일 때조차 자신에 대한 가족의 '포기'를 예감하기 때문이다. 어렸을 때 시설에 들어간 이들 중에는 부모가 '유기'遺棄한 경우도 많다. 이규정 씨의 증언. "어머니가 목욕을 시키시더니 평소에 입어보지 못한 깨끗한 옷으로 갈아입히더라고요. 조금 있으니 택시가 오고, …… 나중에 알고 보니 대전시 동구에 있는 터미널 버스대합실이었더군요. 의자에 나를 눕혀 놓고 부모님은 뒤도 안 돌아보고 나가셨어요."

시설에 가지 않고 집에 있다 해도 상황이 좋은 것은 아니다. 때로는 집 자체가 '시설보다 더 시설 같은' 곳이 되기 때문이다. 중증장애인들은 집 안에 '유기' 되기도 한다. 상당히 많은 시설 경험자들이 입소 전에 수년에서 수십 년을 외출하지 못한 채 집 안에 갇혀 지낸다. 정윤선 씨의 증언을 보자. "77년 도부터 집 밖으로 한 번도 나와본 적 없다가…… 2002년도에 집에서 처음 나 왔습니다. 제 기억으로는 집에서 마당도 못 나왔는데. 어머니 아버지가 조금 만 나가도 왜 나가느냐고…… 막 혼냈어요."

가족이 장애인을 유기할 수밖에 없는 이유는 그보다 먼저 사회, 특히 정부 (국가)와 기업(자본)이 장애인을 '방기' 하기 때문이다. 가족에게 버틸 수 없는 하중이 실리는 건 장애인에 대한 정부의 방기 탓이 특히 크다. 한국에서 장애 인시설에 대한 국가정책이 체계적으로 수립되기 시작한 것은 겨우 1980년대 들어서였다. 그러나 법과 제도, 예산은 한없이 미비하다. 교육, 소득, 주거, 활 동보조, 이동권 등과 관련된 복지 시책들이 2000년대 이후 장애인운동 투쟁 의 성과로 미약하게나마 시작되었을 뿐이다. 장애인 복지예산의 경우 총액은 말할 것도 없고, GDP 대비 비율에서도 OECD 평균의 약 10분의 1밖에 되지 않는다. 국가의 방기 탓에 기업 역시 장애인을 노동시장에서 아예 배제해 버 린다. 가령 2000년도에 이루어진 장애인 실태조사에 따르면 중증장애인의 취 업률은 13.2%에 불과하고, 경중장애인도 52.3%에 불과하다.[14]

이런 상황에서 장애인은 시설 입소를 사실상 강요받는다. 사회로부터 추방 되는 것이다. 장애인의 경우 '추방' 은 '포기', '유기', '방기' 의 형식을 취하고 있어 그 강제성이 잘 드러나지 않는다. 가족, 정부, 기업이 추방 주체로서 선 명하게 나타나지 않는 것이다. 추방의 주체는 마치 이들이 아니라 '어쩔 수

---

14) 「중증장애인 취업 T/F를 제안한다」, 『에이블뉴스』, 2005. 3. 29.

없는 상황' 자체인 것 같다. 그러나 '포기', '유기', '방기' 라는 단어에 포함된 공통 글자 '기'棄는 말 그대로 '내다 버림'을 뜻한다(비슷한 뜻을 담고 있는 영어 단어 'abandonment'에도 추방을 의미하는 'ban'이 들어 있다). 포기한 자, 유기한 자, 방기한 자는 글자 그대로 추방하는 자다. 그것은 세련된, 어떤 의미에서는 훨씬 위선적인 '추방'이다.

그런데 '시설' 입소는 일종의 '추방'이면서 또한 '포획'이기도 하다. 가족, 국가, 자본에 의한 '내다 버림'은 새로운 '붙잡음'이기도 하다. 우리는 '시설' 에서 가족과 국가, 자본의 복합체를 발견한다. 먼저 가족이 포기한 곳에서 가족관계가 만들어진다. 장애인과 관리자로 이루어진 시설은 흡사 '대가족'의 모습으로 나타난다.[15] 시설 관리자들과 시설 장애인은 대체로 부모와 어린아이의 관계를 맺는다. 한편으로 보면 가족을 떠나온 수용자에게 후견인이 되어주는 것이지만, 다른 한편으로는 가부장의 권력을 수용자에게 행사하는 일이기도 하다. 이준애 씨 증언. "여자는 조신해야 한다면서 여름엔 나시도 입으면 안 되고, 치마도 입으면 싫어했지요. 외출할 때 여자들은 빨리 들어와야 하고 남자친구가 생기면 무슨 일 있었느냐 어디엘 다녀왔느냐 물었어요. 여자는 함부로 몸을 굴리면 안 된다는 말. 너무 황당했지요. 또 벌점을 무서워했는데, 잘못해서 벌점을 받게 되면 반성문, 시설에서의 노력봉사, 한 달간 외출금지를 받았거든요."

다른 한편 장애인을 노동시장에서 배제했던 자본은 '시설'에서 장애인의 신체와 장애인의 생명이 가진 상품성을 발견한다. 시설의 대규모화 현상은

---

15) 푸코는 18세기 말, 광인 치료를 위해 만들어진 격리 '시설'(asylum)에서 '가족'이라는 요소가 도입되어 중요한 역할을 했다고 말한 바 있다. "정신병자와 감시인의 공동체가 '대가족'의 모습으로 나타난다"는 것이다(미셸 푸코, 이규현 옮김, 『광기의 역사』, 나남출판사, 2004, 748쪽).

수용 장애인 수에 따라 정부 보조금이 지급되는 것과 깊이 관련이 있다. 시설에 수용된 장애인 한 사람은 그 존재로 매달 40만 원의 매출을 올리는 셈이다.[16] 뿐만 아니라 임금을 지불하지 않는 노동 강요가 여러 곳에서 벌어진다. 배덕민 씨의 증언. "부업으로 마늘도 깠는데, 아침 먹고 까고, 점심 먹고 까고, 저녁 먹고 까고, 돈도 못 받고 죽도록 일만 했어. 그러고도 한 달에 집에서 20만 원씩 시설에 내야 했지." 심지어 정부에서 지급하는 기초생활수급비를 갈취하는 경우도 있었다. 신은순 씨 증언. "나온 후에야 개인수급비도 횡령한 줄 알았어요. 3년간 있었는데, 3년간 나온 수급비가 1800만 원 정도 되더라고요. 물론 한 푼도 못 받고 나왔지요."

사회복지법인들이 사실상 사유재산, 민간기업처럼 운영되고 있음은 '복지재벌'로 불리는 성람재단의 사례에서 잘 드러난다. 1980년대 초반 정신장애인 몇 명을 수용하면서 시작된 성람재단의 소위 '복지사업'은 2006년 13개 시설에 자산이 700억에 이를 정도로 커졌다. 성람재단의 주요 수용시설 4개가 지원받는 국고보조금만 1년에 105억이 넘는다. 이 재단의 시설 공사를 맡은 합정주식회사는 대표이사가 이사장 자신이었으며, 부인이 감사, 큰아들과 작은아들이 이사로 있던 회사이다. 이런 일이 가능한 것은 정부의 방기 때문이다. 법과 제도를 정비하는 일에 소홀함은 물론이고, 현재 가지고 있는 행정권 자체를 적극적으로 행사하지 않는다. 문제가 터졌을 때만 마지못해 특별감사를 실시하는 게 고작이다. 국가의 책임 방기와 가족의 묵인은 시설자본이 이익을 취하는 우호적 환경을 구성한다.

---

16) "사람을 사람으로 보는 것이 아니라 두당 정부 보조금 40만 원으로 계산되는 시설 생활을 봉으로 알고 있는 시설장은 시설에서 나가는 것을 달갑게 생각지 않는다."(『지역간담회를 통한 시설장애인 자립생활 모색 결과 자료집』, 61쪽.)

5. 포기에 맞서야 한다

'시설'은 한마디로 '포기' 형식의 추방 체제이다. 가족과 자본, 국가가 포기하고 유기하고 방기하는 형식으로 시설에 장애인을 가둔 뒤 그곳에서 '날 생명'으로 포획하는 체제이다. '탈시설'을 생각한다는 것은 무엇보다 '포기'에 맞서는 것이다. 우리는 타인에 대해서도, 자기에 대해서도 쉽게 포기해서는 안 된다. 그것은 타인을, 자기 자신을 추방하는 일이다. 자크 랑시에르Jacques Ranciére는 지능이 열등할 때가 아니라, 의지가 꺾일 때 바보가 생겨난다고 했다.[17] 마찬가지로 '시설'은 우리가 포기한 곳, 우리의 의지가 꺾인 곳에 자리하고 있다. '시설'은 그 존재 자체로 장애인과 그의 가족, 그리고 비장애인들에게 의지를 꺾을 것을, '포기'할 것을 요구한다. '시설'은 우리에게 '내버림'으로써 '망각'해버리라고 속삭인다.

소위 '시설병'은 의지가 꺾였을 때 앓게 되는 병이다. "시설 장기거주는 장애인으로 하여금 독립적으로 지역사회에 사는 것에 대한 두려움을 갖게 만든다. 시설에서의 생활은 개인들이 '꿈'을 갖고 그 '꿈'을 이루며 살아가기에는 어려움이 많아 장애인은 어떤 '꿈'도 갖지 않기로 결심하기도 한다. …… 무시, 위계, 동정적 관계 형성과 통제, 폭력, 획일적인 삶을 강요받는 장기간의 시설생활은 결과적으로 무기력을 '습성'으로 만들고, 삶의 주체성을 잃어버리게 된다."

그러나 시설병을 앓는 것은 시설 장애인만이 아니다. 의지가 꺾이고 무기력해지는 것은 가족도 마찬가지다. 신인기 씨 증언. "'시설에서 절대 못 나간다, 시설을 떠나서는 살 수 없다'고…… 가족들의 생각이 조금만 달랐더라면

---

17) 자크 랑시에르, 양창렬 옮김, 『무지한 스승』, 궁리, 2008.

저의 삶은 많이 달라졌을 거예요." 서울시정개발원이 지난 달(2009. 3)펴낸 자료는 시설 입소 장애인과 가족의 욕구가 얼마나 상반된 것인지를 보여준다. 주거와 서비스가 지원될 경우 퇴소를 희망하는 장애인이 70.3%인 반면, 가족 응답자의 94.4%는 장애가족이 계속 시설에서 살기를 희망했다. 시설에 입소했을 때 이미 의지가 꺾인 가족들 역시, 어떤 무기력증에 시달리는 셈이다.

'시설'이 존재하는 사회, 인간의 삶을 '날 생명' 형태로 격리하고 고립시키는 사회는 모두가 '시설병'을 앓고 있는 사회다. 삶에 대한 포기가 존재하고 생명에 대한 관리를 누군가에게 의탁해야 하는 사회는 '시설' 사회이고 '시설병'을 앓는 사회라고 할 수 있다. 서로의 삶을 가꿀 수 없다고 생각하는 한, 우리는 그것을 국가나 기업에 의탁할 수밖에 없다. 생명권력은 그런 포기의 환경 속에서 곰팡이 번지듯 커져간다. 그리고 삶의 관리, 생명의 관리를 떠맡으면서 권력과 부를 생산하고 취득해나간다.

6. 코뮨, 그 '함께–삶'의 실험

삶의 고립과 배제에 저항하는 '탈시설운동'은 이 점에서 매우 중요한 의미가 있다. 이 글을 준비하면서 나는 여러 연구자와 활동가들이 '탈시설'에 관한 여러 정책 아이디어들을 내놓았음을 확인했다. 그에 비하면 구체적 정책은 고사하고 실태 파악조차 못하고 있는 내가 어떤 비전을 내놓는 것은 무리인 것 같다. 다만 탈시설운동에 강력한 영향을 미치고 있는 두 가지 개념, 즉 '인권'과 '정상화'normalization에 대해서 몇 가지 생각해볼 거리를 던지고 싶다. 적어도 오늘 강연의 패러다임에서 이 두 개념은 넓은 의미의 '시설'을 가능케 하는 근대적 배치의 산물이지, 어떤 대항배치를 나타내지는 않는다.

먼저 인권의 경우. 시설생활의 반인권성에 대한 고발은 분명히 그 자체로 '탈시설'의 정서적 공감대를 형성하게 해준다. 그러나 앞서 말했듯이 인권은 고립된 '날 생명'의 권리라는 점에서, 즉 '그저 인간에 불과한 경우'를 상정하는 권리라는 점에서, 그러한 분리를 전제하고 있는 근대 생명권력의 패러다임에 조응한다. 인권은 '발가벗겨진 인간'이 가진 최후 보루이지만, 인간이 발가벗겨지는 순간, 사실상 사라져버리는 역설적 권리이기도 하다. 인권 담론은 한편으로 고립된 생명에 대한 잔인한 폭력을 고발하는 데 유용하지만, 다른 한편으로 권리 단위를 그런 고립된 생명으로서 재생산하는 측면이 있다. "정치니, 사회니, 문화니 따지지 말고, 인간의 권리라는 점에서 이 문제를 해결해야 하지 않겠느냐"는 식의 말은 감정적 호소력이 크지만, 또한 정치나 사회, 문화와 무관한 삶의 존재를 추인하는 역할을 한다.

'정상화' 개념도 검토해볼 필요가 있을 것 같다. 정상화 개념이 요구하는 것처럼, 장애인이 다른 시민과 동일한 생활이 가능하도록 그 조건이 제공된다면, 장애인이 시설에 입소해야 할 이유는 상당 부분 해소될 것이다. 그리고 장애인의 지역사회 통합도 강화될 것이다. 그러나 '정상화' 개념은 '삶'의 '정상성'이라는 것이 무엇인지를 정의하지 않고 있다. 아니, 정의할 수 없을 것이다. 그렇다면 그것은 결국 비장애인들 일반의 삶의 양식에 장애인을 통합시키는 게 되지 않을까. 탈시설운동이 '시설'에서 벗어나기 위한 전략으로 일반적 삶의 양식의 정상성을 추인한다면, 그것은 인권 개념에서와 마찬가지로, 근대 생명권력의 삶의 일반적 관리를 추인하는 것이 된다. 그동안 '시설'은 '타자 공간'으로서 '비정상'의 규정을 떠안는 식으로, 시설 바깥 '정상성'의 허구적 이미지를 생산해왔다. 그런데 '시설'에서 벗어나기 위한 운동이 그 '정상성'을 추인한다는 것은 현실적 유용성을 인정한다 쳐도 사리에 맞지 않아 보인다.

이런 맥락에서 나는 우리가 '시설'과는 다른 '대항배치'를 생각할 때 두 가지 과제를 고려해야 한다고 본다. 우선은 삶을 고립된 단위로 이해하지 않아야 한다. 시설은 다양한 맥락으로부터 삶을 고립시킴으로써 작동하는 체제이기 때문이다. 그 누구의 삶도 집합적인 것으로, 서로 연대할 수 있는 것으로 만들어야 한다. 둘째로 삶의 단순한 통합을 넘어서야 한다. '탈시설'은 시설 안에 있는 사람을 시설 바깥으로 빼내는 일 이상이 되어야 한다. 시설 바깥에 있는 삶의 양식이 시설 안에 있는 사람의 대안이 되어서는 안 된다. 가령 장애인이 지역에서 가족 생활을 편안히 누리는 것도 중요하지만, 더 중요한 것은 가족과는 다른 다양한 형태의 주거 실험이 이루어지는 것이다. 그것은 가족이 주거의 기본이라는 정상성 개념을 공격하는 일이기도 하다.

나는 인권과 정상화 개념이 요구해온 차별받지 않고 고립되지 않는 삶이 중요하다고 생각한다. 또 시설에서 벗어나 지역에서 살기 위해 국가의 책임을 촉구하는 운동이 정말로 중요하다고 생각한다. 그러나 이 모든 요구와 투쟁이 그동안의 차별과 고립에서 벗어난 삶의 대항배치를 꿈꾸는 방향에서 이루어졌으면 한다. 나는 그 대항배치의 이름을 '코뮌'이라 부르고 싶다.[18] 그것은 무엇보다 '함께—함'의 사유이고, '함께—삶'의 실험이다.

나는 우리 삶이 우리들에 의해 '함께' 구축되어야 한다고 믿는다. 제아무리 호의를 가진 자(가령 이상적 복지국가)라 하더라도 그에게 삶의 관리를 맡겨서는 안 된다. 우리는 서로의 삶을 함께 구축하는 데 있어 국가에게 우호적 조건을 요구할 뿐이다. '함께—삶'이란 서로 똑같아지는 '공동체'共同體의 삶이

---

18) 고병권 · 이진경 외, 『코뮌주의 선언』, 교양인, 2007.

아니라, 서로 다름에도 함께 어울릴 수 있는 '공동체'共動體의 삶이다. 서로의 독특함을 희생하지 않은 채로 '함께 살아가기.' 뿐만 아니라 '함께함'으로서 새로운 삶을 만들어내기. 서로의 삶의 가능성을 극대화해 볼 수 있는 다양한 코뮨들을 실험해보기. 각각의 장애를 넘어서 혹은 장애와 비장애를 넘어서 '공—동'의 삶을 실험하고 찾아보기. 우리가 '함께 살' 수 있는 다양한 프로그램들(다양한 공부 프로그램, 동아리 활동, 코뮨적 생활 워크숍 등)을 구상하고 실행하기. 작은 실험 코뮨들을 여러 개 만들어보기.

분명히 국가와 시설을 상대로 벌이는 탈시설 투쟁이 갖는 중요성은 아무리 강조해도 지나치지 않다. 다만 그 투쟁의 다른 한편에는 국가와 자본에 대한 삶의 의존을 줄이는 실험, 더 나아가 삶을 우리 모두가 함께 구축할 수 있는 실험이 더 풍요롭게 진행되어야 한다. 나는 '탈시설' 투쟁이 시설에서 나오는 투쟁임과 동시에 시설 바깥의 삶을 공격하고 변형시키는 투쟁이어야 한다고 믿는다.

밤에 열린
어느 장애인 학교

1. '교육=운동'에 대한 물음

'노들야학 20년과 한국 장애인운동'. 노들야학 개교 20주년을 맞아 내게 요청된 강연 주제인데, 노들야학에도 장애인운동에도 뭔가를 증언할 만한 경험이 없는 내게는 참 버거운 주제가 아닐 수 없다. 노들야학과의 개인적 인연, 아니 노들야학과 내가 속한 수유너머의 인연은 2007년으로 거슬러 올라간다. 당시 우리가 발행한 잡지 『R』의 창간호에 박경석 교장과의 인터뷰를 실었다. 그때 잡지 특집이 '소수성의 정치학'이었는데, 2000년대 이후 본격화된 장애인 이동권 투쟁에서 우리는 강한 충격을 받았던 터였다. 그 만남이 노들야학과 맺은 인연의 첫 매듭이었고 이후 수유너머는 노들야학과 느슨하게나마 어떤 인연의 끈을 꼬아왔다. 매월 한 차례씩 인문학 강의를 열기도 했고, 얼마 전까지는 현장인문학이라는 이름으로 장애학 세미나를 진행하기도 했다. 또 작년(2012)에는 메이데이 총파업 투쟁을 함께하기도 했고, 내 개인적으로는 중등학력 과정의 불수레반에서 철학 강의를 한 학기 진행한 적도 있다.

오늘 강연 주제는 방금 말했듯이 내게 버거운 주제임에 틀림없다. 그러나 나는 이번 요청을 곧바로 수락했다. 그것은 먼저 노들야학의 개교 20주년을 누구보다 축하하고 싶었기 때문이고, 또한 이 기회에 노들야학이 걸어온 길을 한번 살펴보고 싶었기 때문이다. 지난 며칠간 '노들20주년 역사팀'에서 보내준 자료들을 살펴보았다. 그런데 노들야학이 지내온 20년의 밤, 그중 겨우 며칠 밤을 훑어보았을 뿐인데도 가슴이 요동을 쳤다. 자료를 읽는 내내 혼자서 키득거리기도 하고 가슴이 먹먹해져서 천장을 올려다보기도 했다.

그러니까 지금으로부터 20년 전에, 어떤 도덕적인 의무감에서든, 역사적 사명감에서든, 마음속 호기심에서든, 가슴에 맺힌 배움에 대한 한 때문이든, '노란들판'이라는 이름을 가진 '밤의 학교'를 열었던 사람들이 있었다. 이들은 스스로 확신하지도 못하는 밤길을 쭈뼛쭈뼛, 멈칫멈칫하면서 신통하게도 잘 걸어갔다. 누군가의 말처럼 그것은 술기운(?) 때문에 가능했는지도 모르겠다. 박경석 선생은 언젠가 내게 노들야학에서의 '술'의 '화학적 효능'에 대해 말한 적이 있다. 농담을 섞어 말하자면 야학 장애인들을 완력을 써서라도 집회에 끌고 가는 게 '운동의 물리학'이라면, 술을 통해 주체를 변화시키는 게 '운동의 화학'이다. 그는 장애인의 주체화와 관련해서 술의 효능을 강력하게 주장했다. 노들의 지난 20년을 보면 분명 술의 어떤 효능이 있어 보인다. 하지만 내가 보기에 술은 그 자체로 무엇을 일으킨 요인이 아니다. 그것은 다만 이미 마음속에서 일어난 일을 확인하거나 아니면 마음속에서 감당할 수 없게 커져 버린 일들을 달래는 역할을 했을 뿐이다.

1990년대 초반, '밤의 학교'에 모인 젊은 교사들과 나이든 학생들은 술을 마시기 전에 이미 어떤 '감정의 폭동'을 겪었던 것 같다. 술은 "내일도 우리의 아침은 해가 뜨지 않겠지"라고 말하는 젊은 교사의 절망, 그가 밤의 학교에서 장애인을 만나자마자 생겨난 깊은 감정의 수렁을 메워줘야 했다.[1] "학생분들의 삶을 마주"하고는 "가슴에 뭔가가 자꾸 고여 술을 들이키지 않을 수 없었다"[2]는 젊은 교사. 술이 그것을 퍼내주지 않았다면 그는 금세 차오른 감정들 때문에 숨이 막혀 죽었을지도 모르겠다.

도대체 이 '밤의 학교'에서는 무슨 일이 있었던 것일까? 왜 지식을 전하는 학교에서 감정의 폭동이 일어난 것일까? 딱딱하기 그지없는 국정교과서를 읽고 학력 검정고시를 준비했던 학교에서, 배움은 왜 절망과 울분의 체험으로 시작되고, 희망과 투쟁, 사랑 같은 것을 만들어내고 또 기약해야 했던 것일까?

나는 새삼 오늘 강연 주제의 무게를 실감한다. '노들야학과 장애인운동'. 지금 이 자리에는 노들야학 사람들과 장애인운동가들이 있다. 나는 '노들20주년 역사팀'이 갈무리한 자료들, 특히 홍은전이 감동적으로 정리한 자료들을 지난 며칠간 읽었지만, 노들의 역사에 대한 지식은 당연하게도 이들에 한참 미달한다. 한국 장애인운동의 역사에 대해서도 마찬가지다. 나는 김도현이 정리한 한국장애인운동사를 한 권 읽었을 뿐이다.[3] 실감의 차원에서든 인

---

1) 심귀황, 「언땅을 녹이는 우리들의 몸짓 2」, 『부싯돌』 2호, 1994. 참고로 『부싯돌』은 노들야학에서 발행한 소식지로 1993년부터 2000년까지 총12호가 발간되었다.

2) 김혜옥, 「내 푸른 청춘의 골짜기」. 참고로 김혜옥은 노들야학의 창립 멤버 중 한 사람으로 1996년 2월까지 야학의 교사로 재직했다. 3대, 5대 교사대표를 역임했다. 나는 이 글을 비롯해서 노들야학의 전직 교사들과 동문들의 글이나 인터뷰 자료를 '노들20주년 역사팀'으로부터 건네받아 읽었다. 노들야학에서는 개교 20주년을 맞아 야학의 역사를 정리하는 작업을 진행하고 있다. 내가 아래서 인용하는 대부분의 글과 인터뷰 자료는 노들야학 홈페이지(http://nodl.or.kr)에도 실려 있으며, 조만간 책자의 형태로 출간될 예정이다.

식의 차원에서든, 나는 '노들야학'에 대해서도 '장애인운동'에 대해서도 여기 앞에 앉아 있는 분들보다 더 잘 말할 수 있는 게 없다.

그러므로 지금 여기서 내가 말하려는 것은 '노들야학'에 대해서도 아니고 '장애인운동'에 대해서도 아니다. 각각에 대한 나의 오독은 필연적일 것이다. 나는 다만 노들야학의 과거 발자취를 읽다가 떠오른 어떤 생각을 오늘 주제와 연관지어 말해보려고 한다. 나는 노들의 역사로부터 '장애인 야학'과 '장애인운동', 조금 더 일반화하자면, '교육'과 '운동'의 관계에 대해서 무언가를 읽어낼 수 있다고 생각한다. '교육'과 '운동'의 관계라고 했지만, 엄밀히 말하자면, '교육'과 '운동'의 외적인 구분이 깨지는 지점, 그 둘이 상호전환가능한 것이 되는 어떤 지점에 대해서다.

사실 '운동'과 '교육'의 교차는 노들야학의 탄생 배경이기도 했다. 1993년 노들야학의 설립을 제안했던 것은 '장애인운동 청년연합회'(장청)였다. 당시 장청은 전국적 조직을 건설하려고 했지만 쉽지가 않았다. 노들야학의 설립에 대한 실무 책임을 맡았던 이석구에 따르면, 전국적 조직 건설이 답보 상태에 빠지면서 새로운 아이디어로 나온 것이 장애인 야학이었다고 한다.[4] "장애인의 조직화에도 도움이 되고, 장애인 개개인의 의식화에도 좋지 않을까" 하는 생각에서 야학 설립을 떠올렸다는 것이다. 한마디로 노들야학은 장애인의 '의식화'와 '조직화' 수단으로 구상된 셈이다.

하지만 노들야학은 장청의 지도를 거의 받지 않았다. 교사와 학생들의 관

---

3) 김도현, 『차별에 저항하라 —한국의 장애인운동 20년, 1987~2007』, 박종철출판사, 2007.

4) 이석구 인터뷰, 「노들야학은 장애인운동의 큰 자산」(2013. 4. 16) 인터뷰 제목은 '노들 20주년 역사팀'에서 단 것이고, 괄호 속의 날짜는 인터뷰가 이루어진 시점이다. 해당 자료 역시 노들야학 홈페이지에 실려 있다.

계가 너무 끈끈했고, 학습 계획부터 재정 운영까지 독자적으로 해결해나갔다. 박경석의 회고에 따르면 "스무 명도 안 되는 사람들이 매일 만나서 이야기하는 집단에 한 달에 한 번 볼까 말까 한 교장이나 전장협 활동가들의 입김이 힘을 가질 수는 없었" 기 때문이다.[5] 그렇다고 교사들이 운동에 대한 거부감을 가진 사람들이었던 것은 아니다. 초창기 노들야학을 주도해간 사람들이 '날적이'나 『부싯돌』에 쓴 글을 보면, 억압적인 사회체제에 대한 절망과 비판이 가득하다.

어떻든 교사들 자신은, 홍은전의 표현을 빌자면, 모두 '절절한 투사'였지만, 학생들에게 어떤 의식화를 위한 학습을 시키거나 집회에 동원해가는 일은 삼갔다고 한다.[6] 당시 교사였던 김혜옥에 따르면, 학생들을 모집하고 붙잡아두기 위해, 또 정립전자의 의혹의 시선을 피하기 위해[7], 그리고 무엇보다 "생활로 결합해야만 운동을 말할 수 있다"고 생각했기에 그것은 불가피했다.

---

5) 박경석 인터뷰, 「노들야학 3대 교장 박경석 인터뷰(1)」(2013. 6. 10)

6) 김혜옥 인터뷰, 「야학이 전부였던 시절, 그런 경험 참 값진 것이더라」(2013. 4. 23) 물론 이것이 교사들이 학생들과 집회에 참석하는 데 부정적이었다는 것을 의미하지는 않는다. 실제로 1995년 3월, 장애인 노점상 최정환 씨가 분신사망했을 때, 교사들은 '최정환열사 분신사망 대책위'가 연 집회에 학생들과 함께 참여했으며, 관련된 토론도 많이 했다고 한다. 다만 내가 여기서 말해두고자 하는 것은 야학의 교사들이 학생들에 대한 직접적인 의식화 학습이나 집회 동원에 조심스러움을 가졌다는 점 뿐이다. 지난 7월 31일 노들야학에서 이 원고로 강연을 했을 때, 노들야학의 창립멤버였던 김혜옥 선생과 운영위원이었던 김종환 선생은, 노들야학의 초창기 역사에서 초기 멤버들이 지녔던 '운동'의 측면이 과소평가되어서는 안 된다는 점을 지적해주었다. 내 강연 원고에 그런 오해를 줄 여지가 있을 듯해서 이 분들의 지적을 적어둔다. 하지만 내가 여기서 초기 노들야학이 '운동'보다는 '교육'에 관심을 쏟았다고 말하려 했던 것은 아니다. 내가 시도하는 것은 노들야학의 교육과 운동을 균형있게 기술하는 데 있다기보다, 그런 '교육'과 '운동' 이전에 다른 어떤 것이 노들야학에서 일어났음을, 내가 '배움 이전의 배움', '운동 이전의 운동'이라고 명명한 그런 것이 노들야학에서 일어났음을 보여주는 데 있다.

7) 정립전자는 정립회관 안에 있던 전자제품 생산업체로서, 장애인 고용 모델로서 만들어진 비영리 기업이었다. 당시 노들야학은 정립전자의 직원 교육을 명분으로 정립회관 내 탁구장 공간을 빌려 쓰고 있었다. 공간과 학생의 공급 모두 정립전자에 의존하고 있었기에 노들야학은 회사로부터 불필요한 의혹을 받지 않으려고 했다.

그러나 노들야학이 '검정고시를 목적으로 한 학교'인지, 장애인들의 의식화와 조직화를 위한 운동조직인지에 대한 논란은 처음부터 존재했고, 2000년대 이후에도 계속되었던 것 같다.

오늘 예정된 주제인 '교육'과 '운동'은, 지난 20년을 돌이켜보건대, 노들야학을 떠받치고 있는 두 개의 축이었다고 할 수 있다. '교육'과 '운동'은 노들야학을 굴리는 두 개의 바퀴처럼 움직이다가도 갈등이 깊어질 때면 어김없이 사람들을 둘로 나누는 갈등의 축이기도 했다. 하지만 내가 오늘 하려는 이야기는 '교육인가 운동인가'의 문제로 던져지는 순간 금세 사라지고 마는 어떤 것에 대해서다. 나는 그것을 잠정적으로 '교육=운동'이라는 등식으로 말해 두고자 한다.

물론 우리는 '교육'과 '운동'이 서로 다른 것임을 알고 있다. 통상적 의미에서 교육은 지식의 전수와 관계되는 데 비해 운동은 특정한 가치지향, 즉 이데올로기의 전파와 관련된다. 또 교육의 목적은 이해에 있지만 운동의 목적은 변혁에 있다. 물론 교육과 운동은 서로를 하위요소로 통합하기도 한다. 사회에 대한 올바른 인식이 사회의 변화를 가져올 것이라고 믿는 '교육운동단체'가 있고, 운동가에 대한 기본적 지식 전수 프로그램이 필요하다고 믿기에 운동을 교육하는 단체나 부서가 있다.

하지만 지금 내가 '교육운동'이나 '운동교육'에 대해서 말하려는 것은 아니다. 노들야학의 역사를 통해 내가 말하고자 하는 것은 아주 다른 차원의 것이다. 그것은 사회변혁을 호소하는 집회나 특강이 아니라 검정고시를 준비하면서도 일어날 수 있는 어떤 변혁(운동)에 대한 것이고, 교과서가 아니라 집회에 참여하면서도 가능한 어떤 배움(교육)에 대한 것이다. '교육인가 운동인가'라는 선택지 앞에서 어느 하나를 고르려는 이들에게, 나는 노들의 '배움 이전의 배움', '운동 이전의 운동'에 대해서 말하고자 한다.

비유컨대 사람들은 혁명을 말할 때 국가권력을 찬탈하는 장면을 중요하게 본다. 하지만 그런 스펙타클한 장면보다 더 중요한 것은, 조용한 비둘기걸음으로, 아무도 모르게 사람들의 마음속에서 일어나는 혁명이다. 기존 체제를 더 이상 참을 수 없게 되는 어떤 변화, 기존 체제가 사실상 끝났다는 깨달음(그 일이 내 생애에 일어날지 후대에 일어날지 확정할 수 없을지라도), 그런 어떤 변화가 사람들에게 어느 때 일어나는 것이다. 말하자면 '혁명 이전의 혁명'인 셈이다. 만약 후자의 혁명이 없다면 전자는 하나의 권력 찬탈에 지나지 않을 것이다.

'배움 이전의 배움', '운동 이전의 운동'이 있는 곳에서는 교과서를 읽는 것만으로도 변혁의 몸짓이 시작된다. 그러나 그것이 없는 곳에서는 사회변혁을 호소할 때조차 따분한 학교 수업과 다를 바가 없다. '배움'이 각성 없는 정보의 축적과 기능적 학습에 지나지 않고 '운동'이 습관이나 관성에 불과한 것이 되고 만다. 그러니 우리가 '배움 이전의 배움', '운동 이전의 운동'에 대해 말하는 것은 경우에 따라서는 '배움'에 맞서고 '운동'에 맞서는 일이기도 하다.

내가 오늘 말하고자 하는 것은 바로 그런 차원의 것이다. 노들야학의 지난 역사에서 나는 그것을 본다. '교육운동'도 아니고 '운동교육'도 아닌, '교육'과 '운동'이 상호전환가능한(교육과 운동을 바꾸어도 아무런 어색함이 없는) 그런 것, 배움과 운동이 일어나기 위해 전제되어야 할 어떤 배움과 운동, 앞서 내가 '교육=운동'의 등식으로 명명했던 그것 말이다. 결론을 당겨 말하자면, 내가 말한 '교육=운동'의 등식은 통상적 차원에서의 '교육'과 '운동'의 동일성이 아니라, '배움 이전의 배움', '운동 이전의 운동' 사이에 성립하는 상호전환 가능성이다. 즉, 후자의 배움과 후자의 운동 사이에 성립하는 등식이다. 그런 차원에서만 우리는 배움과 운동, 교육과 운동이 동일한 것이라고 말할 수가 있다.

나는 그것에 대한 어떤 체험을 갖고 있다. 2008년의 어느 가을 밤이었다. 당시 서울시 교육감이 장애인 교육 예산을 20% 삭감하기로 했다는 뉴스가 나오던 밤이었다. 그날은 또한 노들야학에서의 내 첫 철학 특강이 예정된 날이기도 했다. 나는 '오늘 특강은 노들이 아니라 서울시 교육청 앞에서 이루어질 것'이라는 연락을 받았다. 내가 현장에 도착했을 때 교육청 문 앞을 지키는 경찰들과 노들야학 학생들이 가벼운 몸싸움을 벌이고 있었다. 그런데 저녁 7시가 되자, 학생들은 거짓말처럼 수업 대형을 만들었고, 나는 가로등 아래서 스피노자에 대한 강연 원고를 읽었다. 그때 교육청 공무원들도, 문앞의 경찰들도, 길 건너 상점 주인도, 모두 스피노자의 윤리학에 대해서 들어야 했다. 가로등 아래서 경찰과 대치한 상황에서 노들의 학생들과 스피노자에 대한 원고를 읽으며 나는 노들에 빠져들었다. 나는 그 순간 내가 얼마나 급진적인 장소에 서 있는지를 알게 되었다. 그 순간 『에티카』는 『공산당선언』보다도 급진적이었다. 적어도 내게는 그랬다.

2. 노들의 의식화 교육

장청이 노들야학을 세울 때 목표로 삼았던 '의식화'와 '조직화'는 1980년대 운동가들이 즐겨 사용하던 말이기도 하다. 계몽주의 냄새가 많이 나는 단어들이다. 선진적인 지식을 갖고 있는 운동가들이 그것을 알지 못하는 대중들을 일깨우고 엮어서 집합적 행동에 나서게 만드는 것. 당시의 운동가들에게 '의식화'와 '조직화'는 대중들에게 사회변혁적 지식을 전파하고 동조자를 규합하는 일을 의미했다. 한마디로 자신들과 생각과 행동을 함께할 대중을 만들어내는 것이었다.

하지만 나는 '의식화'와 '조직화'의 다른 차원이 존재한다고 생각한다. 언젠가 리영희 선생에 대한 글을 쓰면서 이 점을 깨달았다.[8] 그는 부산미문화원 방화사건의 배후 조종자로 재판정에 서야 했다. 사건 주동자들이 그의 책을 읽고 어떤 촉발을 받았다고 말했기 때문이다. 그런데 정작 그 자신은 그런 방화 행동을 지지하지 않는다고 했다. 실제로 1970~1980년대 많은 젊은이들이 그를 '사상의 은사', '생각의 스승'이라고 불렀지만 구체적인 생각과 행동에서는 그와 달랐다. 나는 그걸 보며 이런 생각을 하게 되었다. 그가 '사상의 은사' 혹은 (공안기관의 표현처럼) '의식화의 주범'이었다면 그것은 자신과 동일한 생각을 가진 사람을 만들어냈기 때문이 아니라 사람들을 '생각하게' 했기 때문이라고. 즉, '의식화'란 '동일한 생각'이 아니라 '생각하기' 자체이며, 일종의 일깨움이자 각성이라고. 그래서 나는 리영희 선생의 말과 글이 '의식화'를 수행했다면 그것은 특정한 견해의 전달 이전에 어떤 일깨움 내지 각성을 야기한 것에 있다고 본다.

이런 '각성'이나 '일깨움'은 지적 반응이기 이전에 정서적 반응이다. 그것은 정신과 신체에서 함께 일어나는 어떤 기분(가령 절망, 분노, 용기, 희망, 사랑, 환희 등) 같은 것이다. 의식화란 지식과 정보의 축적과는 다른 것이다. 의식화된 사람은 박식한 사람을 말하는 게 아니다. 그는 단 하나의 지식과 정보에 대해서 달리 보고 달리 느끼는 사람이다. 말하자면 그는 어떤 생각에 쉽게 동조하기보다 오히려 '감히 비판하고 질문하는' 사람이라고 할 수 있다.

---

8) 고병권, 「생각한다는 것은 무엇인가」, 『리영희 프리즘』, 사계절, 2010.

칸트가 말한 '계몽'의 의미가 또한 그랬다. 그는 「'계몽이란 무엇인가'에 대한 답변」에서 계몽의 비밀이 '지식'이 아니라 '용기'에 있다는 것을 말해주었다. 그에 따르면 계몽의 정신은 이성을 과학적이고 효율적으로 일을 처리하는 데 사용하는 것(이성의 사적 사용)에 있지 않고, 세계의 공중을 향해 문제를 제기하는 데 사용하는 것(이성의 공적 사용)에 있다. 칸트가 '감히 알려 하라' Sapere Aude를 계몽의 구호로 제시한 이유가 거기에 있다. 그러니 계몽된 사람이란 박식한 사람이 아니라 '감히' 알려 하고 '감히' 따져 물을 줄 아는 용기 있는 사람인 것이다.

내가 노들에서 발견했고, 또 지금 강조하고 싶은 '의식화' 내지 '계몽'은 바로 이런 차원의 것이다. 그것은 지식이나 이해의 문제 이전의 것이라고 할 수 있다. 배움 이전에 일어나는 어떤 각성, 앞서 사용한 말을 다시 쓰자면, '배움 이전의 배움'에 관한 것이고, 변혁 운동에 뛰어들기 이전에 자기 안에서 경험하는 어떤 변혁에 관한 것이다. '해방 이전의 해방'이라고도 말할 수 있겠다. 그런데 이것은 교실에서도 일어날 수 있지만 소풍이나 모꼬지에서 일어나기도 한다.

1996년 불수레반 학생이었던 안명옥의 글을 보자. "지난 10월 모꼬지 때 TV에서 보았던, 그렇게도 부러웠던, 모닥불을 피워놓고 노래 부르고 얘기하는 것을 해보았을 때 너무 좋았어요. 우리도 모닥불을 피워놓고 노래하고 얘기도 나누고요. 그때 하늘을 보신 분이 많으리라 생각해요. 모든 별이 우리들 곁으로 다가와서 비추어주는 것 같았어요. 그땐 정말 눈물이 나와서 울 뻔했어요. 무언지 모를 눈물이 나오려고 하더군요."[9]

9) 안명옥, 「노들인의 밤」 중에서」, 『부싯돌』 4호, 7쪽.

텔레비전에서만 보았던 모닥불을 실제로 피워놓고 밤하늘을 올려다보았던 일. 나는 이 일이 한 장애인 학생 안에서 정말로 중요한 변혁을 일으켰다고 생각한다. 이것은 어떤 불가능을 가능으로, 어떤 무능력을 능력으로 바꾸는 체험이다. 정립전자의 작업장과 기숙사만을 오갔던 사람들, '도시의 섬'에 사실상 유폐되었던 사람들에게 모닥불이 있는 밤하늘이 무언가를 일깨운 것이다.

'야학을 통해서 뭐가 달라졌느냐'는 물음에, 안명옥은 당시를 이렇게 회고했다. "바깥 세상 이야기를 듣잖아요. 정립전자에 있으면 밖으로 나갈 기회가 없어요. 기껏해야 기숙사 앞마당만 왔다갔다 하고. 그런데 이제 누군가 받쳐주니까 기댈 수가 있잖아요. 선생님들이 휠체어를 밀어주면 왠지 모르게 든든하고. 그렇게 바깥 세상을 만나게 되고. 야학 다니고 나서 자신감을 더 얻었어요." 그는 나중에 정립전자의 기숙사에서 나온다. "사람들이 '너 나가서 어떻게 살래?' 이랬어요. 근데 자신감이 있었어요. '나, 나가서 살고 싶어. 한번 겪어보고 싶어.' 그런 자신감이 붙더라고요. 그래서 야학 다니면서 방 얻고 면허증 따고 독립을 했죠."

지식을 쌓는 것과는 다른 차원에서 일어난 정서상의 변화가 여기에 잘 표현되어 있다. 이런 변화는 수업 시간에 일어나기도 하고, 몇십 년 만에 '창살 없는 감옥'이었던 집이나 시설을 벗어나 학교에 나오는 길에서 일어나기도 하며, 술을 먹거나 춤을 추다가 일어나기도 한다. 어떤 자신감, 어떤 용기, 성공하든 실패하든 뭔가를 시도해보고 싶다는 욕망, 그런 것이 생겨나는 것이다. 그러나 비장애인들이 받는 학습을 장애인에게 제공하는 것에 한정해야 한다는 소박한 박애주의와 사회비판적 지식을 가르쳐서 장애인을 의식화해야 한다는 변혁주의의 대립은 이런 '배움 이전에 일어나는 배움(각성)', '해방 이전에 일어나는 해방'을 놓치기가 쉽다.

나는 장애해방을 지향하는 교육과 운동이 정서 내지 감성에 착목해야 한다고 생각한다. 그것은 그런 정서 내지 감성이 '장애'를 규정하는 핵심 요소이기 때문이다. 장애란 어떤 본래성을 가진 것이 아니다. 장애는 학교, 직장, 사랑, 결혼, 운동 등등 생활의 여러 영역에서 경험하는 어떤 불가능과 관계된다. 어떤 활동을 할 수 없을 때 우리는 그 순간, '할 수 없음'disability, 즉 '장애' disability를 경험한다. 다시 말해 장애를 가졌기에 이런저런 활동을 할 수 없는 것이 아니라, 이런저런 활동을 할 수 없는 현실에서 우리는 장애인이 되는 것이다. 그리고 그 활동의 불가능성이 커질수록 우리는 중증장애인으로 간주된다. 나는 장애가 이런 불가능성들의 체험이며, 그 순간 내 자신에게 일어나는 '무능'disability에 대한 인정, 그리고 결국에는 어떤 '포기'의 감정이라고 생각한다. 장애인이 장애라는 범주에 완전히 갇혀버리는 것은 '무능'을 자기에게 돌리고 그런 자기를 '포기'할 때이다.

　우리 사회는 개인에게 그 무능을 인정하도록 조장하거나 방치해왔다. 가족이 무능을 고백하고, 사회가 무능을 승인하고, 마지막으로 장애인 자신이 자신의 무능력을 인정하도록 만든다. 이렇게 의지가 꺾이면서 우리의 신체와 영혼은 버려진 어떤 것, 포기된 어떤 것이 되고 만다. 그러고 나면 우리의 신체와 영혼은 권력에 무방비 상태로 노출된 채, 시설 같은 곳에 맡겨지는 것이다.

　"탈시설한 분들 데리고 나오면서 받는 질문이 굉장히 전형적이에요. 친구 만나도 돼요? 친구가 집에 놀러와도 되나요? 외출해도 되나요? 화장실은 아무 때나 가도 돼요? 아주 세세하게 다 허락을 받으려고 하시거든요." 탈시설 활동가이자 노들야학의 교사인 허신행의 말이다. [10] 그의 말에서 잘 드러나듯 자유란 지식이 아니다. 자유는 친구를 만나도 되는지를 아는 데 있는 것이 아니라, 그런 것을 알 필요가 없다는 것, 다시 말해 내가 그런 것을 알 필요 없는 자유로운 존재임을 아는 것에 있다. 물론 이때의 앎은 지식이 아니라 각성이다.

랑시에르는 『무지한 스승』에서 우리가 '바보'가 되는 것은 '지능'이 모자랄 때가 아니라 '의지'가 꺾일 때임을 보여준다.[11] 욕망을 접고 의지를 꺾을 때 우리는 바보가 된다는 것이다. 다시 말해서 우리 능력을 알지 못하고 또한 믿지 못할 때, 그래서 우리가 우리 자신을 포기할 때 우리는 바보가 된다. 이 사회는 우리에게, 장애인들에게 그것을 부추긴다. 우리의 능력이 아니라 무능력을 절감하게 만드는 것이다. 그런데 우리가 자신에 대해 무능하다는 생각을 할 때, 우리는 우리 자신을 잘 아는 것이 아니다. 오히려 반대로 우리는 우리 자신에 대해 모를 때, 무엇보다도 우리가 무엇을 할 수 있는지 그 능력을 모를 때 스스로에 대해 무능하다고 말해버리곤 한다.

그렇다면 우리는 어떻게 자신을 알 수 있는가? 언젠가 들뢰즈는 이런 말을 했다.[12] 불행히도 많은 사람들이 자신이 누구인지를 모르는 채 죽는다고. 어쩌면 그 자신일 수 있었을 많은 것들을 포기해버리면서, 자신일 수도 있었을 많은 것들을 실현시키지 않은 채 죽어간다고 말이다. 우리는 우리가 누구인지를 모르는 채로 죽는다. 우리 사회에서 장애인이 특히 그런 존재였다. 무엇일 수 있음이 완전히 봉쇄된 존재, 오직 무엇일 수 없음만을 절감하도록 만들어진, 그런 존재였다. 그렇다면 우리는 어떻게 우리 자신을 알 수 있는가. 들

---

10) 김혜옥 인터뷰, 「야학이 전부였던 시절, 그런 경험 참 값진 것이더라」(2013. 4. 23). 이 말은 김혜옥과의 인터뷰 중에 허신행이 한 말이다.

11) 자크 랑시에르, 양창렬 옮김, 『무지한 스승』, 궁리, 2008.

12) 질 들뢰즈, 뱅센(Vincennes)대학에서의 스피노자 강의(1978~1981) 중 1981년 1월 20일 강의. www.webdeleuze.com에서 강연 내용을 볼 수 있다.

뢰즈가 말했듯이, 오직 실험과 시도를 통해서만 그것이 가능하다. 내가 누구인지, 내가 누구일 수 있는지 우리는 도전하고 시도하는 수밖에 없다.

여기에서 '교육'과 '운동'은 완전히 상호전환이 가능한 어떤 것이 된다. 우리가 우리 자신을 알기 위해서 무언가를 시도해야 한다는 점에서 말이다. 공부를 할 수 있는 나, 춤을 출 수 있는 나, 시설에서 벗어나 자율적으로 살아갈 수 있는 나, 내 가능성을 부당하게 제한하고 차단하는 체제에 맞서 싸울 수 있는 나. 나는 나를 시험함으로써만 그런 나를 알아가는 것이다. 우리의 무능을 승인함으로써 우리에 대한 무지에 빠져드는 것이 아니라, 우리의 능력을 입증하는 것을 통해 우리 자신에 대한 앎으로 나아가는 길이라고 할 수 있다.

나는 지난 20년의 밤 동안 노들야학에서 일어난 일이 이런 것이 아니었을까 생각한다. 만약 교육의 과제가 지식과 정보의 전달이 아니라 어떤 일깨움에 있다면, 그것은 운동이 말하는 '의식화'의 과제와 다를 것이 없다. 교육의 과제가 타자에 대한 앎, 다시 말해 사물이든 사람이든 타자와 관계를 맺는 것에 있다면, 그것은 운동이 말하는 '조직화'의 과제와 다를 수 없다. 변혁적 지식이 교과서에 실려 있지 않다고 해도, 또 데모 현장에 몇 번 나가본 적이 없다 하더라도, 노들야학의 교사와 학생들은 이미 중요한 변혁을 겪고 있었던 게 아닐까. 지난 20년을 나는 그렇게 생각한다.

앞서의 안명옥의 글을 다시 한 번 떠올려보자. "나, 나가서 살고 싶어. 한번 겪어보고 싶어'. 그런 자신감이 붙더라고요." 이는 그가 "왠지 모르게 든든한 사람들", "누군가 받쳐주니 기댈 수 있다"는 것을 알게 된 것과 무관치 않다. 각성과 연대, 의식화와 조직화는 그런 식으로 이미 시작된 것이다. 노들이라는 이름의 야간학교에서 말이다. 이 사건, 이 변화를 어떻게 말해야 할까. 나는 일단 그것을 '교육=운동'이라는 등식으로 명명해둔다.

3. 지식이 아니라 욕망이 생기게 하라

우리가 이동하지 않는다면, 흐르지 않는다면, 턱을 만날 일은 없다. 하지만 턱을 만날 일이 없을 때 우리는 가장 비참한 감옥 안에 있는지도 모른다. 탈출할 수 없는 벽 안에 갇혀 우리는 턱조차 만나지 못할 수 있다. 그런데 지난 20년간 노들야학은 끊임없이 새로운 턱과 대면해왔다. 그것은 노들야학이 멈추지 않고 흘렀기 때문이다.

물론 이런 대면이 어떤 계획이나 의지 속에서 이루어진 것은 아니다. 계획 속에서 제기된 것이라기보다 갑작스레 닥쳐온 것들이다. 노들야학은 다만 이런 문제에 개방적이었던 것 같다. 노들야학은 한편으로 장애인들이 문제(가령 학업이나 사교)를 해결하는 공간이었지만, 다른 한편으로는 장애 문제가 현상하는 공간이기도 했다. 장애인이 명시적으로든 암묵적으로든 지정된 경계를 넘어서 바깥으로 나오는 순간 그를 둘러싼 문제도 따라나오기 때문이다. 장애인이 유폐된 공간에서 나오는 순간, 장애 문제도 은폐된 영역에서 나오는 것이다.

가령 1999년 처음으로 봉고차가 생겼을 때 노들야학에는 중증장애인들이 모여들기 시작했다. 이동 문제로 야학을 찾을 수 없었던 사람들이 입학하자 노들야학은 시급히 해결해야 할 문제들과 대면한다. 그중 하나가 매일매일 겪어야 하는 '이동전쟁'이었다.[13] 계속해서 늘어만 가는 중증장애인 학생들을 어떻게 학교까지 안전하게 실어올 것인가. 그런데 중증장애인들을 학교로

---

13) 홍은전, 「달려라 봉고」, 『노들야학 개교20주년 역사 쓰기』. 홍은전의 기록 역시 노들야학 홈페이지에서 볼 수 있는데, 현재는 사료를 모으고 정리하는 수준에서 기록자의 평가를 담고 있다. 노들야학 20년을 정리하는 그의 작업은 지금도 진행 중에 있으며 조만간 책자의 형태로 발간되지 않을까 싶다. 개인적으로 노들야학의 기록물을 정리해서 보내준 그에게 진심어린 감사의 뜻을 전한다.

실어오는 과정에서 우리 사회의 온갖 턱이 폭로되기 시작했다. 지하철 리프트는 너무 느렸고 고장과 사고의 위험이 컸으며, 휠체어를 들기 위해서는 주변 여러 사람들에게 도움을 요청해야 했고, 인도는 곳곳에서 끊어졌고 높은 턱이 있었다. 또한 중증장애인들은 대체로 시설생활 경험이 있었는데, 이들의 경험은 이후 탈시설의 절실함을 깨닫게 하는 계기가 되었다. 1990년대 후반에서 2000년 대 초반, 많은 운동단체들이 현장에서 멀어지고 투쟁의 동력을 상실했을 때, 노들이 이동권 투쟁에서 탈시설 투쟁에 이르는 현장 싸움을 주도했던 것은, 그것을 자기 문제로 체험했기 때문일 것이다.

나는 강연을 시작하면서, 노들야학을 통해 '교육'과 '운동'의 문제에 대해 사고해보겠다고 했다. '교육'과 '운동'의 외면적 관계가 아니라, 그것들이 분화되지 않은 어떤 지점, 앞서 '교육=운동'의 등식이 성립하는 어떤 지점을 사고해보겠다고 했다. 그것을 나는 '배움 이전의 배움', '운동 이전의 운동'이라 불렀고, 정서상에서 일어나는 어떤 변화로서 말해보려고 했다. 이런 맥락에서 본다면 나는 노들이라는 학교의 의의는 새로운 '지식'을 쌓는 것에 있지 않고 새로운 '욕망'이 생겨나게 한 것에 있다고 말하고 싶다.

노들야학 20년의 역사를 정리·기록하고 있는 홍은전이 "노들야학의 역사에서 가장 중요한 순간"이라고 쓴 대목이 있다. 1997년 6월, '별 준비 없이 초라하게' 진행된 박경석 교장의 취임식이다. 홍은전이 밝힌 이유는 이렇다. "떠날 때가 되면 떠나는 것이 당연했던 교사들과 달리 야학을 자신의 인생에 묶은 최초의 사람이 나타났기 때문입니다." 그리고 "그런 이를 만난 이상 야학은 더 이상 '없어져야 할 대상'이 아니라 '반드시 필요한 존재가 되도록 키워야 할 대상'이 될 것입니다."[14]

정말로 탁월한 고찰이 아닐 수 없다. 이 '순간'은 정말로 중요하다. 내 생각에 이것은 노들에서의 배움과 운동이 수단이기를 멈추고 삶이 되는 순간이기도 하다. '교육'과 '운동', '배움'과 '투쟁'은 '노들에서의 삶', 더 나아간다면, '노들의 삶'이 되는 것이다. 그래서 1990년대 말부터 노들의 교육이 '생활야학'이라는 이름으로, '모든 일상'으로 확대되는 것은 의미심장하게 보인다.[15] 그것은 한편으로 장애인이 겪는 소외가 전면적이었던 만큼 전면적 교육이 등장하는 것으로 보이지만, 다른 한편으로는 노들의 교육 자체가 '삶의 형식'을 취하기 시작한 것으로 보이기 때문이다.

그런데 흥미롭게도 1990년대 말에 노들의 교장과 똑같은 말을 한 학생이 있었다. 집과 시설에서만 살아왔다는 노들 학생 임은영은 1999년 『노들바람』에 이렇게 적었다. "이곳은 나의 두 번째 사회생활이다. 힘든 때도 있었지만 즐거움도 많고, 좋은 사람들도 많이 만난다. 난 이곳을 좋아한다. 아니, 사랑한다. 내가 살아 있는 동안은 여기를 계속 다니고 싶다. …… (아침마다 나를 챙겨줘야 하는) 엄마의 힘든 모습이 가슴 아프지만 나는 행복하다. 나처럼 집에만 있어야 되고 누군가의 도움이 필요한 사람들에게 권해주고 싶다. 그래도 세상에 한 번 나와보라고."[16] 그러니까 퇴임을 생각하지 않는 교장만 있었던 게 아니라 졸업을 생각하지 않는 학생도 있었던 것이다.

또 한 사람. 노들야학의 이동권 투쟁의 한 계기를 제공했던 주인공 이규식[17]

---

14) 홍은전, 「멀리 볼 사람이 필요하다」, 『노들야학 개교20주년 역사 쓰기』.

15) 홍은전, 「모든 일상을 교육의 현장으로」, 『노들야학 개교20주년 역사 쓰기』.

16) 『노들바람』 11호, 1999. 6.

17) 1999년 6월 노들야학 학생인 이규식 씨가 혜화역 리프트에서 굴러 떨어지는 사고가 일어났다. 이 사고는 한국사회 장애인들이 이동과 관련해서 겪고 있는 현실을 단적으로 보여준 것이었다. 동료가 바로 그런 사고를 당하자 노들야학은 한국사회에 장애인의 이동권 문제를 제기했으며 이후 전례 없는 투쟁을 전개했다.

이 있다. 그는 스스로를 "공부가 적성에 맞지 않는 사람"이라고 부른다. 오히려 그는 '이동권연대 투쟁국장', '전국장애인차별철폐연대 투쟁팀장'의 경력이 말해주듯 야전투쟁의 일선에 있었던 사람이다. 그런데 그가 야산의 낡은 판잣집에서 자립생활에 도전을 했다. "2001년 5월 초 노들야학 인권반에서 '자립생활'에 관한 교육을 듣고 나는 충격을 받았습니다. 미국과 일본의 중증 장애인들이 '자립생활운동'을 펼쳤고, 그로 인해 많은 장애인들이 정부의 지원을 받으며 자립생활을 하고 있다는 것을 알게 된 겁니다. 나는 30년 동안 먹고 자는 일만 했는데, 선진국의 장애인들은 비장애인들처럼 자신들이 가고 싶은 곳에 가고, 하고 싶은 일을 한다고 했습니다. 그날부터 나에게는 꿈이 생기기 시작했습니다."[18]

노들야학은 '공부가 적성에 맞지 않은' 그에게도 뭔가를 일깨웠다. 바로 욕망이다. 교육은 이처럼 지식 이전에 욕망이 생기도록 만드는 게 아닐까. 나는 노들야학에서의 '교육'과 '운동'이 '살고 싶은 삶'에 대한 실험이자 연구이며, 배움이자 각성이고, 요구이자 투쟁이며, 무엇보다 그것에 대한 욕망이어야 한다고 생각한다. 물론 이것은 노들야학만이 아니라 수유너머를 포함한 모든 교육 연구 공동체에 해당하는 말이다. 노들이 걸어온 길은 그 어떤 곳보다도 분명하게 이 사실을 보여주었다.

---

18) 이규식 인터뷰, 「99년 노들야학 학생 이규식 인터뷰」(2013. 6. 25).

4. 노들인의 밤 – 배움의 현장에 대하여

노들은 우리 모두가 알듯이 장애인 야간학교다. 말 그대로 밤의 학교인 셈이다. 노들인의 밤. 랑시에르는『프롤레타리아의 밤』이라는 책의 서문 첫 단락을 이렇게 시작한다. "이 책에는 어떤 은유도 없다. 이 책에서 정말 중요하게 생각하는 것은 산업노예들의 고통, 노동자들의 비위생적 주거지, 무제한적 착취로 탈진한 신체의 비참함을 환기하는 것이 아니다. 정말로 중요한 것은 이 책에 나오는 사람들이 가진 시선과 말, 생각, 꿈이다. 이들은 어떤 사람들이었는가? 단지 수십 명의 사람들. 1830년경에 스무 살 정도 되었던 몇 명의 프롤레타리아들. 그들은 당시 자신들로서는 더 이상 떠받칠 수 없는 어떤 것을 더 이상은 떠받치지 않겠다고 결심한 사람들이었다. 그들이 떠받칠 수 없는 것이라고 부른 것은 자신들 곁을 떠나지 않는 비참이나 바닥 수준의 임금, 열악한 주거나 굶주림 같은 것이 아니었다. 그들에게 더 근본적이었던 것은 매일 강탈당한 시간에 대한 고통이었다. 나무와 철로 작업을 하고 옷을 짜고 신발을 지어야 하는 시간, 단지 지배자와 노예의 권력관계를 유지하기 위해서 그렇게 해야 하는 시간에 대한 고통 말이다."[19]

이 노동자들은 먼저 밤의 시간을 되찾았다. 다음 날 건강한 노동력으로 쓰이기 위해 일찍 잠들어야 했던 그 시간을 자신들을 위해 되찾은 것이다. 밤에 잠들지 않고 이들은 읽고, 쓰고, 생각하고, 토론했다. 이들은 적어도 그 시간 동안 사회체제가 그들에게 할당한 자리에 무관심했다. 랑시에르는 이렇게 말한다. "이것이야말로 해방의 시작인 것이다. 노동자들은 밤을 새로이 전유함으로써, 시간의 짜임을 바꾸었을 뿐만 아니라, 더는 사회학적으로 식별되는

---

19) J. Rancíére, *La nuit des prolétaires*, Fayard, 1981.

계급으로서의 노동자가 아니라, 계급의 소멸로서의 계급(계급의 소멸을 뜻하는 계급)인 프롤레타리아가 된 것이다."[20]

나는 이것이 지난 20년간 노들인의 밤에서 일어난 일과 다르지 않다고 생각한다. 노들인들이 읽고, 쓰고, 토론하고, 생각하면서, 또 술을 마시면서, 또 분노하기도 하고 희열을 느끼기도 하면서, 우리 사회가 장애인들을 식별하기 위해 할당한 시간과 공간의 경계를 넘어섰던, 이 배움의 시공간을 생각해 본다.

노들은 언제까지 계속될 수 있을까. 노들은 언제까지 계속되어야 하는 걸까. 어떤 이들은 '노들은 없어져야 할 학교'라는 말을 덕담으로 건넨다. 제도가 해야 할 일을 노들야학이 대신하고 있기 때문이다. 그러니 노들이 없어지는 세상이 좋은 세상이라는 것이다. 이 말은 일반 학교 교육을 노들야학이 맡고 있는 부당한 현실을 고발한다는 점에서 의미가 있다. 분명 장애인이 '낮의 학교'에 아무런 불편 없이 다녀야 하고, 그런 점에서 교육제도와 시설, 정책이 크게 바뀌어야 한다.

하지만 노들의 수명과 노들의 사명이 거기에 있는 것일까. 노들인의 밤은 사라져야 하는 것일까. 내가 확실하게 말할 수 있는 것은 이것이다. 노들이 어느 학교처럼 되거나, 노들이 사라지고 어느 학교에나 장애인들이 들어가는 세상이 온다면, 지금까지 내가 말해온 '교육=운동'의 등식은 어떤 큰 위험에 빠질 것이라는 사실이다. 배움은 있겠지만 '배움 이전의 배움'은 좀처럼 일어나지 않을 것이다. 지식은 쌓이겠지만 '각성'은 좀처럼 일어나지 않을 것이다. 현재의 삶에서 지위를 상승시킬 수는 있겠지만, 다른 삶에 대한 욕망을 만

---

20) 자크 랑시에르, 양창렬 옮김, 『정치적인 것의 가장자리에서』, 도서출판 길, 119쪽, 각주 12.

들어내기는 쉽지 않을 것이다.

주지하듯 1990년대 중후반 한국 장애인운동은 상당 부분이 제도화되고 엘리트주의화된다. 그러면서 '현장'에서 멀어졌다. '현장'은 내가 요즘 여러 번 되새겨보는 말이다. '현장'이란 '시간'과 '공간'이 결합되어 있는 흥미로운 단어이다. 여기서 '시간'과 '공간'은 당연히 '사건'에 대한 것이다. 즉, '현장'이란, '사건 현장'이라는 용례에서 보듯, 무엇보다 '사건'의 '시공간'이다. 그래서 '현장'에서 멀어지면 돈과 권력이 생겨날 수는 있지만 사건이 생겨나지는 않는다.

2000년대 이동권 투쟁을 시작으로, 교육권, 활동보조제도, 탈시설 투쟁까지, 노들은 장애인운동의 중심에 있었다. 노들야학이 벌여온 일들은 장애인운동의 역사적 흐름을 거스르는 솔질과 같았다. 그러나 나는 노들야학이 장애인운동의 중심에 있었던 것 만큼이나, 배움의 중심, 일깨움의 중심에 있었다고, 다시 말해서 교육의 중심에 있었다는 점을 강조해두고 싶다. 노들야학은 나같은 이까지도 일깨웠다. 우리는 모두 무언가를 알게 되었고, 무언가를 원하게 되었다. 무엇보다 우리는 노들야학 덕분에 다른 삶을 욕망하게 되었다.

나는 노들이 밤을 포기하지 않기를 바란다. 나는 노들이 현장을 포기하지 않기를 바란다. 나는 노들이 '교육=운동'의 등식을 포기하지 않기를 바란다. 나는 노들이 권력이 부추기는 모든 '포기'에 맞서기를 바란다. 지난 20년, 노들이 밝혀온 밤, 그것에 큰 감사의 인사를 전한다.

2부 사건

책을 읽어주던 남자
−배움의 사건으로서의 책 읽기

민주주의, 그 새로운 무한정성
−월가 점거운동에 대한 하나의 보고

점거와 총파업
−장애인 운동으로부터

탄원하는 노인들

점거에 참여한 사람들은 모두의 사연이 똑같이 소중하고 절박하다는 걸 안다. 그리고 그것들이 하나의 정책이나 제도 때문이 아니라 체제 때문이라는 생각을 하고 있다. 모든 것을 동시에 요구하는 것, 그것은 사실 딱 하나를 요구하는 것이다. 즉, 체제를 바꾸라는 것이다.

책을 읽어주던 남자

|

배움의 사건으로서의 책 읽기

1. 책을 고른다는 것

이번 강연이 아니어도 '어떤 책을 읽으면 좋으냐'는 질문을 곧잘 받는다. 오늘 이 자리가 흥미로운 것은 내게 이 질문을 던진 사람들이 평소 이 질문을 자주 받는 분들이라는 사실이다. 책을 고르고 추천하는 일을 하는 학교 도서관 선생님들이 자리를 마련해 던진 질문이라는 점에 착안하여, 나는 오늘 '독서'와 '교육', 다시 말해 '책 읽기'와 '배움'의 문제를 함께 생각해보려고 한다.

배움을 구하는 이에게 권하는 책 읽기란 어떤 것일까. 내게 좋은 책, 내가 읽고 싶은 책을 고르는 것과 누군가에게 좋은 책, 누군가에게 선물할 책을 고르는 것은 확실히 다른 문제처럼 보인다. '어떤 책이 좋을까'라는 물음 속에서, 자신이 아닌 누군가를 떠올려야 하는 사람, 아마 이 자리에 있는 선생님들 상당수가 그런 분들이지 않을까 싶다. 책을 읽는 사람, 즉 독서가의 입장에서는 '어떤 책을 읽을 것인가'와 '어떤 책을 읽힐 것인가'가 다른 문제가 아니다. '내가 어떤 책을 읽을 것인가'는 '내게 어떤 책을 읽힐 것인가'와 같은 말이기 때문이다. 하지만 오늘 우리에게 문제가 된 건 단순한 '독서'가 아니라 '독서교육'다. 과연 '독서교육자'의 특별함은 어디에 있을까. 그에게 '책을 고른다'는 것, '책을 권유한다'는 것은 어떤 의미가 있을까.

'내가 읽을 책을 고르는 것'과 '남에게 권유할 책을 고르는 것', 특히 그 '남'이 '나'와 차이가 없다고 느끼는 동료가 아니라, 내게 '배움'을 청한 '학생'인 경우, 책을 고르는 일은 아주 다른 의미를 갖는다. 이 경우에 '좋은 책'이란 '교육', '배움'의 문제를 고려하지 않을 수 없기 때문이다. 그런데 나는 교육자가 고를 '좋은 책'이 과연 '책'에 달린 문제일까에 의문을 품고 있다. 순전히 개인적 경험에 기초해서 말해보자면, '독서'를 우리가 하나의 '사건'이라고 부를 때, 그 '사건'의 성격은 책보다는 그 책을 만나게 되는 '상황'과 더 깊이 관련되는 것 같다.

사실 '객관적으로' (?) 좋은 책들은 많다. 모래밭에서 사금을 찾는다기보다 마트에서 물건을 고르는 것처럼, 찾는 물건이 없어서가 아니라 너무 많아서 당황스러울 정도다. 그냥 쉽게 생각해보면, 소위 '고전'이라고 불리는 책들이 있다. 전문가나 명사들이 추천하는 책들도 대개 그런 책들로 받아들여진다. 신문이나 잡지에 소개된 책들도 대강 그렇다. 사람들이 많이 읽는 책도 그렇고. 뒤로 갈수록 검증할 자신은 없지만 어떻든 우리가 책을 고르는 방식이 대개 그렇다. 책은 이토록 넘쳐나고 좋은 책에 대한 권유도 이렇게 많은데, 왜 오늘 우리는 이런 주제로 이야기를 나누어야 할까. 그냥 좋은 책들, 가령 고전을 마구 읽히면 되는 것 아닌가?

학교에서 '독서인증제'라는 걸 시행한다고 들었다. 주변에서 대강 들어 정확한 내용은 모르겠지만, 처음 이야기를 들었을 때 그 발상에 심각한 문제가 있다는 생각이 들었다. '어떻게 해서라도 아이들에게 책을 많이 읽게 하면 좋은 것 아니냐'는 발상은 하나의 '사건'으로서 '독서'가 갖는 의미를 전혀 이해하지 못하는 것이다. 좋은 책 리스트를 작성하고 아이들에게 그냥 마구 읽히면 될 것인가. 나는 오늘 내게 던져진 물음이 양서 리스트의 빈칸을 채워 달라는, 적어도 그 효율적인 방법을 알려 달라는 것이 아니길 빈다(이와 관련해서는 나는 말할 것이 아무것도 없다).

아이들에게 '좋은 책을 그냥 읽히면 된다'는 것에는 중요한 뭔가가 생략되어 있다. 그게 무엇일까. 간혹 TV 아침드라마에 나오는, 잘나가는 집안 혼사 이야기가 떠오른다. "조건 좋은 사람이면 됐지, 뭘 이것저것 재고 그래." 여기 무엇이 생략된 것일까. 가장 중요한 것, 바로 '사랑의 체험'이 없다. 사람과 사람이 '사랑의 체험'이 없이 만나는 것이다. 객관적으로(?) 훌륭하고, 일반적으로(?) 훌륭하면, 서로의 인연이 훌륭하게 엮이도록 보장된 것인가. 하지만 사람들은 일반적이고 객관적인 사람을 사랑하는 게 아니라, '제 눈에 안경'인 사랑을 하지 않는가. 그만큼 사랑은 '특이적'singular인 것이라고 할 수 있다. 좋은 사람을 만난다기보다, 만남이 좋은 사람을 데려다 준다고 할까. 어떤 상황 속에서 일어난 만남의 사건 속에서, 우리는 갑자기 서로를 휘어잡는 독특한 매력을 낳고 발견한다. 나는 독서의 경험에 비슷한 점이 있다고 본다.

그래도 그냥 '좋은 책'은 있지 않을까. 그럴 수도 있겠다. 하지만 그런 '좋은 책'은 세상에 좋은 책으로 있을 뿐 내게 '좋은 책'은 되지 못한다. 내가 고등학교 때 겪은 일, 아직까지도 생생한 어떤 일을 말하고 싶다. 고등학교 1학년이었던 1987년, 당시 사회 분위기도 그랬지만 특히 우리 학교는 민주화 열기로 뜨거웠다. 학교가 공부를 너무 심하게 시킨 게 화근이었다. 매주 주초고

사라는 게 있었는데, 영어와 수학을 번갈아가며 시험을 봤다. 그걸 50% 반영하고 월말고사를 50% 반영해서 성적을 결정했다. 매주 월요일에 시험을 보니 단 한 번도 주말을 편히 쉴 수가 없었다. 그해 가을, 그러니까 사회에서 6월 민주항쟁과 7~9월 노동자대투쟁이 끝난 뒤, 우리 학교에서도 시위가 있었다. 학생들이 시험을 거부했다. 그때부터 시작된 시위는 가을마다 일어났다. 직접 투표해서 학생회를 만들게 해달라, 동아리를 만들게 해달라, 3학년 때는 전교조 창립으로 학교가 들썩거렸다.

정확히 언제인지는 기억나지 않지만, 그때도 시위로 학교가 어수선할 때였는데, 갑자기 도서관에 가고 싶었다. 지리 선생님이 사서 업무를 담당하셨는데, 책을 읽고 싶다고 했더니, 보통은 도서신청 카드에 책 이름을 적어 내라고 하는데, 그날은 직접 들어와서 골라보라고 했다. 그때 고른 책이 엘리아스 카네티Elias Canetti의 『군중과 권력』이었다. 책 내용도 모른 채 제목, 그리고 표지에 실린 몇 구절에 끌린 것이다. 그 당시 상황 때문이었는지 책이 서가에서 내게 튀어나오는 느낌을 받았다. 내가 고른 책을 본 선생님의 그 야릇한 웃음과 표정은 지금도 잊히지 않는다. '네가 과연 이 책을 이해할 수 있을까' 하는 표정. 대출 기간이 일주일이었는데, "너 한 주 더 줄게. 그렇다고 될 것도 아니지만." 그 말이 옳았다. 자존심이 상해서 오기를 부리며 2주 동안 책을 붙들었지만 3분의 1도 채 읽지 못했다. 2주 후 "어때?" 하며 웃는 선생님의 얼굴을 보고는, 책을 테이블 위에 얹고 그냥 황급히 도서관을 뛰어나와 버렸다.

수준에 맞지 않은 책을 고른 대가를 치른 셈이라고, 한동안 그렇게 생각했다. 사실 카네티의 『군중과 권력』은 정말 좋은 책이다. 카네티가 노벨상을 받을 수 있었던 결정적 작품이기도 하지만, 내 개인적으로도 10여 년 전에 '대중'에 대한 글을 쓸 때, 이 책을 읽고 얼마나 감탄을 했는지 모른다. 이제야 그 책을 읽을 '수준'이 된 걸까. 좋은 책이란 역시 '수준'이 맞는 책인 걸까. 그런데 최근 노들장애인야학에서 니체의 책, 『차라투스트라는 이렇게 말했다』를 읽으며, 책을 권하는 결정적 기준이 '수준'일 수만은 없음을 느꼈다. 오늘 강연은 바로 지난주까지 계속된 노들야학에서의 책 읽기 경험에 기초한 것이다.

이 강연을 시작하며 제기했던 문제를 다시 상기하고 싶다. 내가 읽을 책을 고르는 독서가가 아니라 내게 배움을 청하는 학생에게 책을 권하는 교육자라는 문제 말이다. 교육자란 수준에 맞는 책을 골라주는 사람일까. 물론 그것도 중요할 것이다. 그런데 먼지를 뒤집어쓴 채 어느 고등학교 도서관 책장에 박혀 있던 책이 어느 학생에게 튀어나왔을 때, 단지 제목과 표지에 적힌 글, 첫 장을 넘기며 본 몇몇 구절이 이상하게도 한 고등학생을 사로잡았을 때, 독서 교육자는 "그건 아직 네 수준이 아니야"라고 말려야 했을까(애당초 고등학교 도서관에 그 책이 있지 않아야 했을까). 당시 사서 선생님은 내게 책도 시간도 건네주셨지만, 그런 일들을 교육자만 할 수 있는 건 아니다. 공공도서관의 '직원'도, 심지어 도서대출 자동기계도 그런 사무는 볼 수 있으니 말이다. 배움을 일으키는 자는, 책을 건네고 시간을 건넬 때, 뭔가 다른 것도 건네야 하는 게 아닐까. 책에 '교육자'가 개입한다는 것, 책과 관련해서 '배움이 일어나게 한다'는 것이 성립하기 위해서는 말이다.

물건을 교환하는 일은 누구나 하는 일이다. 하지만 연인들이 잘 알 것이다. 물건이 전달될 때, 물건으로 환원되지 않는 어떤 잉여의 것이 소통된다는 것, 그 '잉여의 것'이 두 사람을 '연인'이라고 부를 수 있게 해주는 핵심임을. 독서 교육자도 마찬가지다. 어떤 책을 골라줄 때, 어떤 책을 권유할 때, 어떤 잉여의 것이 필요한 것 같다. '잉여'라고 했지만 결코 '부차적'인 것이 아니다. 바로 그것이 전체 성격을 규정하기 때문이다. 책을 건네는 두 사람이 연인 사이인지, 상인과 손님 사이인지, 스승과 제자 사이인지를 결정하는 것은 바로 그것이다. 그렇다면 그 '잉여의 것'은 도대체 무엇일까. 책을 권유할 때 선생이 실어 보내는 것, 책의 권유 속에서 스승과 제자를 '스승'과 '제자'로 만들어주는 그것은 무엇일까. 오늘 그 점을 생각해보려고 한다.

2. 책 읽기와 책 읽어주기

1) 책 읽기의 곤란함

2010년 2월 아주 흥미로운, 하지만 조금은 부담스러운 제안을 받았다. 노들야학에서 한 학기 동안 정규과목으로 인문학 강의를 해달라는 거였다. 노들야학과 수유너머는 이미 2년 전부터 함께 인문학 프로그램을 운영하고 있다. 매월 다양한 주제로 인문학 강좌를 열었고 주마다 특정 책이나 이론가를 공부하는 집중 세미나를 운영해왔다. 하지만 월례 인문학 강좌는 강사들이 돌아가면서 특강을 하고 매번 그 참여가 자유로워 학생들은 그냥 맘에 드는 강좌를 한두 개 골라 듣는 식이었다. 집중 세미나는 주로 교사와 활동가들 중심으로 했기에 장애 학생들의 참석이 거의 없었다. 결국 학생들이 정규수업에서 철학을 공부했으면 좋겠다는 한 교사의 열정으로 어렵게 수업이 만들어졌고 내가 교사로 초대되었다.

수업을 진행할 '불수레반'은 중등과정을 공부하는 열 명 정도의 중중장애인 반이었다. 중등과정이라고 하지만 학생들은 20대와 30대가 약간 있고, 반정도는 나보다도 나이가 많은 40대 중후반의 어른이었다. 수업계획을 짜며 학생들의 욕구조사를 했다. 나와 함께 수업을 진행한 '김선생'의 보고서를 인용해보겠다. "욕구조사를 했다. 학생들에게 '뭐 공부하고 싶으냐'고 물어 보니 '그런 거 없어' '니가 알아서 해' '언니 맘대로 해' 같은 답이 돌아왔다. 전부터 '인문학 하기 싫다'라고 일관되게 얘기했던 배모 씨는 '코디, 섹스, 성, 돈, 이성, 정치, 심리, 연예인의 실제, 영화, 마약, 그리스로마 신화, 성형, 한국 방송 50년 기획물(?), 무속, 유체이탈, 사주풀이, 영혼, 컴퓨터 해킹, 평행이론, 사회변천사, 인간심리학, 일본 역사'에 관심이 있으며 '장애인 야학, 운동, 자본주의, 문학은 빼'라고 했다. 대체로 의견이 없었고, 있어도 뭘 원하는지 알기 힘들었다."

학생들의 욕구는 좀처럼 모아지지 않았다. 모아지지 않았다기보다 별로 하고 싶지 않은 눈치였다. 월례 인문학 때 니체를 강의한 적도 있고, 김선생이 강력히 추천하기도 해서, 결국 니체를 공부하기로 했다. 문제는 교재였다. 니체 원전으로 수업을 하는 것은 무리라고 생각했던 나는 진은영 선생이 10대를 겨냥해서 쓴 『니체의 차라투스트라는 이렇게 말했다』를 추천했다. 내용을 알기 쉽게 잘 풀이했다는 생각이 들었기 때문이다. 그런데 미처 생각지 못한 문제제기를 받았다. 문체가 문제였다. 아이들에게 다정하게 말을 건네는 그 문체가 40대 학생들에게 맞지 않다는 거다. 사실 많은 비장애인들이 장애인을 대할 때 마치 '애'를 대하듯 해서, 그 점이 장애인들에게 큰 상처가 되기도 한다. 예전에 국어 수업시간에 권정생 선생님의 『강아지똥』을 읽었을 때도 비슷한 문제제기가 나왔다고 한다. 내용은 좋은데도, '우리가 언제까지 『강아지똥』이나 읽어야 하느냐'고 말하는 학생들이 있었다.

개학 날짜는 다가오는데 교재 선정은 난항을 거듭했다. 그때 김선생이 그냥 니체의 『차라투스트라』를 직접 읽으면 안 되냐고 했다. 내게 두 가지 기억이 동시에 떠올랐다. 하나는 20여 년 전의 『군중과 권력』이었고, 다른 하나는 10대 추천도서로 『차라투스트라』가 들어갔다고 분개하던 지인에게 내가 했던 말이었다. 언젠가 어느 기관이 초등학교 고학년 추천도서로 『차라투스트라』를 넣었던 모양이다. 그는 "네가 쓴 『니체의 위험한 책, 차라투스트라는 이렇게 말했다』도 애들한테 만만치 않을 텐데, 정신 나간 모양"이라고 흥분했다. 어떻게 『차라투스트라』를 직접 읽게 하느냐고. 그런데 나는 어린아이들이 굳이 니체 원전을 읽어야 한다면 그래도 『차라투스트라』가 나을 것 같다고 말한 적이 있다. 에피소드가 많아 어른들과 달리 재밌게 읽을지도 모른다고.

김선생의 제안과 그때 떠오른 생각으로, 결국 『차라투스트라』를 직접 읽기로 결정해버렸다. 그런데 불수레반 학생들 중에는 난독증이 있는 사람도 있었고, 대부분의 학생이 철학책을 읽어본 적이 없어서 한 주 읽는 분량을 아주 적게 잡아야 했다. 일단 내가 에피소드를 10개 가량 뽑고 해당 페이지를 타이핑해서 빔프로젝트를 이용해 벽에 쏘아 놓고 함께 읽어갔다. 내가 먼저 큰 소리로 한 번 읽고 난 후 문장을 해설하는 방식을 취했다.

학생들 대부분은 말하는 데 큰 어려움이 있었다. 그나마 두세 사람이 곧바로 말을 전할 수 있고 나머지는 아예 말을 하지 않았다. 두 사람 정도는 말없이 손으로 책상에 글자를 쓰는데, 그것을 내가 읽어야 했다. 한 사람은 말도, 손짓도 불가능했다. 약간의 소리를 내고, 눈빛을 미묘하게 변화시키는 게 의사표현 방법이었다. 이런 상황에서 『차라투스트라』를 읽을 수 있을까. 니체 연구자에 따라서는 가장 어려운 책으로 꼽기도 하는 이 책을, 이런 상황에서 읽는 게 가능할까. 솔직히 말하자면 그냥 하라고 했으니까 했지, 내게 맡겨 두었으면 아마 단번에 포기했을 것이다.

2) 알 수 없는 맹수들

어떤 면에서 『차라투스트라』는 마땅한 책을 고를 수 없었기에, 즉 중등 수준의 독해력을 지닌, 하지만 40대의 어른인, 거기에 중증장애를 가진 사람들에게 마땅한 인문학 책을 골라줄 수 없었기에 선택된 책이었다. 한마디로 '선택을 포기했기에 선택된 책'이었는지도 모르겠다. 좀 과장해서 말하자면 '에라 모르겠다, 일단 부딪혀보자'는 심정으로 택한 책이다.

첫 번째 시간에는 니체라는 인물과 그의 철학을 개략적으로 소개했다. 사람들은 대체로 성의껏 내 말을 들어주었다. 하지만 정말 '성의껏'이었다. 말하지 않아도 상당수가 힘들어한다는 것을 알 수 있었다. "어떻게 생각하세요?" 습관적으로 나는 강의 때 그런 질문을 던지곤 한다. 그런데 그런 서술형 질문은 금세 어색한 분위기를 연출했다. 이 반에는 아주 느린 속도로 조금씩 말할 수 있는 사람도 소수뿐이다. 한 사람의 이야기만 듣는다 해도 제법 시간을 투자해야 한다. 게다가 다른 사람들은 말조차 할 수 없다. 일반적인 수업에서 가능한 피드백을 여기서는 기대하기가 어려웠다. 작은 강의실에는 내 목소리만 울리는 것 같았다. 한 학기 동안 허공에다 혼자 소리를 계속 질러야 하는 것일까. 참 막막했다.

첫 번째 시간이 끝나고 책을 잘못 골랐다는, 아니 이런 식의 수업 자체가 잘못된 것이라는 생각이 들었다. 학생회장을 맡고 있는 A는 첫날부터 딴청을 부렸는데, 수업이 언제 끝나는지 시간만 체크하고 있는 것 같았다. 내 강의가 조금만 길어지면 수업시간 끝났다고 소리를 쳤다. 사실 그는 책도 많이 본 것 같고 무엇보다 글을 아주 잘 쓴다. 그의 블로그 독자가 아주 많다고 들었다. 첫 시간 후 김선생이 그에게 소감을 물어본 모양이다. "나체? 몰라. 내가 어떻게 알아", "애쓰지 말고 대충해. 학생들이 관심이 없는 걸. 너만의 만족." 첫 수업을 마치고 그가 한 말들이라고 한다.

본격적인 책 읽기는 두 번째 시간부터였다. '죽음의 설교자들에 대하여' 라는 글에서 시작했다. "말은 어떻게 하더라도 따지고 보면 이 세상이 내게 살 가치가 없는 곳이라고 속삭이는 존재들이 있다"고, 그들을 '죽음의 설교자' 라 한다고 했다. 첫 텍스트를 '죽음의 설교자'로 시작한 것은 힘든 세상을 회 피하지 말고 직시해야 하며, 우리는 우리를 힘들게 하는 이 세상에서 삶을 가 꾸어야 한다는 점을 강조하기 위해서였다. 책을 읽은 후에는 '예/아니오' 나 '객관식' 아니면 바로 낱말로 표현할 수 있도록 질문을 했다. 그때 과제는 내 주변에서 '죽음의 설교자'를 찾아오는 것이었다. 어찌 보면 문장들은 쉽지 않 았는데, 소리를 내서 앞에서 낭독하는 순간, 나는 이 책을 고르기를 잘했다는 생각이 들었다.

사실 나는 야학에 오기 전에 이 책을 열 번도 넘게 읽었다. 그런데 책을 읽 는 장소, 책 읽는 내 목소리를 듣는 사람들 때문인지, 참 많은 생각이 들었고, 예전에는 별 생각 없이 읽었던 문장에서 나 스스로 큰 감동을 받기도 했다. 그 럴 때면 그 문장을 여러 번 힘주어 다시 읽었고, 내게 떠오른 일들을 말하기도 했다.

'죽음의 설교자'를 찾아오라는 과제를 발표하는 사람은 김선생이었다. 그 가 일주일 동안 학생들을 만나서 인터뷰를 진행하고 그것을 발표했다. 조금 씩 초점이 맞지 않은 답들이 나왔는데, 딱 한 사람, B의 답변이 내게 강한 인 상을 남겼다. 그녀는 몸이 자꾸 뒤틀리고 고개가 돌아가 전동휠체어에 몸을 묶고 옆을 보며 강의를 듣는다. 장애 정도가 가장 심해서 부모님 외에는 아무 도 그녀의 말을 알아들을 수가 없다. 그런데 곁에서 활동보조를 하던 어머니 가 잠시 자리를 비운 사이, 그녀는 '엄마'가 '죽음의 설교자'라고 답했다. 처음에는 잘 못알아 들었나 싶어 아버지에게 물었는데 역시 '엄마'라고 답했다. 헌신적으로 자신을 돌보는 어머니가 차라투스트라가 말하는 '죽음의 설교자'라고 했는데, 그 까닭은 아직도 알 수 없다. 하지만 그녀가 어머니를 미워하는 것 같지는 않다. 오히려 반대일 것이다. '죽음의 설교자'란 꼭 '죽어라'고 자기를 학대하는 사람만을 가리키는 게 아니다. 오히려 불쌍하게 바라보는 눈길만으로도 성립하기 때문이다. 그 눈길은 나로 하여금 세상에서 자꾸 고개를 돌리게 만들기 때문이다. 따지고 보면 죽음만이 궁극적 탈출 내지 구원인 듯. 어떻든 그녀의 답변은 더 들을 수가 없었다. 하지만 순간의 눈빛은 참 대단한 것이었다.

세 번째 시간, '신체를 경멸하는 자들에 대하여'를 읽었다. 예전에 이 부분은 이성 내지 정신 중심의 서양철학의 전통을 비판하는 입장에서만 읽었는데, 이 부분을 불수레반에서 읽는 순간 책은 그 이상의 의미를 낳고 있었다. 중증장애인들, 누구보다 신체 때문에 차별적 시선을 느꼈고, 그 자신이 자기 신체를 '경멸'했던 사람들이기에 큰 반응을 불러일으켰다. 책을 소리 내서 읽으며 나는 학생들이 매우 집중하고 있음을 느꼈다.

참 희한했다. '이 글 어렵지 않나' 하는 생각을 그 시간 내내 단 한 번도 하지 않았다. 어떤 문장을 읽을 때는 살얼음 위를 걷는 느낌이었고, 또 다른 문장을 읽을 때는 불로 달궈진 철판 위를 걷는 것 같았다. 분명 소리를 내서 읽는 것은 나 혼자인데, 나는 여러 개의 눈이, 여러 개의 입이, 여러 개의 정신이 소리를 내고 있다는 느낌을 실제로 가졌다.

마침내 하나의 불꽃이 일었다. 차라투스트라가 신체에 대해 "우리 안에 맹수들이 살고 있다"는 말을 할 때였다. 이때 맹수란 우리도 어찌할 수 없는, 불쑥불쑥 튀어나와 우리를 삼켜버리는 충동이나 욕망 같은 것을 가리킨다. 그런데 그 구절을 읽고 있을 때, 갑자기 여러 학생들이 동시에 소리를 질러대는 것이었다. 소리를 지르고 손을 휘젓고 휠체어를 들썩였다. B는 급작스레 근육의 강직이 일었고, C는 자기를 손으로 가리켰으며, D는 "내가 그렇다"고 핏대를 세우며 말했다. 『차라투스트라』를 여러 번 읽었고, 여기저기서 강의도 많이 했지만, 그 문장에 그런 반응을 보인 사람들은 처음이었다. 학기가 시작될 때만 해도, 나는 『차라투스트라』가 이들에게는 어려울 거라고 생각하고 있었다. 그러나 그 순간 이들은 세상 그 누구보다도 그 문장에 대한 자신의 판단을 확신하는 듯했다. 세상 그 누구보다 그 문장을 자기가 잘 안다는 듯이 그들은 뭔가를 쏟아냈다. 눈시울이 뜨거워졌다. 지금까지 살아오면서 가두어두었을 우울과 분노, 슬픔, 격정이 쇠우리에 갇힌 괴물처럼 자기 안에서 어슬렁거리고 있었던 것이다. 내 눈에는 학생들 모두가 정글에서 살아온 맹수같이 보였다. 학생들이 자기 안에 산다고 확신하는 그 맹수는 아마 그동안 입은 상처의 표시겠지만 앞으로 그들의 엄청난 힘이 될 수도 있겠다는 생각이 들었다.

　난독증이 있던 D는 집에서 다시 듣겠다며 내 책 읽는 소리를 녹음했다. 그래 봐야 대부분 해당 부분을 다시 읽어주는 정도다. 물론 약간의 해설이 있고 중간중간 이런저런 느낌을 말하기는 하지만 어떻든 기본은 책을 소리내서 읽는 것뿐이다. 그런데 D는 활동보조인이 읽어줄 때는 내용이 이해가 되지 않는다고 했다. 딱딱한 번역 문장 탓일 수도 있겠다는 생각을 했다. 그래서 원문을 크게 손상시키지 않는 범위에서 내가 문장을 다듬어 새로운 텍스트를 제공했다. 한결 나아지기는 했지만 그래도 나 아닌 다른 사람이 읽어줄 때는 이상하게 느낌이 다르다고 했다. 사실 그건 내 목소리에 어떤 마력이 있어서가 아닐 것이다. 바로 그 장소, 모두가 모여서 함께 읽는 그 자리가 그런 역할을 했던 게 아닌가 싶다.

간혹 중국 작가 루쉰의 글도 함께 읽어줬다(루쉰은 니체의 『차라투스트라』의 일부를 중국어로 번역한 적이 있다). 조금 오래된 번역이기도 하고 루쉰 문장도 만만치가 않아, 이 글을 여기서 읽는 게 가능한가 싶었지만, 이미 『차라투스트라』에서 보인 반응을 봤기에 그냥 읽었다. 가령 『차라투스트라』의 '살무사에 물린 상처에 대하여'를 읽으며 루쉰의 「죽음」을 읽었다. 너무 오랫동안 원한과 복수의 정신, 양심의 가책으로 살아온 나머지 모든 감정을 몸 안에 독으로 만들어버린 살무사, 그의 말과 행동은 그것을 당한 사람에게 치명적 독Gift(독일어로 'Gift'는 '독'을 의미한다)이 되고 만다. 그런데 차라투스트라는 그것을 선물 Gift로 받는다. 하지만 차라투스트라는 제자들에게 "누군가 너희에게 저주를 할 때 얼마쯤은 너희도 그렇게 해주어라"라고 말한다. 선물로 바꿀 힘이 없다면 마음속에 원한을 품는 것보다는 얼마간 복수를 하고 마음에서 그런 원한을 없애는 게 나을 것이다.

그러면서 나는 루쉰의 「죽음」이라는 잡문을 읽어주었다. 독사 이야기를 정반대에서 접근해보고 싶었기 때문이다. 서양인들은 임종 시에 여러 사람들과 화해를 한다고 하는데, 루쉰은 "멋대로 원망해라. 나 역시 한 사람도 용서하지 않겠다"라고 말한다. 도덕군자인 양 할 게 아니라 얼마간 복수를 하는 것도 중요하고, 어떤 일은 죽을 때에도 쉽게 용서해서는 안 된다고 했다.

또 『화개집』의 어떤 문장을 읽어주면서 독사 같은 사랑의 중요성을 말하기도 했다. "호소할 것도, 사정할 것도, 혈서를 쓸 것도 없다. …… 계속해서 악착같이 살아야 한다. 독사처럼, 원귀처럼." "시체의 숲 사이를 조용히 기어가는" 독사처럼, 우리를 칭칭 감고는 놔주지 않는 뱀처럼 그렇게 악착같이 살아야 한다고. 『화개집』에 실린 이 글은 『차라투스트라』의 '크나큰 사건에 대하여'를 읽을 때 함께 읽은 것이었다. 특수효과(?)가 많은 떠들썩한 사건이 아니라, 대지를 배로 기어가며 숲을 조용히 가로지르는 독사처럼, 소리없이 달라붙어 떨어질 줄 모르는 원귀처럼 달려들 때, 위대한 사건이 우리를 찾아온다고. 루쉰의 글은 D에게 큰 반응을 일으켰고(그는 다음 학기에는 루쉰의 글을 읽자고 했다), 또 수업 참관을 위해 온, '환자들의 권리찾기 운동'을 하고 있는 활동가—사실 활동가이기 이전에 큰 병을 오래 앓고 있는 남편을 둔 분이었는데—의 눈시울을 붉게 만들었다. 나는 어느 철학자, 독문학자, 중문학자보다 이들이 이때 이해한 것이 뒤처졌다거나 오해라고 생각하지 않는다. 책의 수준을 따라가지 못하는 것은 과연 누구일까.

3. 책 읽기와 삶 읽기

'책을 읽어주는 남자'로서 몇 주의 시간이 지났을 때 나는 때로는 소리를 지르고 때로는 웃는, 그리고 때로는 넋이 나간 사람처럼 딴 곳을 보는, 이 사람들에 대해 알고 싶어졌다. 아니, 알아야 한다고 생각했다. 책 읽어주는 일이 항상 감동을 불러일으키고 사건을 만들어내는 것은 아니었다. 어떤 때는 다시 허공에 대고 악을 써댄다는 느낌을 가질 때도 있었다.

어떤 때 나는 이방인 대접을 받는다고 느꼈다. 대부분의 야학교사들이 활동보조의 경험을 갖고 있는 것 같고, 또 야학에서 일상을 보내고 투쟁을 함께하는 동료로 지내고 있었는데, 나만 일주일에 한 번 와서 강의를 했기에 어찌 보면 당연한 결과였다. 학교라고는 했지만 사실은 대부분 서로를 '형—누나—아무개' 하는 식으로 호칭했다. 나는 불수레반 학생들과 일상을 공유하지 않았을뿐더러 솔직히 그들 각각이 어떻게 살아왔는지도 전혀 몰랐다.

A가 틈만 나면 영화 〈뽕〉 이야기를 하고(사실 표정을 보면 맘에도 없는 걸 그가

일부러 한다는 걸 금세 알 수 있다), 성적인 이야기가 나올 때 C는 극도로 불쾌해하며 흥분했다. B는 '죽음의 설교자'로 '엄마'를 꼽더니, 임종 시에도 용서할 수 없는 일로 '큰엄마가 오빠 결혼식 참석을 만류했던 일'을 꼽았는데, B가 어떤 삶을 살아왔는지 모르니 B가 해온 과제에 대해 아무 말도 할 수 없었다. A의 아내인 E는 불수레반 학생 중 나이가 가장 많았는데도 가장 해맑은 웃음을 가졌다. 하지만 웃음이 멈출 때 간혹 눈 밑에 진한 어둠이 보이기도 하는데, 그것이 무엇인지 알지 못했다. 왜 이 구절을 읽을 때 그런 표정이 생겨나는지 알 수 없다는 것이 나를 힘들게 했다. D는 간혹 얼굴에 상처를 입었는데 어제 술을 많이 마셔서 그렇다고 했다. 왜 그렇게 술을 먹느냐고 그러지 말라고 했지만, 그리고 간혹 책을 읽다가 어떤 내용이 나오면 일부러 술을 예로 들어 말하기도 했지만, 술 마시는 이유를 모르는 나로서는, 그리고 내가 그렇다는 걸 알고 있는 D에게는 그다지 무게 없는 말일 뿐이었다.

수업시간에 아주 간단한 의사표시만을 주고받는다. 말을 할 수 있는 사람도 많지 않지만 그 말도 편하게 하는 게 아니어서 시간과 에너지를 상당히 소모해야 한다. 나와 지난 학기에 『자본』을 함께 읽었던 C는 한동안 과제도 열심히 하고(노트에 연필로 꾹꾹 눌러서 여러 쪽에 자기 생각을 적어 왔다) 수업시간에 든 생각이나 질문을 책상에 적기도 했다. 그런데 아마도 누군가 문자를 보낸 모양이다. "너 때문에 수업 흐름이 자주 끊긴다. 할 이야기 있으면 나중에 문자로 보내"라고. 그 뒤 C의 열정은 그냥 식어 버렸고 나중에는 수업에 참석하지 않으려 했다.

내가 할 수 있는 일은 하나였다. 학생들의 삶을 알아야겠다는 것, 그들이 말하고 내가 듣는 시간이 필요하다는 것. 그것이 책 읽는 것만큼이나 내게 큰 배움을 줄 수 있겠다고 생각했다. 나는 『차라투스트라』를 읽어주고 학생들은 내게 삶을 들려주면 좋겠다고 생각했다. 그래서 수업이 끝나고 술을 마시며 매주 한 사람씩 살아온 이야기를 들으려고 했다. C와 D의 이야기를 들은 것은 정말로 큰 도움이 됐다(여러 일정상의 문제로 다른 학생들의 이야기를 듣지 못한 것이 지금도 못내 아쉽다).

C가 아기였을 때 시설에 내맡겨진 이후로 지금까지 살아온 이야기, D가 형의 폭력을 견디다 못해 따로 떨어져 나와 살게 된 이야기. 사실 전체 이야기는 잘 기억나지 않는다. 다만 어떤 세세한 이야기들 중 강한 인상을 남긴 게 있을 뿐이다. 하지만 정말 중요한 것은 내가 그들이 살아온 이야기를 일부나마 들었다는 사실이다. 책 읽기 시간에 그들이 보인 반응을 이해하는 데도 도움이 됐지만 무엇보다 서로의 삶이 조금은 엮인다는 감각이 정말 중요했다. 가령 내가 어떤 구절을 소리내서 읽을 때, 나는 누군가를 향해 어떤 부분에 더 힘을 줘 읽는다. 그때 그는 내 얼굴을 보고 씨익 웃는다. 삶 읽기에 실패할 때의 글 읽기란 낭독용 테이프를 듣는 것과 다르지 않을 것이다. 그때 삶을 읽을 수 없는 책 읽기가 삶에 어떤 배움을 줄 수 있을까.

극히 일부분을 보고 느낀 내 주관적 인상일 수 있지만, 우리의 책 읽기가 비로소 구체적 상황 속에 있다는 것, 다시 말해 나와 학생들이 공유하는 상황 속에서 이루어지고 있다는 것을 느꼈다. 그리고 학생들의 알아차리기 어려웠던 발음도 조금씩 들리기 시작했다. 물론 아직도 요원하기는 하지만……. 어떻든 저 사람은 저 단어를 저렇게 발음하는구나, 요즘 어떤 일을 하고 다닌다는데 걱정이네, 그런 식이다. 아마 학생들도 마찬가지 아니었을까 싶다. 앞에서 책 읽는 나를 보는 것이다. 내 삶의 일단을 보고 내 표정을 보고 내 억양을 듣고, 자신은 별 감응도 없는 부분에서 이상하게 흥분하고 어떤 곳에서 감동하는 걸 보고, 그런 상황 속에서 『차라투스트라』를 읽는 것이다.

말을 할 수 없는 E는 학기 마지막 수업이 끝났을 때 내게 적어 주었다. "차라투스트라를 읽은 건지 고병권을 읽은 건지 모르겠다"고. 김선생은 E가 "A와 세트로 인문학에 대한 거부감을 드러낸" 사람이라고 했다. 하지만 얼마 되지 않아 "수업을 열심히 듣고, 전에 했던 수업 내용을 가장 잘 기억하는 사람"이 되었다. 차분한 성격의 그는 반응을 크게 보이는 사람은 아니었지만 정말로 깊이 있게 받아들인다는 느낌을 받았다.

지난 주 종강을 하며 술을 함께 먹었다. A와 그렇게 오래 이야기를 해본 것도 처음이고(A의 이야기는 아직도 내게 정리되지 않은 채로 있다. 그는 철학책을 읽지 않았는진 모르지만 대단한 철학자인 것 같다. 겉으로 철저히 위장하고 있지만), B의 정면 얼굴을 본 것도 처음이다. 술 덕분에 B의 강직된 근육이 풀려 고개를 돌릴 수 있었기 때문이다. 항상 무표정했던 F도 감정을 나타내는 표정을 지어 보였다(물론 아주 짧은 시간 동안이었지만^^). 학생들은 다음 학기에도 철학을 계속 했으면 좋겠다고 했다. 내용은 아무것도 기억나지 않지만 이제 '차라투스트라'라는 말을 들으면 무척 반가울 거라고 했다. 어떻든 『차라투스트라』 읽기가 그럭저럭 괜찮은 추억이 된 것은 확실한 것 같다.

4. 책의 교육자

몇 년 전에 「앎은 삶을 구원하는가」라는 글을 쓴 적이 있다(『추방과 탈주』, 그린비, 2009). 그 글의 결론에 이르러, 나는 '어떤' 앎이 삶을 구원하는가로 문제를 바꾸었다. 너무도 당연한 이야기겠지만 삶과 무관한 앎이 삶을 구원할 수는 없을 것이다. 삶과 무관할 때 앎은 단순한 지식과 정보(삶과 무관할 때 그것은 상품처럼 거래도 가능하다)에 머무르고, 공부는 지식과 정보를 저장하는 일에 지나지 않게 될 것이다. 그때 나는 고대로부터 교육자에게 내려오는 하나의 가르침이 갖는 위력을 실감했다. "살아온 대로 말하고 말한 대로 살아가라."

'교수행위를 하다'professer라는 말 자체가 서구에서 그렇다고 했다. 그것은 공적인 약속과 맹세를 지칭하는 말에서 연원했다.[1] '약속'이니 '맹세'니 하는 말은 단순히 사실을 확인하는 말(가령 '이것은 컵이다')이 아니다. 그 말은 우리 행위를 일정하게 구속한다. 가령 외출하는 나를 따라나서려고 고집하는 어린 아이에게 집에서 엄마랑 있으면 초콜릿을 사주겠다고 약속했다고 하자. 나중에 나는 초콜릿이 아이의 치아에 좋지 않겠다는 생각을 하고는 동화책을 사주면 안 되겠냐고 아이에게 말한다. 그때 아이는 '아빠 약속했잖아' 하고 울먹인다. 나는 초콜릿보다 동화책이 낫다고 여전히 생각할 수 있지만, '약속했잖아'라는 아이의 말은 나를 움찔거리게 하고, 내게 뭔가 찜찜함을 남긴다. '고백'이나 '약속', '맹세'는 이처럼 우리 행위를 일정하게 구속하거나 요구한다는 점에서 수행적performative 성격을 갖는다.

그런데 흥미로운 것은 '교수행위'라는 말 자체를 규정하는 것이 이 수행적 발화라는 사실이다. 심지어 단순한 사실 확인적인 발화를 할 때조차 교육자의 경우에는 수행적 성격을 갖는다. 즉, '이것은 컵이다'라는 말조차 선생이 할 때는 뭔가 다른 것이 담긴다. 거기에는 뭔가 잉여적인 것이 있다. 겨우 다섯 살인 내 아이와 소소한 말다툼을 할 때가 있는데, 내가 어떤 사실에 대해 "그건 네가 잘못 알고 있는 거야"라고 하자 아이는 단번에 이렇게 소리를 질렀다. "선생님이 그랬단 말이야!" 선생님의 말은 분명 뭔가를 담고 있다. 그

---

1) J. Derrida, *L'Université sans condition,* Galilée, 2001.

뭔가가 어떤 말을 진실되게 한다.

　선생의 제자가 된다는 것은 선생의 말에 붙은 그 무언가를 따르는 것이다. 그것은 아마도 선생이 침묵하지만 말하고 있는 '살아온 길'에 대한 고백과 '살아갈 길'에 대한 약속일 것이다. 어느 선생 개인이 그런 고백과 약속을 했다기보다, 선생이라는 자리, 스승, 다시 말해 교육자라는 자리가 그런 고백과 약속을 기대하고 또 전제하는 자리라고 할 수 있다. 그러니까 누군가의 앞에서 선생으로 서 있는 이는 지식과 정보를 전달하는 자가 아니라, 지식과 정보에 다른 어떤 것을 실어 보내는 이라고 할 수 있다. 단순히 초콜릿을 전달한다는 사실이 아니라(그것은 상인도 하는 일이다) 거기에 뭔가를 담아 전달할 수 있을 때 우리가 누군가를 연인이라고 부르듯, 선생도 지식에 뭔가를 담아 전달할 수 있어야 선생이 되는 것이다. 앞서 말한 용어들을 다시 쓰자면, 그것은 아마 어떤 고백과 약속, 다짐, 맹세 같은 것이리라. 스승의 삶이란 그것이 어떤 삶이든, 고백하고 약속하고 다짐하고 맹세하는 삶이다. 제자란 스승의 구체적 삶의 모습을, 그 내용을 똑같이 반복하는 것이 아니라, 그 어떤 삶을 살든 스승처럼 고백하고 약속하는 일을 반복하는 것이다.

　스승이 살아온 길, 그리고 그가 살아가겠다고 다짐하는 그 길은 가령 '진리를 사랑하는 길'일 것이다. 나는 진리를 사랑해왔으며 어떤 권위에도 굴복하지 않고 진리를 사랑해갈 것이다. 제자가 스승의 길을 걷겠다는 것은 그가 주장한 진리의 내용을 신도처럼 믿는 것이 아니라, 스승이 진리를 말함에 있어 가졌던 용기, 그가 그것을 말할 때 느낀 자유와 기쁨, 진리 탐구를 가로막은 자들에게 느낀 분노와 울분을 나눠 갖는 것이다.

　강연을 마무리하는 시점에서 스승의 길을 이렇게 새삼 음미하는 것은, 그것이 책을 읽어주거나 권유하는 일에도 같은 의미를 갖는다고 느껴서다. 독서 교육자로서, 다시 말해 '책을 만나는 경험' 속에서 '배움'을 청하는 누군가와 마주하고 있다면 우리는 항상 이 문제와 대면할 것이다.

나는 책의 내용을 요약해서 전달하는 것에 교사의 소명에 있다고 보지는 않는다. 책의 내용을 말하는 것은 책 자신이다. 그것을 요약하고 전달한다면 그것은 축소이고 왜곡일 것이다. 축소나 과잉, 왜곡이 아닌 순수한 독해가 있다는 말을 하려는 게 아니다. 교육자는 책을 읽어 줄 때 혹은 책을 권유할 때, 다시 말해 '독서'라고 하는 사건 속에서 '제자'를 만날 때, 뭔가 다른 걸 전달해야 한다. 단도직입적으로 말하면 그는 책을 읽어주고 권유하면서, 자유를 전하고 용기를 전하고 기쁨을 전하고 감동을 전하는 것이다. 책에다 그런 것을 바르고 얹는 것이다. '책을 어떻게 읽었는지'를 전하지 않은 채 책을 권한다면 우리는 매장의 점원과 크게 다르지 않게 행동하는 것이다.

교육자가 책을 건네며 전달하는 기쁨과 슬픔, 분노, 격정, 용기, 자유, 성실함, 악착같음 등등이 우리가 강연 처음에 제기했던 '잉여의 것'이 아닐까 생각한다. 바로 그것이 교육자의 삶이다. 교육자가 걸어온 길, 걸어갈 길에 대한 다짐이 거기 있는 것 아닐까 싶다. 책을 권유받는 학생은 그 길의 감동과 용기를 권유받는 것이 아닐까 싶다.

노들에서 한 학기 수업이 끝날 즈음 김선생에게 수업관찰보고서를 전달받았다. 거기에는 내가 모르는 새, 김선생과 A형이 강사인 나를 두고 주고받은 문자메시지가 들어 있었다. 수업이 한 달 남짓 지났을 때가 아니었나 싶다. "그 사람이 열심히 해. 애쓰는 게 보여. 다른 애들이랑 달라." 김선생은 그래도 아직 철학을 좋아하는 것 같지는 않다고 했지만, 나는 그때가 언제인지를 알 것 같다. 왜냐하면 내가 책을 읽을 때 그의 눈빛이 확연히 달라지던 때가 있었기 때문이다. 그 한순간, 우리는 뭔가를 교환한 셈이다. 나는 『차라투스트라』를 읽을 때마다, 그리고 그것을 또 누군가에게 권할 때마다 이때의 놀라운 경험, 이때의 대단한 기쁨을 전달하고 싶어진다.

민주주의, 그 새로운
무한정성
|
월가 점거운동에 대한 하나의 보고

1. (불)가능에 대하여

미국에서 돌아온 이후 이곳저곳 궁금했던 곳을 찾아가 보았다. 지난(2012년) 5월 찾은 곳이 두물머리였다. 모두 열한 가구가 힘을 합쳐 열심히 싸웠는데 2011년 12월, 일곱 가구가 떠나고 이제는 네 가구만이 남았다. 이 네 가구에 몇몇 젊은 사람들이 결합해서 '두물머리밭전위원회'를 만들어 함께 농사를 짓고 있다. 여기 농부 중 한 사람인 서규섭 씨는 내게 지난 싸움의 몇 가지 씁쓸했던 기억을 들려주었다.

"지자체 선거에서 반드시 이겨야 한다고 했죠. 그래야 우리가 살 수 있다고. 그래서 열심히 했어요. 그러고는 연말에 친수법 제정을 막아야 한다고 해서 열심히 싸웠는데 국회에서 날치기 통과되었죠. 그러자 이번에는 총선에서 야당이 다수당이 되면 친수법을 되돌려놓을 수 있다고 했죠. 그러더니 지금은 대통령 선거에서 승리하면 된대요. 이제는 그런 말들에 지쳤습니다. 농작

물을 돌보아야겠어요. 그리고 우리랑 함께 농사 짓고 있는 이 '외부세력들', 이 젊은 지킴이들하고 여기서 농사 지으며 싸워나갈 겁니다."

그에게 무슨 수가 없느냐고 했더니 "달리 무슨 수가 있겠느냐"고 오히려 내게 되물었다. 5년마다 갱신되는 점용권은 2007년에 갱신되었으니 올 연말까지만 법적으로 유효하다고 했다. 그나마도 양평군이 곧바로 취소했던 것을 법원이 농민들 손을 들어줌으로써 올 연말(2012년)까지 유지되는 거라고. 4대강 사업을 완결 지으려는 정부의 압박을 막아내기도 쉽지 않지만, 12월이 되면 이곳에 머물 수 있는 어떤 법적 권리도 갖지 못하게 된다. 이제 어떻게 할 거냐고 물었다. 그러자 변하는 건 없다고 했다. 12월이 되었으니 "이제 알겠습니다" 하고 물러설 수는 없는 노릇이라고. 지금 조건에서는 달리 어디 가서 살 수도 없다고. 농부들은 그저 농사를 지으며 상황을 관통할 생각인 것 같았다. 왜냐고? 별다른 수가 없기 때문이다.

6월에는 대한문 농성장에 찾아가 쌍용자동차 해고노동자 고동민 씨를 인터뷰했다. 아직도 투쟁은 힘겨운 게 사실이지만 그래도 대한문 분향소에는 많은 이들의 발길이 이어지고 있다. 여기저기서 밥을 지어 나르는 '밥셔틀'이 만들어지고 얼마 전에는 '희망걷기' 행사에 꽤 많은 시민들이 참여했다. 회사 앞이 아닌 대한문 앞에 분향소를 차려야겠다는 생각을 어떻게 하게 되었느냐고 묻자 그는 내게 말했다.

"방법을 찾기 위해 1000일 동안 투쟁했는데 무슨 방법이 없어요. 3년 동안 온갖 격한 투쟁도 하고. 산업은행에 불도 들고 가보고 페인트로 피바다 퍼포먼스도 해보고, 사실 우리 전체 대오가 얼마 되지도 않는데요(서른 남짓 되었을까요), 그 중 스물네 명이 연행될 때도 있었어요. '희망텐트'도 해보고 '희망뚜벅이'도 해보고 '희망광장'도. 정말 여러 가지 해봤어요. 그런데도 사람들이 죽었지요. 정말 많이 울었어요. 무슨 방법이 없어서요. 여기 온 건요, 방법을 찾기 위해서예요."

그러니까 별 도리가 없어서, 도저히 방법이 없어서, 답답해서 뛰쳐나온 것이 이곳이라는 말이다.

7월 초에는 밀양에 다녀왔다. 핵발전소와 송전탑에 반대하면서 7년을 싸웠는데 아무도 밀양의 소리를 듣질 않았다. 올해 초 결국 한 노인이 자기 몸을 태워서 목소리를 만들어냈다. 이로써 밀양의 사연이 사람들에게 알려지기 시작했다. 지금은 걷는 것도 쉽지 않은 나이의 노인들이 화악산 중턱에 산막을 짓고 싸우고 있다. 정부 사람들이 오면 무슨 말을 하고 싶으냐고 묻자 어느 할머니가 내게 말했다. "좀체 우리말을 듣질 않아. 한전 말만 듣지. 이 막사 뜯으러 온다고 하는데 한 번 와보라고 해." 정부에 대해 할 말을 물었는데 '할 테면 해봐라'라고, 다시 말해 '말이 사라진 말'을 들려주었다. 말이 들리질 않으니 행동으로 말하고 죽음으로라도 말할 밖에. 어르신들은 그렇게 가슴에 유서를 써넣고 기름통을 곁에 두고 계셨다.

서울 용산 남일당 망루의 철거민도 비슷한 심정이 아니었을까 싶다. 법을 모르는 것도 아니고 경찰을 물리력으로 이길 수 있다고 생각한 것도 아닐 것이다. 하지만 무슨 수가 없다. 자기 이야기를 들어주는 사람은 아무도 없고, 법대로, 정부 시책대로 쫓겨나서는 도무지 살 길이 없으니.

별수가 없다는 말. 이렇게는 살 수가 없다는 말. 요즘 우리는 곳곳에서 어떤 불가능성을 듣고 있다. 내가 만난 사람들은 모두들 무슨 수가 없다고 했다. 삶을 접을 게 아니라면 이렇게라도 해야 한다는 것이다. 한두 사람도 아니고, 수많은 이들이 삶의 불가능성에 직면했다는 것.

그런데 거기서 한 가지 중요한 물음이 떠오른다. 우리가 마주한 불가능은 삶의 불가능인가, 체제의 불가능인가. 어떠한 수도 없다면 이 체제 안에 해법이 없다는 뜻 아닌가. 이 체제의 거번먼트를 구성하는 이들이 더 이상 해법을 내놓지 못한다면, 우리는 그들의 불가능성, 그들 거번먼트의 불가능성을 선언해야 하는 것 아닌가. 우리 삶을 불가능하다고 포기할 것이 아니라면 말이다. 아마도 '삶'과 '체제'의 불가능을 둘러싼 독해의 역전이야말로 체제의 관리자들에게는 가장 무서운 사태가 될 것이다. 월가 점거운동에 대해 말하려 할 때마다 내가 떠올리는 단어가 바로 이 '불가능'이다. 나는 우리가 지금 벽처럼 마주하고 있는 '불가능'을 자각할 때에만 어떤 '가능'이 열린다는 걸 월가 점거를 보면서 실감했다. 거기서 나는 '대책 없이' 뛰쳐나온 사람들, 아니 '대책이 없었기에' 뛰쳐나온 사람들을 보았다.

1990년대 이후 우리 사회에서는 소위 '민주화 세력'의 집권과 더불어(또 민주노조운동의 합법화와 합법적 시민운동의 활성화 등과 더불어) '대안을 제시하는 운동' 내지는 '운동의 대안으로서의 제도와 정책'을 강조하는 목소리가 커져왔다. 그리고 '대안 없는 운동'을 하는 사람들을 무책임하다고 비난해왔다. 하지만 나는 1990년대 이후 우리 사회에서 대의제의 성장과 더불어 대의제로부터 추방된 사람들의 성장을 보았으며(가령 민주노총이 합법화되는 이면에 노조에 가입할 수 없는 비정규직이 폭증한 것), 소위 대안이라는 것 자체가 좌우 엘리트들에 의해 구조화되고 있다는 인상을 받는다. 그리고 '현실적 대안'이라는 말의 득세와 함께 그들의 권력이 공고해져 가고 있음을 느낀다.

우리에게 지금 '현실적 대안이 없음'을 말하지 못하게 하는 것, 또 대안이 없으면 아예 말을 못하게 하는 것, 혹은 하나의 대안을 다른 대안으로 계속 바꿔치기하며 '대안 없음'에 대한 자각을 계속해서 늦추는 것. 바로 이것들이 이 체제의 근간, 이 시대의 비전, 이 시대의 지배 정신에 대해 문제제기하고 그것을 타파하려는 움직임을 가로막고 있는 건 아닌가.

대안 없이 두물머리를 지키고 있는 농부들, 대안이 없어 무작정 대한문을 차지한 쌍용자동차 노동자들, 그보다 먼저 아무런 대안도 없이, 85호 크레인에 올라간 김진숙 씨. 수년간, 수십 년간, 어쩌면 수백 년간 우리를 지배해온 가치들, 시각들, 비전들을 바꾸지 않는다면 아무런 대안도 나올 수 없는 그들의 고집스러운 '대책 없음'이 기묘하게도 우리의 가치들, 시각들, 비전들을 바꿀 기회를 열어준다. 나는 이런 운동에서 '민주주의', 즉 '데모스의 힘'이 지닌 거대한 창조성, 숫자놀음이나 하는 엘리트들의 창조성과는 비교도 되지 않는 기본 가치들, 비전들, 시각들을 바꾸는 데모스의 창조성을 본다. 내가 월가 점거운동을 평가하는 대목은 바로 이 점에서다.

2. 점거, 새로운 거번먼트

1) 불가능을 시도하기

'점거'란 삶의 어떤 불가능성에 직면한 이들이 초대받지 않은 자리, 참석의 자격을 갖추지 못한 자리에 뛰어들어 그것을 점유하는 행동이다. 따라서 점거란 하나의 대안을 제시하는 운동이 아니다. 오히려 그것은 대안 없음에서 시작되는 운동이다. 그런데 앞서 말한 것처럼, 기묘하게도 그 대안 없음에서 어떤 대안이 고개를 내민다.

『점거, 새로운 거번먼트』(그린비, 2012)라는 책에도 언급했지만, 적어도 내가 만난 미국 사람들—대개 진보적 지식인들이거나 활동가들이었는데—에게 월가 점거운동은 예측할 수 없었던 운동이었을 뿐만 아니라 사실상 '불가능한' 운동이었다. 2011년 아랍과 아프리카에서 민주화운동이 일어나고 그리스, 이탈리아, 스페인은 물론 영국 같은 곳에서도 폭동에 가까운 시위가 일어났을 때에도, 그것을 화제 삼으며 그런 일들이 미국에서 일어날 가능성을 묻는 내게 사람들은 고개를 젓곤 했다. 특히 세계에서 가장 다양한 인종과 민족적 구성을 하고 있지만, 인종 · 민족 · 계급 · 개인의 장벽이 세계 어느 곳보다도 높고, 유럽 일반 도시 경찰력의 10배가 넘는 경찰이 있는 뉴욕 같은 공안도시에서 그런 일은 불가능하다고 했다.

미국 월가에 이집트의 타흐리르Tahrir 광장과 같은 점거 장소를 만들고 거기서 민중들의 일반회합, 즉 '제너럴 어셈블리' General Assembly를 열겠다는 생각은 하나의 시도였지만(그리고 그것은 실제로 아랍과 유럽에서 온 활동가들이 직접 고무하고 격려한 시도였지만), 그 제안의 당사자들도 가능성을 높게 보지 않았던 일이었다. 필요하기 때문에 한 일이었지 가능했기 때문에 한 일은 아니었다는 것이다. 점거 준비 과정에서 내게 진행 상황을 설명해주던 한 활동가는, 자신들이 점거를 시도하기는 하겠지만 맨해튼의 상황을 고려할 때 하루 이틀을 넘기기는 쉽지 않을 것이라고 했다. 비폭력적인 방식의 점거를 하겠지만 미국 경찰이 평소 시위를 대하는 태도를 볼 때, 그리고 일부 블랙블럭Black Bloc 전술을 택하려는 사람들이 있을 것이기에, 물리적 충돌이 있을지 모르니 내게도 거리를 두고 상황을 지켜보라고 조언했다. 그들은 어쩌면 자신들이 가능하지 않을 거라고 생각하는 일을 시도하고 있었다. 제발 자신들의 예상과 기대를 뛰어넘는 운동이 나타나기를. 그런데 우리가 알고 있듯이, 그들의 기대대로 '그들의 기대를 뛰어넘는 운동'이 나타났다(그것이 운동이다!).

나는 이 글에서 월가 점거운동을 두 국면으로 나누어 설명하고자 한다. 첫 번째 국면은 주코티 공원Zuccotti Park—사람들이 나중에 '리버티스퀘어' Liberty Square라고 고쳐 불렀다—을 물리적으로 점거했던 두 달이다. 그리고 두 번째 국면은 11월 15일 주코티 공원이 경찰에 의해 철거된 후의 국면이다. 첫 번째 국면이 우리에게 하나의 가능성을 열어주었다면 두 번째 국면은 우리가 새로 마주하게 된 과제를 보여준다.

2011년 9월 17일 정오 무렵, 집회가 예정된 증권거래소 주변은 완전히 봉쇄되어 있었다. 사람들은 오후에 있을 점거를 알리며 요가를 비롯해 다양한 퍼포먼스를 하고 있었다. 처음에는 수십 명이었지만 어느새 수백 명이 되었고 예정된 시간이 되자 거의 1000명 정도 되는 사람이 모여들었다. 다양한 사람이 다양한 피켓을 들고 나왔는데, 내 눈에 띈 것은 '자기 처지를 통해 체제를 고발' 하는 것들이었다. 가령 이런 피켓이었다. "나는 스물다섯 살 대학 졸업생인데 의료보험도 없고 직장도 없다. 투표권이라는 것도 기업 로비 때문에 유명무실하다. 그런데 의회는 전비(전쟁을 하는 데 드는 비용)로 1조 달러를 승인했다. 제발 전쟁 끝내라."

경찰의 원천봉쇄를 예상하고 점거 제안자들은 인근에 있는 주코티 공원을 은밀히 물색해두었다. 사람들을 주코티 공원으로 인도한 후, 누군가 큰 소리로 '제너럴 어셈블리'를 열자고 했다. 모두가 쭈뼛쭈뼛하는데 몇몇 사람들이 여러 개의 원을 만들고 거기서 서로 가슴속 이야기를 해보자고 했다. 여기저기서 한두 사람이 이야기를 꺼내놓자 마치 봇물 터지듯 정말로 온갖 이야기가 온갖 목소리로 터져 나왔다. 학자금 대출로 학업을 그만둔 젊은이, 지난 금융위기 때 집을 잃은 사람, 의료보험이 없어 아이를 키우기 겁이 난다는 젊은 엄마, 이라크에서 미군의 즉각적 철군을 외치는 예비군……. 빌딩숲으로 둘러싸인 그 작은 공원에서 사람들이 내뿜는 열기는 엄청났다.

그 광경을 넋을 잃고 바라보다가 나는 집으로 돌아왔다. 그리고 하루 이틀 이런저런 일들을 처리하고, 점거는 끝났겠지 하는 생각으로 친구들에게 연락을 했다. 그런데 이게 웬걸, 사람들은 여전히 그 자리에 있었다. 뿐만 아니라 그 수가 계속 늘어나고 있었다. 사람들이 벌써 사나흘째 그렇게 서로 이야기를 나누고 있다는 말을 들었다. 사람들이 그토록 오래 뭔가를 이야기하고 있다면 그것은 보통 일이 아니다. 주변에 경찰이 있었고, 무엇보다 뉴욕에서는 불가능하다고 사람들이 오랫동안 믿어왔던 많은 장벽이 있었을 터인데, 대중들이 그런 것을 무시하고 자기의 처지를 말하고, 다른 사람의 처지를 귀 기울여 듣는다는 것, 그리고 그런 이야기들에 대담하게 반응하며 행동한다는 것. 그건 분명 보통 일이 아니었다.

내가 주코티 공원을 다시 찾은 날, 안내를 맡은 한 활동가가 말했다. "우리는 함께 모여 이야기하면서 스스로를 이해하는 기회를 가졌다." 삶이 어떤 벽에 부딪혀, 가슴이 답답해서 뛰쳐나왔는데 다른 사람의 이야기를 들으니 나와 사연은 다른데도 왠지 내가 이해된다고 말하는 사람들. 대중이 누구의 설교를 들은 것도 아니고, 단지 이야기를 함으로써 서로를 이해하게 되었다고 말하는 것. 그건 분명 보통 일이 아니었다.

내가 공원에 다시 갔을 때 풍경은 완전히 변해 있었다. 군데군데 모여서 이야기하는 사람들이 있었지만, 그들이 나눈 이야기, 그들이 준비해온 이야기는 공원 한편에 수많은 바닥피켓으로 늘어서 있었다. 말 그대로 온갖 요구가 거기서 '목소리들의 대중大衆'을 이루며 늘어서 있었다. 다양한 사람이 다양한 사연을 털어놓았는데, 특히 내게 강한 인상을 남긴 두 사람이 있었다.

한 사람은—그 사연을 잘 알아들을 수는 없었지만—자기 상황을 거기 모인 사람들에게 한참을 설명하더니 갑자기 울음을 터뜨렸다. 그런데 그 뒤에 이어진 짧은 몇 마디의 말이 내 가슴에 깊이 파고들었다. 그는 울먹이면서 자기 이야기를 들어줘서 너무 고맙다고 말했다. 그리고 이 자리를 마련해줘서, 이

곳을 점거해줘서 너무 고맙다고 했다. 그때 그와 포옹을 했던, 점거 제안자 중의 한 사람이 큰 소리로 말했다. "사람들은 왜 우리에게 여기를 점거했느냐고 묻습니다. 그것은 여기가 비어 있었기 때문입니다." 그 말은 단지 물리적 장소를 가리키는 말이 아니었다. 내게는 그의 말이, 대중들이 자신의 처지를 털어놓을 장소, 서로에게 말을 건네고 서로에게 인식과 행동을 촉구하는 장소, 그곳이 비어 있었다는 뜻으로 들렸다.

다른 한 사람은 아이들의 손을 잡고 나온 젊은 엄마로, 아주 매서운 눈빛으로 이런 내용의 피켓을 들고 서 있었다. "난 석사학위를 땄고, 그 대신 5만 불의 학자금 대출을 떠안았다. 보험도 안 되는 2개의 파트타임을 뛰고 있고, 의료보험도 없으며, 집도 없고, 아이 둘을 키워야 한다. 젠장, 완전 엿같다!" 그런데 내게는 이 사람이 앞서 울음을 터뜨린 사람의 다른 모습처럼 보였다. 즉, 그녀도 이 매서운 눈빛을 하기 전에, 어디선가 이 출구 없는 삶의 답답한 처지에 크게 속울음을 울었을 것이다. 월가 점거에 나선 대중들은 이 두 사람의 통일체가 아니었을까 생각해본다.

2) 해방구―민주주의의 직접성

시간이 지나면서 주코티 공원은 흡사 마을 내지 코뮌의 형상을 취해갔다. 한쪽에서 명상을 하고, 음식을 나누고, 정치토론을 하고, 잠을 자고, 신문을 돌리고, 책을 읽고, 춤을 추고, 음악을 연주하고, 노래를 하는, 작은 코뮌이 되어가고 있었다. 이 공간이 무엇일까. 나는 계속해서 스스로에게 물어보았다.

우선, 그곳은 내게 '해방구'로 보였다. 경찰은 그곳을 둘러싸고 있었지만 또한 그곳에서 밀려나 있었다. 해방구란 그동안 그곳을 지배하고 있던 가치,

도덕, 통념, 법, 권력 등이 일시적으로 작동할 수 없는 사건의 시공간이라 할 수 있다. 영토성이 사라지고 '영토 이전의 대지'가 일시적으로 나타나는 것이다. 여기서는 누구나 자격을 요구받지 않은 채 발언하고 행동할 수 있다. 소수인종은 물론이고 '불법체류자'라고 불리는 미등록이주자들 역시 여기서는 자유롭게 발언할 수 있다. 뿐만 아니라 이 해방구에서 사람들은 그동안 자신들이 추구해오거나 복종을 강요받아온 지배 가치들에 대해 판단을 중지한다. 그리고 말과 생각, 행동이 대담해진다. 미국에서 오랫동안 암묵적 금기어였던 '자본주의'나 '계급투쟁' 같은 말이 서슴지 않고 나온다.

여기서 사람들은 음식을 나누고, 지식을 나누고, 음악을 나누면서, 자신들이 살고 있는 체제, 자신들이 추구해온 삶의 지배적 이미지를 검토해보았던 것은 아닐까. 해방구에서 그들은 체제가 지향해온 바, 삶이 지향해온 바, 그 지배 유형을 타도하고 있는 건 아닐까. 이런 생각들을 했다.

이번 점거의 주요 조직자 중의 한 사람이었던 패트릭 브루너Patrick Bruner는 어느 토론회에서 여기서 일어난 일을 "일종의 심성변환mentality shift, 심리적 중단psychic break"이라고 불렀다.[1] 여기서 사람들의 기본 심성, 시각, 기본 가치가 변했다는 것이다.

둘째로, 나는 이 해방구가 '민주주의의 직접성'을 체험하는 곳이라고 생각한다. 여기서 말하는 '민주주의의 직접성'은 '국민 주권의 직접적 실현'을 꿈꾸는 '직접민주주의'와는 다른 개념이다. 2011년 『민주주의란 무엇인가』(그

---

1) 2011년 11월 10일, 잡지 『더 네이션』(The Nation)과 대학 '뉴스쿨' (The New School)이 공동주최한 토론회에서의 발언이다(이날 토론회의 개략적인 내용에 대해서는 고병권, 『점거, 새로운 거번먼트』, 그린비, 2012, 173~191쪽을 참조).

린비)를 펴내면서 지적한 바이지만, 간접민주주의(혹은 대의제민주주의)와 직접민주주의의 대립 구도는 잘못된 것이다. '국민 주권'이라는 개념은 이미 나라 인구 전체를 표상 가능한, 다시 말해 '대표 가능한' 단일체로 상정한다는 점에서, 이미 '대표' 개념을 전제한다. '국민—주권—대표'는 서로 맞물려서 근대에 탄생했다. 그러니 직접민주주의에 대한 통념, 즉 대표 없는 '국민주권'의 직접실현은 애당초 상정될 수 없는 것이며, 민주주의에서 '대표' 개념을 극복하고자 한다면, 그만큼 '국민'과 '주권' 개념도 극복해야 한다(여기서 이 문제를 길게 논하고 싶은 생각은 없다).

이와 달리 내가 '민주주의의 직접성'이라는 말로 가리키고 싶은 것은 기존의 지배적 가치, 통념, 상식, 법, 권력 등의 작동이 일시적으로 멈춘 곳에서 사람들이 노출되는 어떤 직접성이다. 이때 이들이 발휘하는 어떤 힘 내지 능력을 주목할 필요가 있다. 구체적인 제도나 정책을 결정하기 이전에, 그것들을 바라보는 시선과 심성이 교체되고 발명되는 일에 대해서 나는 '민주주의의 직접성'이라는 말을 쓰고 싶다.

월가 점거의 민주주의와 관련해서 하나의 상징이 된 '제너럴 어셈블리'도 마찬가지다. 그것이 민주주의의 상징일 수 있는 이유는 단지 각종 사안에 대한 최종 결정권을 가졌기 때문이 아니다. 물론 그것은 전체 대중의 회합으로서 중대 사안에 대한 최종 결정권을 갖고 있지만 그것은 이 회합의 부차적인 면모일 뿐이며, 그 결정권이라는 것도 개별 그룹의 행동을 제약하지는 못한다. 내 생각에 제너럴 어셈블리가 민주주의에 대해 갖는 결정적인 측면은 최종 의사결정권을 갖는다는 데 있다기보다 이질적인 대중들이 하나의 신체를 이룬다는 사실 자체, 그들 사이에서 어떤 의견과 정보, 정서가 소통된다는 사실 자체에 있다. 그것은 의사결정 메커니즘이기보다는 소통과 연대의 메커니즘이다.

끝으로, 이 해방구에서 나는 운동의 목적과 수단에 대한 중요한 시각 전환
이 나타났다고 생각한다. 점거자들은 권력을 장악한 뒤 사회를 바꾼다는 생
각, 사회를 바꾸기 위해 권력을 먼저 잡아야 한다는 기존의 통념을 받아들이
지 않았다. 오히려 이들은 '당신이 원하는 삶의 형태로 당신 투쟁의 형태를
만들라'고 말하는 것 같았다. 여기서 목적과 수단은 분리되지 않는다. 당신이
원하는 삶의 형태가 당신의 투쟁의 형태가 되어야 한다. 따라서 운동은, 투쟁
은, 예시적이다prefigurative. 다시 말해 그들은 투쟁 속에서 자신들이 원하는 삶
을 시도하고 또 표현한다.

3. 시공간적 무한정성에 직면한 운동

잘 알려진 것처럼 점거의 물리적 장소는 2011년 11월 15일에 철거
되었다. 뉴욕시 당국은 새벽에 경찰을 동원해서 주코티 공원에서 사람들을
몰아냈다(이틀 뒤인 17일, 수만 명의 뉴욕 시민이 항의 시위를 벌였다). 이후 점거운동
은 구체적인 물리적 장소 없이 진행되고 있다.

그렇다고 해서 점거운동이 사라진 것은 아니다. 뉴욕의 활동가이자, 『뉴욕
열전』과 『유체도시를 구축하라』의 저자 사부 코소Sabu Khoso는 주코티 공원 철
거 이후 "불안정해진 운동의 동력은 더욱 유체화되고 흐름의 성격이 강해졌
으며, 도시 전역으로 퍼져나가고 있다. 이제 점거의 대상은 말 그대로 모든
것, 모든 장소가 되었다"[2]라고 했다. 실제로 점거운동은 미국 각지로 퍼져나

---

2) Sabu Kohso, News: Occupied New York, *Radical Philosophy*, no. 171(January-February)

갔고 다양한 쟁점으로 번역되어 나타났다. 미국 내에 존재하는 거의 모든 운동이 '점거' 운동과 연관되어 새로 발명되거나 재발명되고 있는 느낌이다(구글에서 'Occupy'를 검색해보면 얼마나 다양한 맥락에서 이 운동이 벌어지고 있는지 감을 잡을 수 있을 것이다).

흥미롭게도 경찰이 주코티 공원을 철거하기 5일 전 열린 토론회에서, 패트릭 브루너는 점거운동을 확장시키는 데 가장 큰 장애가 무엇이냐는 물음에 "리버티스퀘어(주코티 공원) 자체"라고 답했다. 즉, 점거운동을 리버티스퀘어라는 한정된 장소에서 일어나는 운동으로 생각하는 경향이 있다는 것이다. 이 운동은 "모든 사람이 모든 곳을 점거하자는 운동"이고 그 때문에 공간적 한정성을 넘어서는 것이 절실하다고 말했다.

물론 내가 여기서 경찰의 점거 장소 철거로 운동에 더 유리한 국면이 조성되었다거나, 지금 미국에서 점거운동이 확대되며 대단한 성공을 거두고 있다고 말하는 건 아니다. 분명 해방구적 성격을 갖고 있던 물리적 장소의 상실은 뼈아픈 대목이 있으며, 운동이 다양한 영역에서 다양한 주제로 퍼져나가고 있는 것이 사실이라고 해도 운동의 현실적 동력이 많이 약화된 것 또한 사실이다. 다만 내가 여기서 강조하고 싶은 것은, 그 물리적 장소가 철거되기 전에 이미 문제가 되었던 '운동의 한정성'에 대한 것이다. 운동이 특정한 장소에 한정될 때의 취약성도 취약성이지만, 이제는 운동 자체의 조건이 그런 특정 장소에 기반하지 않는 식으로 유동화되고 있다는 점을 지적하고 싶다. 특정한 장소, 특정한 영토, 그리고 그곳에 고유한 규칙과 습관의 지배를 받는 특정한 운동은 탄압에 취약하기도 하지만(운동 주체들 스스로 고립될 위험도 있고 당국이 진압을 위해 이들을 고립시키기도 쉽다), 현재 대중들의 삶의 형태, 움직임의 형태와 부합하지도 않는다.

많은 이들이 지적하듯 이번 월가 점거운동의 큰 특징 중에 하나는 단일한 요구, 통일된 조직이 없다는 것이다. 보수 언론이나 주류 정치인들은 그것을 조롱하곤 했다. 하지만 월가 점거에는 하나의 요구가 없는 대신 온갖 요구가 있었다. 사람들은 그 요구들을 중요한 것과 부차적인 것으로 나누어 위계화하는 대신, 그것들을 대등하게 엮으려고 했다. 노동과 교육, 인종, 정보, 생태, 주택, 의료 등등의 문제를 어떤 것으로 환원하는 대신 그것들을 동시적인 것으로 제기하게 했다. 그런데 이것들을 동시에 엮어나가다 보니, 대중들에게 필요한 것이 개별적인 정책이나 제도의 문제가 아니라, 대안적인 체제, 대안적인 삶이라는 것이 분명해졌다. '모든 사람이 모든 곳을 점거한다'는 구호는 그 점에서 의미가 있다. 그러나 이런 방식의 운동이 어떻게 가능한지, 어떻게 그것이 본격화될 수 있는지는 확실치 않다. 월가 점거는 그것의 한 시도, 한 가능성이 아니었나 싶다. 그리고 그것은 우리에게 과제이다.

지금 생각해보면 리버티스퀘어(주코티 공원)는 '특정한 장소'로서가 아니라 '특정한 장소가 아니었다'는 사실로서 주목받아야 하는 것 아닌가 싶다. 그것은 특정한 공장도 아니었고, 특정한 학교도 아니었고, 특정한 주거지역도 아니었다. 그것은 도시의 공공 공원이었다. 특정한 장소는 그곳을 지배하는 특정한 규칙 내지 코드가 존재하며, 거기에 합당한 주체를 상정한다. 대학에 노동자들이 개입한다거나 공장에 학생들이 들어가서 운동을 하기가 적합하지 않은 이유가 거기 있을 것이다. 그런 점에서 월가 점거는 애초에 그런 특정한 공간에 들어갈 수 있는 성격의 것이 아니었다. 학자금 대출로 학업을 포기한 학생, 금융위기로 직장을 잃은 노동자와 주택을 잃은 사람, 의료보험이 없어 고통받는 사람, 인종 차별로 고통을 겪는 소수인종 등등 이 모든 사람이 서로를 이해하고 타인의 요구를 자신의 요구로 번역해낼 수 있으려면 특정한 장소가 아닌 '일반적 장소'가 필요할 것이다(그런데 앞서 패트릭 브루너의 말처럼, 주코티 공원을 사람들이 투쟁의 '특정한 장소'로 생각하는 순간 그것은 운동의 족쇄가 될 것이다). 이 점에서 우리는 최근 투쟁이 '도시', 특히 '거대도시'를 그 '일반적 장소'로 발견하고 있음에 주목할 필요가 있다. 투쟁과 반란의 장소로서 '거대도시'가 새롭게 부각되고 있다는 것이다.

또 다른 의미에서, 투쟁의 장소적 한정성이 깨지고 있음을 보여주는 공간, 새롭게 투쟁의 '일반적 장소'로서 부각되는 장소가 있다. 그것은 바로 '지구', 즉 '세계'이다. 월가 점거 기간 동안 내게 신선한 충격을 준 날 중의 하나는 10월 15일의 시위다. 그날은 무슨 특별한 날이 아니었다. 다만 '지구행동의 날'Global Day of Action로 점거자들이 시위를 제안한 날이었다. 그날 뉴욕의 타임스퀘어 시위에는 수많은 사람이 참여했다. 특별한 사건이 없었음에도 그토록 다양한 사람들, 그토록 많은 사람들이 행진을 벌였다는 것도 놀라웠고, 그날 전 세계적으로 1,000건이 넘는 시위가 일어났다는 것도 놀라웠다.

근대 민주주의는 오랫동안 국민국가적 영토 안에서 '국민'과 '주권' 개념을 중심으로 형성되어왔지만, 이제 민주주의는 '세계성'의 문제와 직면하고 있다. 그 세계성은 한편으로 '초국민국가적'trans-national 수준에서의 운동과 관련이 있지만, 다른 한편으로는 '국민국가하위'sub-national 수준에서의 운동으로도(가령 이주자들의 운동) 나타나고 있다. 다시 말해 '세계성'은 근대 민주주의가 구축한 한계를 외부로도, 내부로도 모두 초과하고 있다.

2012년 5월 1일은 월가 점거자들이 세계적 규모에서 도시총파업을 촉구한 날이었다. 민주노총이 촉구한 '총파업'이라는 말에 너무 익숙하고(사실 어떤 때는 일상화된 수사처럼 들리기도 한다), 매년 메이데이 행사를 의례적으로 열고 있는 우리로서는 '총파업'이니 '메이데이'니 하는 말들이 그다지 새로울 게 없을지 모른다. 하지만 아이러니하게도 '메이데이'의 역사적 기원을 가진 미국은 '메이데이' 행사를 하지도 않을 뿐만 아니라(미국은 과거 우리처럼 노동자의 날을 별도로 정해두고 있다. 9월 첫째 주 월요일이 미국판 '근로자의 날'이다), 노동조합 활동을 하는 이가 아니라면 '메이데이' 자체를 잘 알지 못한다. 그런 뉴욕에서 이번 메이데이 때 수만 명이 맨해튼을 행진했다. 메이데이를 잘 알지 못하는 이들이 메이데이 총파업에 참여했다는 것, 게다가 노동자가 아닌 사람들이 메이데이 총파업을 벌였다는 것은 매우 큰 의미가 있다(참고로 미국의 노동조합은 이 총파업 요구를 거부했다).

그날 주요 언론(한국의 진보적 언론을 포함해서)은 이날 파업이 기대에 못 미쳤으며, 앞으로의 전망도 불투명해 월가 점거 시위는 이제 사그라질 것 같다고 전망했다. 현재적 사실로 보면 틀린 말은 아니다. 하지만 나는 이 운동의 의미를 그 경향 속에서, 그 징후 속에서 읽어내야 한다고 생각한다. 나는 이 총파업의 의의는 그것이 현실적으로 이룬 것이 아니라 이날 그것이 시도했던 것, 어쩌면 실패했을지라도 그것이 시도하고 있는 것 속에서 이해해야 한다고 본다. 아직까지는 걸음이 미숙하고 자꾸 엇박이 난다고 해도, 이들이 시도하고 있는 것은, '공장'과 '노동자'를 넘어서는 '도시' '총파업'이며, 그것도 '세계적' '총파업'이다. 이것이 시도되고 있다는 것이 무엇을 의미하는지 생각해야 한다. 그리고 그것을 가능케 하는 운동의 이론, 민주주의의 이론이 어떤 것인지를 고민해야 한다.

지금까지 공간의 한정성이 깨지고 있다는 이야기를 주로 했지만 시간적 차원에서도 비슷한 경향이 나타나고 있다. 시위가 특정한 주체, 특정한 정책, 특정한 장소에 한정되지 않으면서, 운동이 끝나는 시간이 정확히 어디인지 모호해지는 면이 있다. 운동의 승패를 가르는 특정한 시점을 확정짓고 싶은 사람들(특히 우리에게 익숙한 과거의 운동들이 그렇다)은 운동의 종결 시점이 불분명한 운동을 거북해한다. 월가 점거운동은 과연 끝났는가. 주코티 공원이라는 특정한 물리적 장소를 기준으로 보면 그렇다. 하지만 지금도 점거운동은 여기저기서, 그리고 다양한 주제로 이루어지고 있다. 그렇다고 이전처럼 그렇게 불길이 거센 것도 아니다. 조금 거세게 붙다가도 다시 소강상태에 빠져든다.

마치 미국이 수행하는 '테러와의 전쟁'이 끝을 확정할 수 없는 '무한정의 전쟁'이 되는 것처럼, 이제는 운동도 '무한정의 시간'에 직면하고 있다. 여기서 내가 말하고자 하는 '무한정의 시간'은 아주 긴 시간, 영원히 지속되는 시간이라는 뜻이 아니다. 시간의 무한정성은 시간의 장단 문제가 아니라 그 불확정성을 지칭한다. 이 불확정성 속에서는 강력한 타격을 통한 단기전 승부를 추구하는 것(기동전)도, 참호 속에서 버티며 장기전 승부를 추구하는 것(진지전)도 적절한 전략이 아니다(그것들은 투쟁의 시공간이 안정된 곳에서 일어나는 운동처럼 보인다). 단기냐 장기냐가 아니라, 시간을 한정하지 않는 어떤 운동의 형식, 시간의 한정성을 넘어선 투쟁의 형식이 지금의 국면에서 우리에게 요구되고 있는 것이 아닌가 하는 생각을 하게 된다.

4. 비오스―삶과 투쟁의 결합

나는 이와 관련해서 한국의 최근 운동 경험이 시사하는 바가 정말 많다고 생각한다. 2000년대 이후 한국사회에서 나타나고 있는 운동의 형태는 내 생각에 월가 점거 이상으로 더 깊은 고민을 던져주고 있다.

1) 투쟁의 일반 장소로서의 거대도시와 세계

대한문 분향소에서 쌍용자동차 해고노동자인 고동민 씨에게 그동안 자살한 스물두 명의 노동자가 어떤 사람들이었는지를 묻다가 흥미로운 이야기를 들었다(이 책 203쪽 참고). 그들 상당수는 쌍용자동차 근무 경력이 15년, 20년 이상이라고 했다. 말 그대로 그 회사를 만들고 그 회사에 의해 만들어진 사람들, 할 수 있는 것은 그것뿐인 사람들. 그들이 희망퇴직을 한 후 받은 충격에 대해서 많은 이야기를 들었다.

그런데 이들의 삶은 내가 몇 년 전에 만난 '청년유니온' 김영경 위원장의 삶과 매우 큰 대비를 이루고 있었다. 김영경 씨를 인터뷰했을 때, 그가 대학 다닐 때 했던 아르바이트에 대해 들었다(이 책 219쪽 참고). 구내식당 알바, 편의점 알바, 고깃집 알바, 대형마트 판매직, 주유소 경리, 학원강사……. 그야말로 온갖 업종을 가로지르고 있었으며, 학생일 때도 반쯤은 노동자였던 셈이다. 졸업을 하고 나서도 여전히 학자금 대출을 갚고 있는 이들은 대학 등록금 문제에 매우 예민했고, 주로 고시원 등 저렴한 주거환경을 전전하기에 도시 주택 문제에도 깊은 관심을 갖고 있었다.

오늘은 이 작업장에서 일하지만 내일은 저 작업장에서 일하게 되고, 오늘은 일하지만 내일은 쉬어야 하는 상황이 특별한 일이 아니게 되었다는 것. 특정한 시간 동안 특정한 공간에서 만들어진 주체성은 해체되어가고 있다. 특정한 장소(가령 공장), 특정한 주체(가령 노동자)에 한정된 운동은 사라지고 있거나 별로 힘을 발휘하지 못하고 있다. 물론 그렇다고 운동 일반이 사라지거나 불가능해졌다는 건 아니다. 운동의 시간적·공간적 불안정성이 더 커졌고, 또 그런 불안정성의 조건에서 일어나며 그런 조건을 표현하는 운동이 많아졌다고 해야 할 것이다.

설령 운동이 특정한 장소에서 특정한 주제로 시작되었다 하더라도, 최근 일어난 운동을 보면, 운동이 금세 그 장소를 벗어난다는 것을 알 수 있다(만약 그렇게 되지 못하면 끔찍한 고립 속에서 해체되거나 파괴된다). 쌍용자동차의 파업은 내게 하나의 상징처럼 보인다. 2009년 그들의 공장 점거는 충분히 헌신적이고 용감한 것이었다. 하지만 우리 모두가 잘 알고 있듯이 노동자들은 경찰에 의해 무자비하게 진압당했다. 공장 점거에 관한 한 나는 그들이 그보다 더 잘 싸울 수는 없었을 것이라고 생각한다. 그렇다면 희망이 없는 것인가. 역설적으로 쌍용자동차의 희망은 공장 바깥에서의 투쟁에서 발견될 수 있을지 모른다. 쌍용자동차와 희망버스에서 우리가 본 것은 노동운동 일반의 종언이 아니라(이는 자본주의가 존속하는 한 일어나지 않을 것이다), 특정 형태의 노동운동의 종언이 아닐까 싶다. 우리가 보고 있는 것은 노동운동이 사라진 것이라기보다, 노동운동이 공장 바깥으로 나오는 것, 노동운동이 사회운동과 섞여가고 있다는 것이다.

나는 한국에서도 서울과 같은 거대도시가 노동운동의 새로운 장소로 등장하는 것을 본다. 노동자들은 도시의 어느 부분을 점거하며 농성 중이다. 하지만 요즘 도시는 노동운동만이 아니라 운동 일반의 장소가 되고 있다. 도시의 길은 공장의 바깥, 학교의 바깥, 집의 바깥을 의미한다. 집을 잃고 학교를 잃고 일터를 잃은 이들이 모이는 일반적 장소의 이름이 바로 도시라고 할 수 있다. 여기서 노동자는 '해고는 살인이다'라는 말을 굳이 설명할 필요가 없다. 일반화된 투쟁 장소로서 도시는, '살인이다'라는 말 앞에 붙을 수 있는 다양한 주어들을 가진 사람들이 모이는 곳이기 때문이다. 그것은 '해고가 살인이다'를 부인하는 것이 아니라, '장애인 의무부양자제도'이기도 하고, '도시개발'일 수도 있고, '현재의 입시제도'이기도 하고, 현재의 '영화제작 방식'이기도 하고, '농업정책'이기도 하다. 그것을 하나의 구호로 내건다면 '이 체제의 존속은 살인이다'가 되지 않을까. 지난 번 메이데이 때 '도시총파업'을 촉구했을 때의 생각이 이것이었다.

나는 '살인'이라는 구호가 '삶의 불가능성'에 대한 고발이라고 생각한다. 그리고 그 고발과 저항이 삶의 공간인 도시에서 이루어지는 것이 너무도 자연스러워 보인다.

2) 장기투쟁 농성장의 경우

한국의 최근 운동에서 공간 문제만큼이나 내게 크게 와닿는 건 시간 문제다. 2000년대 이후를 특징짓고 있는 투쟁은 대개 장기투쟁이다. 짧게는 1~2년에서 길게는 10년 가까이 되는 투쟁이 많다. 과거에도 그런 투쟁이 없었던 것은 아니겠지만, 시대를 특징짓는 투쟁으로 나타나지는 않았던 것 같다. 이는 아마도 문제를 중재하거나 해결할 수 있는 기구가 부재하다는 것이 주요 이유일 것이다(그리고 이는 이들 기구들로부터 사람들을 추방한 결과이기도 하다). 최소 수년을 싸워야 한다는 것은 투쟁 주체들에게는 엄청나게 고통스러운 것이다. 하지만 이런 변화는 우리에게 시사하는 바가 있다. 투쟁이 장기화(사실상 기간을 확정할 수 없는 무한정화)된다는 것은 단지 '긴 단기투쟁'을 의미하지 않는다. 단기투쟁은 '투쟁'이 곧바로 '일상의 중단'을 의미하지만, 장기투쟁의 경우에는 '일상의 삶'과 '투쟁'이 구별되지 않는다. 즉, 살아가는 방식으로 싸울 수밖에 없고, 싸우는 식으로 살아갈 수밖에 없다. 나는 '장기투쟁 사업장'에서, 그 '장기'라는 말과 달리, 시간의 길이를 넘어선 문제, 즉 운동이 어떻게 시간적 '무한정성'을 다룰 것인가에 대한 고민을 느낀다. 우리는 그런 운동의 형식을 발명해야 한다.

2009년에 일어난 두 개의 끔찍한 비극, 용산과 쌍용자동차의 사례는 이와 관련된 비슷한 시사점을 제공한다. 남일당 점거와 쌍용자동차 공장 점거. 두 개의 사례는 투쟁이 단기적 전투에서 공안권력의 타격에 매우 취약하다는 것을 보여주었다. 그런데 용산의 경우, 거기서 시체를 껴안고 1년을 살아내면서 분위기가 바뀌었다. 쌍용자동차의 경우 공장 점거의 바리케이드는 분쇄되었지만, 3년이 지난 지금도 싸움은 계속 진행 중이다. 용산에서는 활동가들이 '카페 레아'를 거점으로 대안적 삶의 장소, 비록 매우 비극적 사건이 일어났지만 어떤 의미에서 가장 전위적인 예술적 실천이 가능하고 운동적 연대가 가능한 하나의 장소를 만들었다. 쌍용자동차의 경우도 다르지 않다. 나는 '와락'을 방문했을 때, 거기 아이들이 학교에서 당했던 심각한 정신적 폭력에 대해서 들었지만 또한 그 어느 곳에서도 보기 힘든, 아이들의 '공동체—놀이—교육—치유 공간'을 보았다. 내게 공간을 소개했던 와락 관계자는, 반쯤은 슬픔을, 또 반쯤은 기쁨을 담아, '아이들이 이곳을 천국이라고 부른다'고 말했다.

내가 여기 없었던 터라 직접 목격하지 못했지만, 홍대 앞 '두리반'이나 명동의 '마리'에서도 비슷한 이야기를 전해 들었다. 어떤 점에서 이 두 곳의 투쟁은 쌍용자동차보다도 더 직접적이다. 왜냐하면 대안적 삶의 구성, 일상적 삶의 구성이 투쟁의 후방 지원 성격보다는 투쟁의 새로운 형식으로 분명히 자리매김되고 있기 때문이다. 한 인터뷰에서 마리에 참여했던 어떤 활동가(?)는 자신들이 마리에 결합한 방식은 "문화기획이나 연대"의 차원이 아니었다고 했다. 그는 "마리라는 공간, 또는 두리반이라는 공간은 공간을 얻어내기 위한 하나의 방법으로 존재"[3]했다고 이야기했다.

---

3) 「소시덕후의 명동 점령기」, 『경향신문』, 2012년 5월 11일자.

"공간을 자율적인 공동체"로 만들어내는 것. 투쟁을 통해 열린, 일시적 해 방구(시공간)에 난입해서, 자율적 공동체를 발명하고 그것을 실험하는 투쟁. 정도나 양상의 차이가 있지만 이런 방식의 투쟁은 2000년대 이후 자주 목격 되고 있다. 2006년 대추리 싸움이 그러했고, 지금 강정이나 두물머리에서 일 어나는 일에서도 확인된다. 특히 지킴이들의 활동, 투쟁의 현장에서 일상을 살아가는 지킴이들의 활동은 매우 의미있게 다가온다. 이들의 현장 개입은 1980년대 현장 침투와는 언뜻 비슷해 보이지만 그 방식은 아주 다른 것 같다. 이들은 1980년대 자기 신분을 감추고 공장에 들어가 노동자들을 의식화해서 노조를 건설하고 파업을 일으킨 운동가들, 즉 '학습'과 '선동'을 통해 '사건' 을 예비했던 현장 침투 운동가들과 다르다. 2000년대의 지킴이들은 '사건'을 예비 음모한다기보다 '이미' 발발한 '사건'의 참여자로서, 하지만 '아직' 그 '의미'가 결정되지 않은 '사건'의 참여자로서, 그 '사건'의 의미를 생산하고 공유하면서 잠정적으로 형성된 새로운 공동체의 성원으로 살아간다.

지난 몇 년을 돌이켜보면 '살아가겠다'는 의지의 표출이 여러 투쟁에서 동 시에 나타나고 있음을 보게 된다. 2006년 대추리의 '올해도 농사짓자'라는 구 호에서, 2009년 용산의 '여기 사람이 있다', 쌍용차의 '해고는 살인이다', 그 리고 두물머리의 '공사 말고 농사 짓자', 강정의 '구럼비에 생명을' 등등의 구호들. '생명의 저지선을 만들자', '살아가겠다' 등이 이들 투쟁의 공동 구호 로 떠오르고 있다. 나는 이것이 '생명정치'biopolitics나 '생명경제'bioeconomics라 고 부르는 우리 시대의 특징과 무관치 않다고 본다. 우리는 '살아가는 일'과 '착취당하는 일'이 수렴해가는 시대에 살고 있다. 하지만 역설적이게도, 바로 그런 사회이기에 '살아가기'와 '투쟁하기' 또한 수렴해가는지도 모르겠다.

고대의 헤라클레이토스는 '비오스'가 '활'과 '생명'이라는 두 가지 의미를 가진 것에 착안해서 "활bios은 생명bios이지만 그것이 하는 일은 죽이는 일이다"라고 말했다. 헤라클레이토스의 의도와 상관없이 나는 '비오스'라는 말이 '활'이라는 무기와 '생명'을 함께 의미한다는 사실에 주목하고 싶다. 즉, 생명과 무기, 삶과 투쟁이 하나라는 사실 말이다. 나는 여기에 우리 시대 운동의 고민이 집약되어 있다고 본다.

이 체제가 존속하는 한에서의 싸움은 일상적인 것이 되어야 한다. 즉, 삶을 중단하는 싸움이 아니라 삶을 살아가는 싸움, 삶을 살아가기 위한 싸움이 되어야 할 것이다. 뿐만 아니라 그 싸움은 무엇보다 우리가 살고 싶은 삶의 형태를 취해야 한다. '버티기'가 아니라 '살아가기'. 나는 우리들의 싸움 속에서 '마치 아무런 제약이 없는 듯 대담하게 실험하고 상상하는' 작은 해방구들이 만들어지기를 소망한다. 그 작은 모닥불이 곳곳에서 만들어지기를 소망한다. 거센 바람이 불 때 그것은 커다란 불길이 되겠지만, 우선은 그 앞에서 누군가 춤을 추고 누군가 명상을 하고 누군가 이야기를 풀어내는 그런 모닥불이 되기를 바란다.

7월 초 밀양에 내려갔을 때 들었던 말이 떠오른다. 그곳 노인들이 화악산에 설치한 움막을 보며 나는 "저것이 야전사령부냐"라고 물었다. 그러자 누군가 답했다. "그곳은 또한 동네 사랑방"이라고. 주민들의 투쟁 거점이지만 또한 오손도손 이야기하고 음식을 나누는 사랑방이라고.

나는 이처럼 국소적으로 만들어지는 많은 해방구, 그것이 이 체제의 표면에 수많은 구멍을 내기를, 그리고 끝에 가서는 '삶의 표면을 무한대로 만들되 이 체제의 부피를 제로로 만드는' 멩거 스펀지Menger Sponge 같은 것이 나타나기를 희망한다. 물론 어떤 극적인 사건(희극이든 비극이든)에 의해서 그것이 무너질지도 모른다. 하지만 그것은 덜 중요해 보인다. 우선 할 일, 아니 무한정할 일은, 우리의 일상을 계속해서 반체제적으로, 비자본주의적으로, 혹은 우리가 살고 싶은 삶으로 구성해가는 것이다.

| 생정치 시대, 지킴이의 개입과 실천

한 5년 싸우면 승리한다는 분명한 보장이 있는 경우, 누군가는 기꺼이 싸우려고 할 것이다. 하지만 자신의 싸움이 한정 없는 것이라고 느낄 경우에는 단 1년을 버티는 것도 쉽지가 않다.

2000년대 이후 한국사회의 여러 투쟁들이 장기투쟁의 형상을 취하고 있다. 짧게는 수백 일에서 수년에 걸친 점거농성이 빈번하게 일어나고 있다. 이들 투쟁을 현재의 용례에 따라 '장기투쟁 사업장'이라고 부를 수는 있지만, 내가 보기에 이들 투쟁에서 '장기'는 단지 '긴 시간'을 의미하지 않는다. 그것은 차라리 '긴 투쟁'이라기보다 '무한정한 투쟁'의 형상을 띠고 있다.

단지 긴 시간이 문제라면 '진지전'을 수행하면서 한 걸음씩 나아가면 되겠지만 투쟁의 시공간은 그렇게 안정적이지 않다. 마치 오늘 고용되었지만 내일 해고될지 모르고, 오늘 여기서 일하지만 내일은 어디서 일할지 모르는 비정규직 노동자들의 불안정한 시공간, 그 영속적 불안정성이 투쟁의 형태에도 나타나고 있는 게 아닌가 싶다. 투쟁은 당장 내일 끝날 수도 있지만 한없이 계속될 수도 있다. 그러니까 우리가 다루어야 하는 것은 '긴 시간'이 아니라 '무한정한 시간'이다.

2000년대 이후의 투쟁이 자주 '무한정한' 것이 되어가는 이유는 일단, 갈등을 합의하거나 대의하는 기구로부터 이 주체들이 추방된 자들이기 때문일 것이다. 비정규직 노동자, 철거민, 장애인, 농민……. 이들은 합의기구나 대의기구들에 의해 대표되지도 않지만, 사실은 그 이전에 합의에 의해서, 대의에 의해서 사회적 배제를 경험한 자들인 경우가 많다.

그래서 이들의 투쟁은 개별적인 정책이나 제도보다 사회의 기본 원칙들, 그러니까 주류 집단의 '사회적 합의' 내지 대의기구들의 '결탁'으로 이루어진, 정책의 기본 지향과 충돌하기 마련이다. 신자유주의라 불리든, 시장의 자유라 불리든, 사유재산권이라 불리든, 국책사업이라고 불리든, 이 사회 주류들이(때로는 명시적으로 때로는 묵시적으로) 합의한 사회의 기본 원칙이 수정되지 않는 한 문제 해결의 전망이 나오기 어렵다. 사회의 원칙과 합의에 저항하고 있기에 이들 투쟁의 대부분은 근거 없고 무책임한 '억지'처럼 보인다. 그리고 바로 이런 측면, 다시 말해 자신들의 목소리가 체계적으로 배제되어 있고, 자신들이 사회의 기본 인식이나 원칙과 싸우고 있다는 사실이 이 주체들을 지치고 낙담하게 만든다.

과연 어떤 투쟁의 형식이 이 '무한정'의 상황을 다룰 수 있을까. 어떤 투쟁의 형식이 상황의 무한정성이 주는 피로와 낙담을 이길 수 있게 할까. 물론 투쟁의 참호를 방문하고 물질적 지원과 심리적 지지를 보이는 것은 장기투쟁을 이어가는 중요한 버팀목이 될 수 있다. 하지만 투쟁이 긴 시간을 버텨내는 일이 아니라 무한정의 시간을 다루어야 한다면, 참호 속 병사들에게 '더 버티라며' 제공하는 후방 지원은 우리 시대의 연대 방식으로는 한계가 있어 보인다.

내가 '지킴이'라고 불리는 활동가들의 유형에서 하나의 가능성을 발견하는 것은 이런 맥락에서다. 나는 '지킴이'를 2000년대 한국 투쟁이 배출해낸 소중한 가능성이라고 생각한다. 그들이 이룬 성취나 그들의 규모 때문이 아니라, 그들 존재가 보여준 어떤 가능성 때문이다.

나는 '지킴이'라고 부르는 이들을 2006년 평택의 '미군기지 이전 반대' 투쟁에서 처음 보았다. 대추리와 도두리를 농민들과 함께 지켰던 사람들. 그들 중에는 어떤 조직에 속했던 이들도 있지만 개별적으로 마을에 들어와서 살게 된 이들이 많았다. 나는 1980년대 현장에 위장 침투했던 운동가들과 이들을 이렇게 비교하곤 한다. 1980년대 현장 침투 운동가들은 대체로 '사건 이전'에 현장에 들어간다. 이들의 목적은 말 그대로 '사건'을 일으키는 것이다. 파업을 하고 민주노조를 세우는 것. 이 '사건'의 '의미'는 개입 이전에 이들에게 이미 주어져 있다. '역사의 진보'를 위해서든, '민주주의'를 위해서든, '사회주의 혁명'을 위해서든. 중요한 것은 거기에 부합하는 '사건'을 일으키는 것이었다.

하지만 2000년대의 지킴이들은 '사건 이후'에 현장에 들어간다. '사건 이후'라고 했지만, 엄밀히 말하자면, 사건의 '발발' 이후이고, 아직 그 사건의 '의미'가 결정되지는 않았을 때이다. '이미' 사건은 발발했지만 '아직' 그 의미가 결정되지 않았을 때, 이들은 그 '의미'의 생산을 위해 개입한다. 처음에는 개발과 관련된 주민들의 재산 손실이 문제였을 수 있고 불충분한 이주 비용이 문제였을 수도 있다. 하지만 지킴이들이 개입하면서 투쟁의 의미는 '민주주의'가 되기도 하고, '생태'나 '공동체'가 되기도 한다.

그러나 지킴이들이 그런 가치를 사람들에게 교육하거나 주입시킨 것은 아니다. 오히려 역사적으로 주어진 의미가 있던 1980년대야말로 그것을 먼저 학습했거나 체득한 이들이 그런 계몽자 역할을 하려 했다. 하지만 적어도 내가 아는 지킴이들은 그런 것으로 무장한 사람들이 아니었다. 하나의 유형으로서 이상화하자면, 지킴이들은 주민들과 함께 싸우고 살아가면서 공동으로 의미를 생산하고 그 과정에서 그 '의미'를 또한 배우는 사람들이다.

내가 '무한정' 투쟁이라는 시대 규정에서 '지킴이'를 새로운 활동가의 유형으로 발견하는 것은 다음의 세 가지 이유에서다. 우선, 지킴이들은 '사는 것'과 '싸우는 것'의 수렴 속에서 존재하는 활동가들이다. 사실 '단기투쟁'의 경우, 우리는 일시적으로 일상을 중단하고 싸움에 들어갈 수 있다. 하지만 '장기투쟁' 내지 '무한정 투쟁'에 들어가면, 우리는 우리 자신의 일상이 '투쟁'인지 '삶'인지를 더 이상 구분하기가 어려워진다. 사건의 현장에 들어가서 일상의 삶을 공유하는 '지킴이'의 존재는 '싸우는 것'이 '살아내는 것' 속에 존재한다는 것을 보여준다.

둘째, 지킴이의 존재는 연대에 새로운 의미를 부여한다. '두물머리'에서 만난 한 지킴이는 내게 연대의 새로운 차원을 시사해주었다. 그는 거기서 지난 몇 년간 농부들과 함께 농사를 짓고 그 동네에서 살아왔다. 처음에 거기 결합하게 된 계기를, 그는 '가슴의 무너져내림' 내지 하나의 '병'으로 묘사했다. 내 일은 아니지만 내 가슴이 무너지는 체험, 그것은 분명 연대가 시작되는 중요한 순간이다. 그런데 그에게는 연대의 다른 차원이 그곳에서의 삶을 통해 새로 만들어졌다. 몇 년간 농사를 지으면서 그는 여느 농부들처럼 자신이 길러낸 작물들, 자신이 형성한 사회적 관계들을 갖게 되었다. 두물머리의 '강제철거'는 자신이 사랑하는 타인을 철거하는 것이기 이전에, 바로 자기 자신을 철거하는 일이 되었다. 한편으로 그는 '당사자'가 아닐 수 있지만 다른 한편으로 그는 '당사자'였다. 그는 당사자와 외부세력을 가로지르는 선을 무의미하게 만드는 방식으로 존재하고 있었다.

셋째, 지킴이가 주민들과 구축한 삶은 분명 투쟁의 한 형식이었지만, 사실은 투쟁을 통해서 그들이 도달하고 싶은 삶의 형식이기도 했다. 마치 쌍용자동차의 '와락'이 투쟁의 형식이지만 또한 육아와 치유, 공동체 체험의 공간이고, 이 투쟁이 끝나도 구축해야 할 중요한 삶의 형식이듯이, 그리고 용산의 카페 레아가 투쟁의 공간이면서 일상적으로 여러 사람들, 심지어 외국에서 온 활동가들까지 함께할 수 있었던 소중한 공간이었듯이, 또 홍대 앞 두리반이 투쟁의 공간이면서 동시에 인디밴드들의 소중한 공연 공간이었듯이, 그리고 또 두물머리에서 농부들과 지킴이들이 구축한 생태적 농업공동체가 그들이 지향하는 삶의 형식이듯이. 지킴이와 주민들은 투쟁의 공간에서 자신이 지향하는 삶을 실험하고 구축하면서, 자신들이 지키고 싶은 것, 자신들이 지향하는 바를 또한 생산해냈다.

내 생각에 무한정의 문제를 다룰 수 있는 것은 이 경우뿐이다. 즉, 자신이 살고 싶은 삶의 형식 속에서 투쟁의 형식을 발견하는 것 말이다. 일단 당면한 투쟁의 중요성이 있지만 그와 동시에, 자신이 지향하는 삶의 형식과 투쟁의 형식을 빨리 수렴해야 한다. 그때 무한정의 시간은 그만큼 두렵지 않은 것이 될 수 있다. 생정치의 시대, 생명이 착취당하는 시대, 바로 그 때문에 생명을 지키고 가꾸는 것, 생존을 지속하고 가꾸는 것이 중요한 투쟁인 시대, 지킴이의 '존재방식= 투쟁방식'은 분명히 우리에게 뭔가를 보여주고 있다.

점거와 총파업
|
장애인 운동으로부터

1. 어느 아버지의 자살

뒤늦게 슬픈 이야기 하나를 들었다. 아마 여기 있는 분들은 모두 아는 이야기일 것이다. 지난 2년간 여기저기를 다니느라 나는 최근에야 이 이야기를 듣게 되었다. 2010년 10월, 장애인 아들을 둔 가난한 일용직 아버지가 아들에게 기초생활 수급권과 장애아동수당을 주려고 스스로 목숨을 끊은 이야기 말이다.

그 아버지는 처음에는 용접공으로 일했다. 그러다 일자리를 잃고 건설일용직으로 전전했지만 그마저도 벌이가 시원치 않았다고 한다. 그런데 아들 병원비는 아버지가 감당할 수 있는 수준이 아니었다. 아들을 장애인으로 등록하면 장애아동수당을 받을 수 있다는 말에 서둘러 신청하려 했으나, 장애아동수당을 받으려면 본인이 국민기초생활 수급자여야 한다고 했다. 그래서 기초생활 수급자 신청을 하려고 하니 본인에게 노동 능력이 있어서 받아들여지기 어렵다고 했다. 노동시장에 내놓아도 팔리지 않는 노동 능력, 그러니까 그가 '산노동'을 가진 존재라는 것 때문에 정작 아들이 죽게 생긴 것이다. 그는 '내가 죽어야 아들이 산다'는 정신 나갈 정도로 비극적인, 하지만 지금의 이 '정신 나간' 시스템에서는 과히 틀리지 않은 결론에 도달했다.

'아버지의 해법', 다시 말해 '아버지의 죽음'은 그렇지 않아도 몸 놀리는 게 편치 않은 아들의 맘에 평생 무거운 짐으로 지어져 있을 것이다. 그런데 아버지의 유서가 더욱 사람의 마음을 후벼판다. "아들이 나 때문에 못 받는 게 있습니다. 내가 죽으면 (아들이) 혜택을 받을 수 있도록 동사무소 분들께 잘 부탁드립니다." 그는 '나 때문에'라고 썼다. 그리고 '동사무소'에, 그러니까 '국가'에 '잘 부탁한다'고 했고, 그것을 국가가 베풀어주는 '혜택'으로 묘사했다.

정말 누구 때문이었을까. 아버지는 '나 때문에'라고 말했다. '의무부양자'를 1촌 친족으로 규정한 현행법 아래서는 그리 틀리지 않은 답변이다. 마치 '아들을 살리기 위해 나를 죽여야 한다'는 아버지의 정신 나간 선택이 또한 틀리지 않은 선택이었던 것처럼 말이다.

하지만 다시 묻건대 누구 때문일까. 경제인류학자 칼 폴라니는 과거 공동체에서는 공동체 성원이 모두 굶어 죽을 수는 있어도 개인이 굶어 죽는 일은 없다고 했다. 오늘날 한국사회를 살아가는 우리로서는 이해하기 쉽지 않은 말이다. 우리 사회에서는 한쪽에서는 배가 불러 주체할 수가 없을지라도 다른 쪽에서는 굶어죽는 일이 당연한 것처럼 보인다. 모든 게 '제가 못난 탓'이다. 그런데 폴라니가 말한 원시공동체에서는 굶어 죽는 개인이 없다. 왜일까. 간단하다. 바로 '공동체'가 존재하기 때문이다. 그들은 '혼자' 살지 않고 '함께' 살았던 것이다.

다시 물어보자. 오늘 강연을 시작하며 꺼내놓은 이 비극적인 이야기는, 누구 때문이라고 해야 하는가. 폴라니의 생각을 빌려 답해보자면 '국가의 부재', '공동체의 부재' 때문이다. 아들을 살리기 위해 죽어야 했던 아버지, 아니 그 이전에 한 아들이 '장애인'으로 힘겹게 살아가야 했던 것, 그 가장 큰 책임과 의무는 국가, 다시 말해 그 자신의 부재에 책임을 져야 할 '국가'에 있다. 개인이나 가족이 아니라 공동체인 국가가 1차 의무부양자인 것이다. 그런데 자신의 부재로, 자신의 무책임으로 사람을 죽인 존재가 자신을 마치 '혜택'을 제공하는 천사나 구세주인 양 행세하는 세상에 우리는 지금 살고 있다.

이 사건은 '국가'의 자기 성원에 대한 '배신', '함께 산다'는 말에 대한 배신이다. 국가가 대중들의 집합적 생존수단을 구축하기는커녕 그것을 계속 박탈함으로써 특정 개인과 집단의 이익을 위해 존재한다는 것은(가령 신자유주의 체제에서의 정부가 공적인 것을 어떻게 사적인 것으로 팔아넘기는지를 보자) 국가가 자기 성원을 배신하는 것이다. 우리는 이런 국가를 통해서는 더 이상 '함께' 산다는 것을 확인할 수 없다.

2. 체제가 거부하는 신체들

며칠 전 『장애인신문』welfarenews에는 앞서 죽음을 택한 아버지와 달리 투사의 길을 택한 어머니의 사연이 소개되어 있었다. '아이가 살 수 없는 세상에서 투사가 될 수밖에 없었다'는 어머니는 이렇게 말했다. "이 다음에 아이들이 컸을 때 부모는 이미 늙고 없어요. 발달장애인이 장애인생활시설이 아닌 지역사회에서 인간답게 살아갈 수 있는 제도와 지원이 마련돼 있지 않기 때문에, 우선 아이가 어떻게든 빨리, 아주 조금이라도 좋아질 수 있도록 애쓰는 것이에요. 어디 가서 '밥 주세요, 물 주세요'를 못해서 굶어 죽을까 봐 언어치료를 계속할 수밖에 없어요."

그러고 나서 그는 "혼자서는 힘이 없다고 생각했는데 투쟁 현장에 나가니 나 같은 상황에 놓인 부모들, 같은 생각을 가진 부모들이 함께 있다는 데 희망을 느꼈다"고 덧붙였다. 그는 "부양의무제 폐지, 활동지원 시간 확대, 평생교육, 가족지원 등……. 그 어떤 의사에게서도 들을 수 없었지만, 자기 피부에 와 닿는 말들"을 들었다고 했다. 사람을 살리는 의사에게 들을 수 없었던 사람을 살리는 말들, 그것을 그는 자신과 처지가 같은 사람들에게서 들은 것이다. 그래서 '아들을 살릴 길'로써 투사가 되기로 했다.

나는 오늘 장애인 자식을 '살리기 위해' '죽거나 투사가 되어야' 했던 아버지와 어머니 이야기를 했다. 장애인들, 그리고 그의 가족이나 친구들은 지금 이 땅에서 '내가 살아가기 위해' 혹은 '누군가를 살리기 위해' 죽거나 투사가 되어야 하는 시대를 살고 있다. 그런데 자신의 사회와 공동체로부터 추방된 사람들, 국가와 정부로부터 배신을 경험한 이들은 비단 장애인들만이 아니다. 이제 정말 많은 이들이 사회의 주변으로 밀려나고 있다. 집에서 쫓겨난 삶, 교육받지 못한 삶, 적절한 의료서비스를 받을 수 없는 삶, 고용불안은커녕 아예 직업조차 갖지 못한 삶, 정치적으로 대표되지 못한 삶……. 우리 시대 민중이 수십 년간, 적어도 한국에서 신자유주의가 본격화된 1990년대 후반 이후 도달한 곳이 그동안 장애민중이 살아온 곳이고 또 투쟁을 시작했던 곳이라고 할 수 있다. 장애인운동이 출발해야 했던 곳에 전체 민중운동이 도달했다고 해야 할까.

그런데 이는 비단 한국만이 아니라 전 세계 민중이 경험하는 공통의 현실이 되어가고 있다. 여러 우연과 인연의 도움을 받아 나는 뉴욕에서 일어난

'월가 점거운동'을 곁에서 지켜볼 수 있었다. 이미 몇 군데서 이야기 한 바 있지만(월가 점거운동에 대해서는 〈위클리 수유너머〉 웹진에 연재도 했고, 『점거, 새로운 거번먼트』라는 제목으로 관련 내용을 출판하기도 했다), 뉴욕에도 이집트식 '타흐리르' 광장이 필요하다는 생각에서 출발한 점거운동. 그 준비 과정을 봤을 때는 솔직히 이 정도 반향을 불러일으키며 오래 지속할 수 있을 거라는 생각을 전혀 하지 못했다. 나만이 아니라 준비한 당사자들 몇 사람 이야기를 들었을 때도 그랬다.

'뭔가 일어났다'고 판단이 바뀐 것은 첫날 행진이 끝나고 주코티 공원―이후 점거자들이 '리버티스퀘어'라고 바꾸어 불렀다―에 모여 토론이 시작될 때였다. 처음에 제안자들이 월가의 황소상 근처에서 흥미로운 퍼포먼스를 하고 재치 있는 구호를 적어 피켓 시위를 하고 있을 때만 해도 재미있는 집회가 될 것 같다는 생각 이상을 하지 않았다. 그런데 경찰이 점거 집회 예정 장소를 원천봉쇄하자 점거자들이 주코티 공원으로 자리를 옮긴 후 누군가 "우리 모두 여기서 이야기를 하자", "여기서 제너럴 어셈블리를 열자"고 선언하면서 상황은 놀랍게 변했다.

처음에는 쭈뼛쭈뼛하던 사람들이 조력자들의 도움을 받아 주변 사람들과 곳곳에 작은 원을 만들었다. 그러자마자 이런저런 말들이 마구 쏟아져나왔다. 집을 잃은 이야기, 의료보험 없이 아이들을 키우는 이야기, 직장을 잃은 이야기, 대학 등록금이 너무 비싸 학업을 접게 된 이야기…….

그 열기는 정말 대단했고 며칠 동안이나 이어졌다. 비극에 비극이, 슬픔에 슬픔이, 울분에 울분이 더해졌고, 서로 다른 사연이었지만 모두가 고개를 끄덕이고 쉽게 공감했다. 주류 언론이 '알 수 없는 잡다한 요구들', '지도부도 통일성도 찾아볼 수 없는 시위'라고 비하했던 그 다양한 목소리와 사연을 사람들은 너무 쉽게 이해하고 있었다. 그동안 입속에서, 가슴속에서 웅얼거림에 지나지 않던 말들이 하나의 대중 언어로 짜이는 순간이었던 것 같다.

거기서 사람들이 사람들에게 해준 일이란 어찌 보면 단순했다. 서로의 답답한 처지를 들어주는 것, 고통스러운 자기 처지를 토해놓고 서로 다독이는 것, 그것이 전부였다. 그런데 이번 점거의 가장 중요한 의미가 거기서 시작되었다. 미디어를 포함한 여러 대의자들이 대신 말해준다며 사실은 봉쇄하고 삭제했던 말들을 민중들이 직접 한다는 것, 그런 장소를 스스로 열었다는 것. 앞서 '아들을 살리기 위해 투사가 된 엄마'가 말했던 것처럼, 의사에게 들을 수 없는 말들, 그런 의사들이 줄 수 없는 힘들, 사람의 살 길을 열어주는 그런 말과 힘을 같은 처지의 민중들이 서로에게 나누어준 것이다.

다시 말하지만 우리는 살기 위해, 또 아이들을 살리기 위해 죽거나 투사가 되어야 하는 세상 속에서 살고 있다. 내가 런던에서 일어난 시위 이야기를 하며 어느 미국 학자에게 뉴욕에서 그런 가능성은 없냐고 물었을 때 그는 웃으며 답했다. 그것은 불가능하다고. 나는 뉴욕의 가공할 경찰력에 대해서도 들었고, 뉴욕인들의 소비주의와 개인주의, 인종주의 문화에 대해서도 귀따갑게 들었다. 그러나 미국인이라고 삶을 견디는 특별한 유전자를 지녔을 리 없다. 다만 위기가 전파되는 시간과 양상의 차이만이 있었을 뿐이다. 이제 사람들은 뭔가 합리적이고 가능한 것을 요구하는 수준을 넘어섰다. 원칙이 어떻고 척도가 어떻고 법이 어떻고 하는 한가한 소리는 이제 충분하다. 지금은 비뚤어진 것을 바로잡을 때가 아니라, 그것을 재는 잣대 자체를 바꿀 때이다.

지난 번 어느 뉴욕 운동가와 이곳 노들야학을 방문했을 때 교장 선생은 우리에게 "장애인은 자본주의가 거부하는 신체를 가진 것 같다"라고 했다. 정말이지 장애인의 신체 형태나 속도는 자본주의에 맞지 않는다. 자본주의는 오직 상품화된 신체(생체 상품)로서만 장애인의 신체에 눈독을 들일 뿐 어떤 적극적인 생산적 지위도 부여하지 않는다. 그는 이어 말하기를, 이 체제가 장애인의 신체를 거부하므로 장애인도 이 체제를 거부해야 하는 것 아니냐고 했다. 그 말 그대로다. 체제에 맞춰가는 것이 더 이상은 불가능하다고 느껴질 때, 체제 안에서 어떤 해방의 가능성도 발견되지 않을 때, 단지 체제 안에서는 추방된 자로서만 재생산된다고 느껴질 때, 그때가 바로 체제의 불가능성, 체제로부터의 해방, 체제 자체의 추방을 선언할 때가 아닌가 싶다.

3. 해방구—삶의 지배 유형을 가능한 빨리 타도해야 한다

발터 벤야민은 이렇게 말했다. "맑스는 혁명이 세계 역사의 증기 기관차라고 했다. 하지만 세계 역사는 아주 다르다. 아마도 혁명은 이 열차를 타고 여행 중인 인류를 위한 비상 브레이크일 것이다."[1] 인류의 비상 브레이크 잡기. 이 말처럼 세계적으로 일어나고 있는 점거 운동을 적절히 묘사하는 말이 또 있을까 싶다.

신자유주의 체제에 한정해서 말하자면, 사람들은 수십 년간 지속된 이 체제에 대해 "이제 됐거든!" Enough!이라고 말하고 있다. 어떤 변명도, 어떤 사탕 발림도 더 이상 통하지 않는 수준, 더 이상 견딜 수 없는 수준이 되었다는 것이다. '그래도 대안을 먼저 제시해야 하는 것 아니냐'는 말조차 별 의미가 없어 보인다. 지금은 일단 비상 브레이크를 걸어야 한다. 이것이 민중이 갖는 가장 원초적인 힘이고 권리다. 저항이든 혁명이든 반란이든, 그 무엇이라고

---

1) 발터 벤야민, 최성만 옮김, 「'역사의 개념에 대하여' 관련 노트들」, 『발터 벤야민 선집』 5권, 길, 356쪽.

불러도 좋다. 민중은 역사의 지정된 궤도에서 이탈할 원초적인 권리를 갖고 있다. 이 힘과 권리가 민주주의라는 말의 본뜻에 가장 근접한다.

뉴욕의 점거운동 장소였던 리버티스퀘어는 비상 브레이크가 걸리면서 생겨난 역사적 시공의 파열이라고 할 수 있다. 그동안 이 나라가 나아갈 길, 사람들이 추구해야 할 길이라고 불려온 모든 지배적 가치는 거기서 규정력을 급속히 잃었다. '아메리칸 드림'의 상징인 뉴욕의 '돈'과 워싱턴의 '권력'이 가진 이미지는 전복되었다. 거기서는 '드림'이 '타도' 되었다. 급격히 몰락한 백인 중산층은 분노하기도 하고 불안에 떨기도 하면서 점거 장소에 밀려들어 왔지만, 거기서 그들은 자기 이야기를 토해놓기 전에 장애인과 홈리스, 소수인종, 여성, 미등록이주자의 이야기를 들어야 했다. 점거 장소에서 여러 번 보고 들은 것이지만, 사람들은 권력자에게 대해 뭔가를 이야기하기보다, 서로에 대해 이야기를 하고 듣고 싶어했다.

나는 이곳을 꿈이 타도되고 삶의 기본 유형이 타도되는 장소, 하나의 해방구라고 불렀다. 그동안 판단 금지되었던 신성한 가치들이 효력 중지되는 곳, 삶의 지배적 유형에 대해 의심하고 그것에 괄호치는 것(판단 중지), 그것을 점차 더 깊은 곳까지 의심하는 곳.

3년 전, 전체 경제를 살리기 위해 위기에 빠진 대규모 투자은행들에 천문학적 구제금융을 퍼붓는 것이 불가피했다고 믿었던 사람들이 이제는 그들이 정작 위기의 주범이며 구제금융을 제공받고도 보너스 잔치를 벌인 탐욕꾼들이라고 말한다. 게다가 정작 경제위기 여파로 길거리에 나앉게 된 서민을 위한 복지예산은 축소하고 의료보험 개혁은 좌초시키는 정치권을 보며 사람들은 미국식 민주주의의 타락에 분노했다(많은 이들이 이것을 민주주의가 아닌 기업통치 체제라고 했다).

또 어떤 이들은 이 해방구 안에서 더 멀리 나아갔다. 이들은 신자유주의와 금융자본주의(채무자본주의) 일반을 비판하는 것으로 나아갔다. 금융규제를 완화하고 부자 감세를 추진해온 것, 집과 자동차 그리고 학비를 낮추기는커녕 모두 빚을 내서 해결하도록 고안된 시스템 위에 지난 30년의 체제가 만들어졌다고 말하는 사람들이 늘었다. 어떤 이들은 미국에서 절대 금기어였던 '자본주의' 일반과 '계급전쟁'이라는 말을 서슴지 않고 내뱉었다. 지난 한 세기 넘게 우리를 지배해온 시스템 일반을 거부하려는 사람들도 있었다.

해방구 속에서 사람들이 얼마나 더 급진적으로, 더 뿌리까지 내려갈지는 알 수 없고, 그곳은 언제든 금세 닫혀 버리는 그런 성격의 현장이기도 하다(물리적 장소로서 점거 현장은 이미 당국에 의해 철거되었다). 중요한 것은 그런 시공 안에서 사람들이 체험한 사건이다. 자기 사연을 털어놓고 다른 이의 이야기를 들으면서, 또 자기 주장을 피켓에 적고 다른 이의 주장을 따라 외치면서, 하나의 요구는 없지만 하나의 삶의 모습, 대안적 삶의 비전이 희미하게 떠오르는 것이다.

먹을 것을 함께 나누고, 정치적 의견을 함께 나누고, 명상의 시간을 함께 갖고, 춤을 함께 추고, 노래를 함께 부르고, 책을 함께 읽고, 소품들을 함께 만들고, 시위에 함께 나서면서, 그들은 하나의 공동체, 하나의 거번먼트를 구축했다. 이것은 언뜻 보면 아주 조잡한 공동체이지만 내 생각에 이 작은 공동체는 그동안 우리 삶을 지배해온 지배적 가치체계를 전복하고, 삶의 기본 유형을 교체하는 작업을 수행하고 있었다. 우리 체제의 모든 신성한 가치들을 의심하고, 어떤 선험적 자격이나 조건 없이 서로를 돌보고 연대하는 일, 인간이 공동체적 존재인 한에서, 어느 체제에서건 항상 우리가 물어야만 하는 물음과 실천들이 제한적으로나마 여기서 수행되고 있었다.

나는 바로 이 점거 공동체 속에서 오늘 강연 도입부에 이야기했던 '함께'의 의미가 복원되고 있다고 본다. 나는 강연 초입에 '국가의 배신'에 대해 이야기했다. 그 존재가 가장 필요했던 순간에 부재했던 국가의 배신에 대하여 말이다. 국가가 '우리가 함께 산다'는 것에 대한 증명이 아니라, 우리가 더 이상 '함께'가 아니라는 것에 대한 증명이 되는 순간, 그러니까 국가가 특정 계급과 분파의 이해에만 복무한다는 사실이 드러나는 순간, 우리는 국가의 배신에 마땅한 응징을 해야 한다.

과연 그것이 무엇일까. 국가가 시민을 배신할 때 시민의 응징이란 무엇이어야 하고 무엇일 수밖에 없는가. 월가 점거운동이 그 물리적 장소를 빼앗긴 직후 분노한 뉴욕 시민은 밤늦게까지 시위를 벌였다. 꽤 많은 시민이 정부에 불복종을 표시하며 길거리로 내려와 경찰에 스스로 연행되었다. 그때 한 학생이 이런 피켓을 들고 내 앞을 지나갔다. "우리는 배교자들이다. 우리는 우리 자신의 철학을 가진 민중이다. 우리, 당신과 나 같은 민중들이 매일 역사의 진로를 바꾼다." 국가가 시민을 배신할 때 시민 역시 국가로부터 얼굴을 돌려야 한다. 국가에 대한 시민의 배신! 정부가 우리를 버렸으므로 우리도 정부를 버린다는 생각! 그때만이 우리는 우리를 탄압하고 통치하는 정부로서의 거번먼트가 아니라, 우리 삶을 가꾸는 거번먼트에 대해서 깨달을 수 있을 것이다. 아이러니하게도 국가가 '함께 살기'를 배신한 순간 시민에게는 '함께 산다'는 것의 의미를 체험할 수 있는 기회가 온다.

언젠가 영국 작가 로렌스D. H. Lawrence는 멜빌Herman Melville이 그 누구보다도 '집과 어머니에 대한 향수', 우리를 포획하는 것들에서 가장 멀리 달아나려 했음에도 불구하고, 다시 '완벽한 결합'이니 '절대적 이상'이니 하는 이상에 집착했다고 유감스러워했다. 그러면서 말했다. "멜빌은 이상적 무기들에 집착했다. 나로서는, 나는 나의 무기들을 버리고 다음과 같이 말할 것이다. 낡은 무기들은 썩는다, 새로운 무기들을 들어라, 그리고 정확히 쏘아라."[2]

우리가 공동체에 대한 태고적 물음을 반복한다고 해서 어떤 과거의 원시공동체를 이상향으로 두어야 한다는 말은 아니다. 맑스식으로 말하자면 우리는 그 물음을 더 고차적이고 새로운 형식으로 재발명해야 한다. '국가'와 '자본'으로부터 철저히 얼굴을 돌리기 위해서 우리는 모든 첨단의 소통 무기를 사용해야 하고, '함께함'을 가능케 할 새로운 정서를 생산해야 한다. 우리는 더 이상 견딜 수 없는 이 체제가 확실히 변형될 때까지 어떤 협력도 거부한 채, 아주 냉담하게, 아주 급진적으로, 철저히 고개를 돌려야 한다. 그리고 국가로부터 돌린 고개를 우리 서로를 바라보는 일로 만들어야 한다.

4. 총파업—인류가 건 비상 브레이크

우리는 우리 삶에 대한 국가의 배신을 철저히 사고함으로써만, 국가 권력에 매달려(특히 선거를 통해) 우리 삶을 바꿀 수 있다는 환상에서 벗어날 수 있을 것이다. 우리는 우리를 배신한 국가를 철저히 배신함으로써만 국가를 고칠 수 있고 또 국가를 극복할 수 있을 것이다. 그러나 어떻게 이것이 국가만의 문제이겠는가.

우리는 우리를 추방한 대학에 대해서도, 앎의 생산과 유통, 교육을 독점하다시피 해온 그 대학에 대해서도 그 배신을 따져 물어야 한다. 앎에 대한 접근을 돈의 장벽으로 막고 앎을 팔아 더 많은 돈을 벌려고 하는 대학의 배신에 대

---

2) 질 들뢰즈 · 펠릭스 가타리, 김재인 옮김, 『천 개의 고원』, 새물결, 2001, 359쪽, 각주 26.

해, 어쩌면 우리는 매우 급진적인 냉담함을 보여야 할 것이다. 우리는 또한 정당에 대해서도, 언론에 대해서도, 심지어 모든 정체성들, 그야말로 우리의 의식을 점령해왔던 모든 것들에 대한 수용을 의심할 필요가 있다. 유례가 없다고 말했던 것, 예산이 없다고 말했던 것, 제도상 불가능하다고 말하는 것, 원칙상 안 된다고 말하는 모든 것에 대해 따져 묻기를 시작해야 한다. 그때만이 우리는 불가능이 생각만큼 불가능하지 않았다는 것을 깨닫게 될 것이다.

사실 이 모든 물음이 응집된 것이 지금 제기되는 총파업에 대한 요구이다. 월가 점거운동에서 사람들은 그야말로 온갖 요구를 내걸었다. 주류 언론과 정치인들은 통일성도 없는 잡다한 요구라고 비웃었다. 그러나 집을 잃은 자의 요구가 대학 등록금을 낮추라는 요구, 시설에서 벗어나게 해달라는 요구, 저상버스를 도입하라는 요구보다 더 긴급하고 더 중요한 것은 아니다. 모든 요구는 똑같이 절박하고 똑같이 긴요하다. 점거에 참여한 사람들은 모두의 사연이 똑같이 소중하고 절박하다는 걸 안다. 그리고 그것들이 하나의 정책이나 제도 때문이 아니라 체제 때문이라는 생각을 하고 있다. 모든 것을 동시에 요구하는 것, 그것은 사실 딱 하나를 요구하는 것이다. 즉, 체제를 바꾸라는 것이다. 개별 정책이나 제도로 풀 수 있는 문제들이 아니라는 것이 드러났기 때문이다(오히려 하나의 요구만을 제시할 때 지금의 체제는 그것을 금세 왜곡시켜 버린다. 가령 대학 등록금을 낮추라고 하면 저리 대출을 꺼내 드는 식으로 말이다).

이 체제를 향해 '모든 것을 요구한다'는 것은 달리 보면 이 체제에 '아무것도 요구하지 않는다'는 말과 같다. 오직 원하는 게 있다면 '체제의 중단' 내지 '체제의 교체'뿐이다. 여기에는 뭔가를 거래할 것이 없다. 가령 영국의 인도 지배에 저항했던 간디가 보인 '비타협', 식민주의 체제와는 거래할 것이 없다는 단호함, 요구하는 게 있다면 오직 식민지 체제의 종식뿐이라는 것. 이것이 바로 총파업의 정신이다.

이 점에서 총파업은 일반적인 파업과 아주 다르다. 주어진 체제 안에서 그리고 개별 공장 안에서 노동 조건이나 지위의 인상을 요구하는 파업과 달리 총파업은 체제 안에서 주어질 수 있는 어떤 급부를 갖고 있지 않다. 우리는 한국사회에서 노조들의 총파업 요구에 익숙하다. 그러나 벤야민은 정치적 총파업과 프롤레타리아 총파업을 이렇게 구분한 적이 있다(「폭력의 비판을 위하여」). 정치적 총파업의 지지자들은 체제 안에서의 권력 교체(혹은 이익 분배의 변경)를 원하는 것이고, 그것을 효과적으로 달성하기 위해 조직 자체가 일사불란한 통일성을 유지해서 소위 '질서 있는 총파업'을 추구한다. 거대한 힘이 자신의 통제하에 있다는 것을 보임으로써 파업 지도부는 상대방과의 거래에서 유리한 위치를 차지한다(파업은 이 점에서 반대급부를 얻기 위한 수단이다). 그러나 이렇게 되면 권력은 기껏해야 하나의 특권층을 다른 특권층으로 교체하는 것이 될 뿐이다.

이와 달리 프롤레타리아 총파업은, 오늘 강연 맥락에서 말하자면, 체제의 중단과 폐지를 목표로 선언한다. 여기서는 "승리의 물질적 이득에 대한 무관심"이 표현된다. 이 철저한 무관심, 비폭력적이지만(이것을 폭력이라 부른다면 '신적 폭력'이라 불러야 할 것이다) 철저히 비타협적인 급진성, 그것이 중요하다.

따라서 총파업의 요구는 체제로부터 가장 고통받는 자들, 누구보다 체제의 중단을 간절히 원하는 자들로부터 나온다. 그것은 어쩌면 도망의 형식을 취하는 데서 시작할 수도 있다. 이 체제를 못 견디므로 거기서 도망쳐 나오는 것이다.

미국 역사학자 두 보이스Du Bois는 남북전쟁 당시 남부 플랜테이션 농장에서 노예들의 도망을 총파업이라고 불렀다.[3] 두 보이스는 그들이 단순히 일에 지쳐 농장에서 도망친 게 아니라고 말한다. 왜냐하면 도망노예의 생활은 더 혹독하고 위험한 것이었기 때문이다. 즉, 그들은 어떤 위험에도 불구하고 체제로부터 도망쳤던 것이다. 그리고 그들의 철저한 도망이 노예제라는 체제를 완전히 불가능한 것으로 만들었다고 하겠다.

이득을 노리는 영리한 노예의 길이 아니라 도망노예의 길, 다시 말해 노예제 자체로부터 도망치고 빠져나오는 것이 총파업의 길이다. 역사적으로 총파업은 체제의 한계로부터, 체제에 대한 거부로부터, 그것에 대한 참을 수 없는 고통과 역겨움으로부터 나왔다. 그리고 그 고통을 해소하기 위해 체제 안에서 통합되는 길을 찾아 나선 이들이 아니라 체제 자체로부터 탈주한 이들, 체제의 중단을 요구하는 이들로부터 나왔다.

우리 사회에서 오랫동안 총파업에 대한 요구는 노동조합의 몫으로 받아들여져 왔다. 실제로 민주노총을 비롯해서 여러 노동단체들이 총파업을 요구해 왔다. 그러나 어쩌면 총파업은 노동조합이 요구하기 이전에 노동조합에 요구되는 것이라고 해야 한다. 왜냐하면 총파업은 현 체제에서 조합의 이해관계를 관철하기 위한 수단이 아니라 오히려 조합적 이해의 극복을 요구하는 것이기 때문이다.

반복해서 말하건대 총파업은 이 체제에 대한 중단의 요구이자 탈퇴의 선언이다. 그것은 체제 아래서 힘을 가진 이들이 아니라, 체제 아래서 가장 억압된 자들, 그러기에 그 체제의 한계를 폭로하고 체제의 중단을 가장 강하게 열망

---

3) W. E. B. Du Bois, *Black Reconstruction in America*, The Free Press, New York, 1998. 당초 노예해방은 남북전쟁의 이슈가 아니었고, 북부에서는 전쟁 초기만 해도 남부의 재산권을 침해하지는 않겠다는 의미로 노예해방에 부정적인 태도를 보였다. 그러나 노예제를 도저히 견딜 수 없었던 노예들의 도망이 시작되면서 남부의 산업은 붕괴되었고, 북부 역시 도망노예의 전략적 중요성을 파악하게 되었다. 문제의 심각성을 알게 된 남부의 지도자들이 온갖 당근을 내놓았지만 노예들은 냉담하게 도망쳤다.

하는 자들로부터 시작되어야 한다. 이탈리아의 자율주의 여성운동가 마리아
로사 델라 코스타Mariarosa Dalla Costa는 여성들의 총파업을 촉구하면서, "노동인
구의 절반(남성 노동자들)이 총파업을 하고 있을 때 다른 절반이 부엌에서 일하
고 있다면 총파업이 아니"라고 했다. 이는 총파업이라고 부르기에 충분한 노
동인구가 참여하지 않았다는 말이 아니다. 그는 가사노동을 인정받지 못하는
여성의 총파업 돌입이야말로 파업을 총파업으로 만들어준다는 것을 말한 것
이다. 오늘 장애운동가들이 가득한 이 자리에서 우리도 말해야 하지 않을까.
현 체제에서 가장 고통받았기에 또한 이 체제의 중단을 누구보다 갈망하는
장애인들의 참여가 없는 비장애인들의 파업은 총파업이 아니라고 말이다.

탄원하는
노인들

정말 두려운 것

2011년 어느 가을 밤, 후쿠시마 원전사태 이후의 일본에 대해 이야기하는 작은 모임이 뉴욕시립대학원에서 열렸다. 나는 일본 잡지 『현대사상』의 편집장이었던 이케가미 선생의 그때의 말과 표정을 좀처럼 잊을 수가 없다. 한 패널이 물었다. "사람들은 여전히 원전 없이 현재의 삶을 지탱할 수 있을지 의문을 품고 있습니다." 그러자 그가 답했다. "우리는 지금 원전 없이 살고 있습니다." 순간, 깜짝 놀랐다. 참 단순한 답변이었는데, 내 안에 똬리를 틀고 있던 어떤 불가피성의 논리가 단번에 박살났다. '아, 원전 없이 살 수 있구나!'

그는 짧은 영어로 또박또박 말을 이어갔다. "정말 걱정스러운 것, 정말 우리를 두려움에 떨게 하는 것이 무엇인지 압니까? 그것은 전기가 부족한 상황이 아닙니다. 밤이 조금 어두운 것은 그렇게 두려운 일이 아닙니다. 에어컨과 전기난로를 켜지 못하는 것은 그렇게 두려운 일이 아닙니다. 앞으로 20~30년 간, 우리의 아이들 중 누군가는 내부 피폭 때문에 병을 앓고 죽어갈 겁니다. 숨 쉬는 공기와 먹고 마시는 물과 음식을 통해 아이들은 '암'에 시달리게 될 겁니다. 모두가 1960년대의 원전 반대 싸움에 패배하면서 우리가 저지른 일입니다."

수만 명의 생명을 지불해서 얻은 너무나 비싼 깨우침이었다. 그의 말 그대로다. 정말 두려운 것은 전기가 부족한 상황이 아니라 그 부족을 해소하겠다며 우리가 아무 일이나 저지른다는 사실이다. 그래서 우리 시대는 인류 역사상 가장 편리한 시대이면서 가장 위험한 시대이다. 인간의 창의력을 몽땅 돈과 편리에만 바칠 뿐, 도무지 우리가 어디로 가고 있는지에 대한 물음과 성찰이 없다. 후쿠시마의 원전이 녹아내리며 그 무섭고도 아픈 진실을 전할 때에도 한국이 일본을 제치고 원전 강국으로 도약할 기회가 왔다고 말하는 사람들이 있었다. 이런 게 바로 두려운 것이다. 하이데거가 "전진하는 무사유의 발걸음"이라고 불렀던, 아무런 성찰도 없이 계산기만 두들기며 앞으로 나아가는 것 말이다.

밀양식 보수주의

내가 지금부터 말하고자 하는 '밀양'은 이 사유 없는 전진에 대한 일종의 비상 브레이크라고 할 수 있다. 무려 8년간 밀양의 노인들은 길바닥에 내동댕이쳐지면서도 발전주의의 바짓가랑이를 놓지 않았다. 다큐멘터리 〈밀양 송전탑, 그 7년의 전쟁〉에서 나는 그들을 처음 보았다. 칠순, 팔순의 노인들이 파수꾼처럼 매일 지팡이를 짚고 높은 산을 오르고 있었다. 젊은 용역들과 몸싸움을 벌인 이야기를 하다 엉엉 우는 노인도 있었다. 용역들이 나무를 베려 들 때마다 자기 몸을 톱날 앞에 갖다 대었던 사람들, 그들은 도대체 무엇을 그렇게 필사적으로 지키려고 했던 것일까?

처음에는 그들도 그것을 재산이나 건강이라고 말했다. 송전선이 지나가는 땅이 강제 수용되었는데 보상액이 형편없었다. 재산이 말 그대로 반의반 토막이 났다. 초고압 송전선이 마을을 관통하는데도 주민들의 건강에 대한 고려는 아무 것도 없었다. 한전은 마치 그 땅이 텅 비어 있기라도 하는 양 마구 밀어붙이기만 했다. 노인들이 여기에 저항한 지 무려 8년이 흘렀다. 하지만 지난 8년의 싸움은 노인들로 하여금 사태의 더 깊은 곳을 보도록 했다. 아니, 지난 8년간 이들이 벌인 싸움은 우리로 하여금 사태의 더 깊은 곳을 보도록 해주었다.

작년 밀양을 처음 찾았을 때, 나는 갈등이 보상의 미비가 아니라 불가능에 있다는 것을 깨달았다. 한마디로 밀양의 노인들은 보상을 원하지 않는다. 불행히도 한전은 이것을 여전히 '적은 보상'의 문제라고 생각하고 있다. 그들은 뒤늦게 보상액을 대폭 올리겠다고 했다. 그러나 그것은 사태의 초기에만, 그것도 일부 젊은 사람들에게만 통할 수 있는 해법이었다.

밀양의 노인들이 필사적으로 지키고 있는 그 '보상 불가능한 것'이란 무엇인가? 아마도 그것은 '무엇'이라고 말할 수도 없는 것이다. 그것은 처분할 수 있는 '무엇'이 아니다. 나는 나무를 부둥켜안고 울었다는 한 할머니의 말에서 그것의 정체를 느낄 수 있었다. "이 나무는 나보다 더 오래 살아왔다. 이것들 다 베어내고 나면 너희는 어디 기대고 살래?" 할머니는 나무와 함께 뭔가를 부둥켜안고 있었다. 그것은 '나'보다 오래전에 있었던 것이고, 내가 기대어 살아왔고 또 살아갈 어떤 것이다. 시간적으로는 '전통'이라 부를 수 있고, 공간적으로는 '마을'이라 부를 수 있는, 삶의 근원적인 어떤 것이 거기 있었다. 어쩌면 그것은 시간이나 공간보다도 근원적인 것인지도 모른다. 사람들이 농사의 절기를 느끼며 이웃과 관계를 맺고 살아온 곳, 인간적 시간과 공간이 생겨나는 원초적 장소, 우리는 그것을 '터전'이라고 부른다. 이 '터전' 위에서만 사람들은 곡물을 기르고 제사를 지내며 이웃들과 함께 태어나고 늙어간다. 내가 이해한 밀양의 요구는 이것 하나였다. '삶의 터전을 함부로 부수지 말라는 것!'

나는 보수주의로부터 건네받을 수 있는 가장 아름다운 지혜가 이런 것이라고 생각한다. 물론 우리가 아는 한국의 정치적 보수주의는 여기에 한참 미달한다. 공장을 세우고 고속도로를 내는 걸 최고의 이념으로 삼아온 한국식 보수주의는 사실상 발전주의의 다른 이름이다. 한전은 지난 수십 년간 지금과 같은 저항에 맞닥뜨려본 적이 없다. 그런데 막무가내로 개발을 밀어붙이던 한국식 보수주의가 밀양식 보수주의의 감성과 직관에 의해 저지되고 있는 것이다. 지붕 올리고 도로 내며 '잘 살아보세' 하는 식의 발전주의가 밀양의 노인들에게는 먹히지 않는다. 이들은 이렇게 말한다. '우리는 지금 이대로만 살다 죽고 싶다. 삶의 터전을 파괴하는 발전주의는 이제 그만!'

무욕의 저항

지난 6월 한전은 주민들을 상대로 소송을 제기했다. 송전탑 건설을 막은 주민 세 명에게는 10억 원의 손해배상을, 주민 열세 명에 대해서는 공사 방해를 이유로 1인당 하루 100만 원씩의 과태료를 청구하는 소송이었다. 내가 밀양을 찾은 날, 이 소송을 알리는 내용증명이 주민들에게 전달되었다.

일흔이 넘어 동네 이장을 새로 맡았다는 권영길 할아버지는 공사 방해를 이유로 고발되어 경찰서에 다녀온 후 흥분된 소리로 말했다. "나 여기서 태어나 평생을 살았다. 부모 재산이 있었던 것도 아니고, 학교도 나온 것 없고, 이 손가락으로 살았다." 칠십 평생을 흙을 파먹고 살았다고 말하는 노인의 손가락에는 지문이 하나도 없었다. "근데 우예 도둑이 들어오는데 내 가만있을 수 있겠노?" 그는 마을에 '도둑'이 들었다고 했다. 하지만 실상 한전은 무언가를 훔치러온 도둑이 아니었다. 그가 말한 '도둑'이란 삶의 터전을 침략하고 파괴하는 세력을 지칭하는 표현이었다. 그의 곁에 있던 노인은 그것을 '정부가 어떻게 자기 국민을 침략하느냐'고 표현했다.

그런데 학교도 나온 것 없고 평생을 땅만 파먹고 살았다는 이들은 원전과 송전탑이 파괴할 것이 무엇인지에 대해서 누구보다 잘 알고 있었다. 이런 식으로 나무를 베고, 이런 식으로 땅을 파헤치고, 이런 식으로 전기를 만들어내서는 사람이 살 수가 없다는 게 이들의 직관이었다. 철학자 하이데거는 건축함의 본래적 의미가 거주함에 있고, 거주함의 본질은 보살핌에 있다고 했다. 풍차나 물레방아는 바람과 물, 즉 자연의 흐름에 자신을 온전히 내맡김으로써만 돌아간다. 인간이 자연에 거주한다는 것은 이 흐름을 보살피는 것이다. 그러나 원전과 송전탑은, 마치 화학비료를 뿌리며 땅에 더 많은 소출을 내놓으라고 닦달하는 농부처럼, 자연을 쥐어짜 에너지를 뽑는 기술이다. 풍차와 원전의 진정한 차이는 기술 수준이 아닌 태도에 있다. 하이데거식으로 말하자면 현대의 기술은 자연 속에서 순환하기보다 자연을 쥐어짬으로써 에너지를 얻어낸다. 자연을 닦달하고 쥐어짬으로써만 삶의 편익을 얻기에, 우리가 편리해질수록 자연 파괴가 일어나는 것이다. 여기에는 보살핌과 돌봄이 없다.

우리의 살 길을 보살핌에서 찾을지, 쥐어짬에서 찾을지는 우리 문명을 지배하는 집합적 운명이 어떤 것이냐에 달려 있다. 확실한 것은 내가 '쪼이는' 생활을 하는 곳에서는 누군가를 '쥐어짜서라도' 살려고 한다는 것이다. 시장은 공장을 닦달하고 자본가는 노동자를 닦달한다. 도시는 농촌을 쥐어짜고 인간은 자연을 쥐어짠다. 그런데 내가 만난 밀양의 노인들은 거주함이 보살핌이라는 것, 그리고 보살핌은 대상을 그대로 되돌려주는 것임을 알고 있었다. 터전을 그대로 보살펴야 터전 속에서 자신이 보살핌을 받는다. 노인들은 내게 말했다. 자신들은 다만 물려받은 마을을 돌보는 소임을 받았을 뿐이고 그것을 후손에게 물려줄 때까지 잠시 돌볼 뿐이라는 것이다.

한전이 손해배상 소송을 냈을 때 노인들은 앞다투어 법원에 탄원서를 제출했다. 비뚤비뚤, 맞춤법에도 맞지 않은 글자들. 그런데도 참 아름답다. 진실하기 때문이다. 구덕순 할머니는 이렇게 적었다.

"이 할매를 이 나라가 이렇게 고을 줍니까. 다리도 걸고 몸도 이곤 매일같이 산에서 생활해야 하니 죽을 지경입니다. 송전탑이 새우지지 안으면 농시만 지으면시 조용히 살고 싶습니다. 이 할매는 욕심 없습니다. 오직 요대로 살다가 죽도록 해주십시오."

오직 이대로만 살다가 죽게 해달라는 것. 아무런 욕심이 없다. 지난 5월 한전이 공사를 본격 재개했을 때 중장비를 온몸으로 막아서던 한 노인은 이렇게 절규하기도 했다. "우리가 돈을 달라 합니까, 밥을 달라 합니까. 있는 그대로, 그냥 땅 파먹고 먹고살게 해달라는 거 아닙니까."

그런데 이 욕심 없음이 밀양 싸움이 비타협적일 수밖에 없는 중요한 이유이기도 하다. 이들은 아무것도 원하지 않으니 그저 그대로 두라고만 말한다. 송전선이 반드시 지나가야 한다면 그것은 터전을 건드리지 않은 채로만 가능하다(송전선의 지중화는 그래서 나온 요구안이다). 이 외에는 아무런 요구가 없다.

그런데 원하는 게 없으므로 타협도 불가능하다. 소박한 노인들이 그렇게 처절하게 싸울 수 있는 건 이 때문이다.

지문이 나오지 않아 경찰서를 두 번이나 다녀왔다는 권영길 할아버지는 자신이 이장에 새로 추대된 이유를 내게 말해주었다. "한마디로 내한테는 돈이 안 통한다." 마을의 젊은 지도자들이 한전으로 넘어가자 주민들이 오래전에 은퇴한 그를 다시 이장으로 추대한 것이다. 그의 지문 없는 손가락에 믿음을 건 것이다. 어떻든 욕망이 있는 사람들은 모두 떠났다. 남은 것은 아무 욕심도 없는 사람들이다. 한마디로 말해, 절대 물러나지 않을 사람들이다.

죽은 자와의 약속

밀양의 노인들이 지난 8년을 이토록 처절하게 싸울 수 있었던 것은 역설적인 말이지만 스스로를 마을에 대한 처분권자라고 생각하지 않기 때문이기도 하다. 이들에 따르면, 보상받고 송전탑을 끌어들이자는 사람들은 "고향을 팔고 다 떠나버릴 놈들"이다. 그러나 고향을 팔아치울 수 있는 권한은 그 누구에게도 없다. 게다가 고향은 산 자들의 것만이 아니다. 그것은 죽은 자들의 것이기도 하고 앞으로 태어날 자들의 것이기도 하기 때문이다. 나는 그것을 팔순의 손희경 할머니에게 들었다.

"우리 시어른이 돌아가실 때 내게 그랬어. 고향을 지켜줄 거냐고. 그 양반이 돌아가실 때 시누이가 그러는 거야. 아버지가 언니 찾아요. 그래서 뭐 때문에 그럴까 하고 갔는데 나한테 그러는 거야. 모두들 고향을 지킬 생각이 없는 것 같다. 다 떠날 궁리만 하고. 가만 보니 니가 고향을 지켜줘야겠다. 그래서 내가 그랬지. '고향 지키는 기 뭐 어렵습니꺼. 이것저것 심고 무덤에 풀이나 베어주고 하면 되지. 그러다 자식들한테 물려주면 되고. 걱정 마세요, 제가 지키겠심니더' 그랬지. 지금 이 일을 당하고 보니 내가 왜 그때 그리 쉽게 답해버렸을까, 왜 그렇게 말해버렸을까 후회도 되고. 어느 날은 너무 힘들어서 그랬어. '아버님, 너무 힘듭니더' 그러고 나서 한참 울었어. 내가 일흔에만 죽었어도 자식들한테 소임 넘겼으니 저 세상 아버님한테 편히 갔을 텐데. 인제는 별수가 없다. 나는 철탑이 세워지든 안 세워지든 싸우다가 그 아래 묻혀야 해. 그래야 그 어른한테 할 말이 있지. 나는 하는 데까지 했다고 말야. 난 어디 안 가. 저기 묻혀야 해."

이들은 고향을 유언과 함께 물려받은 사람들이다. 마을을 물려받았을 때 이들은 암묵적으로 그것을 지키겠다는 맹세를 한 셈이다. 조상과의 연결은 사실 많은 곳에서 하나의 상징이자 의례에 불과하다. 그런데 이곳에서는 그렇지가 않다. 적어도 손희경 할머니에게는 절대로 그렇지가 않았다. 돌아가신 시어른과 맺은 약속은 일종의 사회적 약속인 법보다도 강하다. 삶을 파괴하는 법을 어길지언정 삶을 떠받치고 있는 조상과의 약속을 어길 수는 없다.

"모두들 와서 나한테, 국가와 싸워서 어떻게 이기느냐고 하는 거야. 내가 그랬지. 싸워서 이겨보겠다고."

이는 단순한 호기가 아니라 절실한 증명이다. 마을을 지키는 싸움을 통해서만 시어른과 주고받은 말을 잊지 않았음이 입증되기 때문이다.

"그래야 저 세상 가서 시어른에게 말할 거 아니냐고. 내가 싸우다 저기 묻혀야 나도 가서 할 말이 있을 거 아니냐고."

불가능에 대한 자각

정부나 한전이 문제를 해결할 수 없는 것은 문제를 잘못 인식하고 있기 때문일 것이다. 밀양 문제를 어떻게 해결할 것인가? 이 문제를 '밀양에 송전탑을 세우기 위해 필요한 조치들이 무엇일까' 라고 묻는 한에서 답은 없다. 한전이 내놓을 수 있는 것은 돈뿐인데 주민들이 원하는 것은 보상이 아니기 때문이다.

얼마 전 국회에서는 여당 주도로 '밀양 송전탑 주민 지원법'을 상정하려는 움직임도 있었다. 송전탑을 받아들이면 포괄적인 지원을 하겠다는 내용의 법안이다. 더 많은 보상이 문제를 해결해줄 것이라는 기존의 인식이 전혀 바뀌지 않은 것이라 할 수 있다. 주민들은 이 법안이 송전탑 건립을 기정사실화하고 있다고 반발했다. 결국 법안 상정은 일단 보류되었다.

6월 말 현재, 밀양의 운명은 국회에서 구성한 '전문가협의체'에 달려 있다. 거기서 내린 결론에 한전도, 주민도 따르기로 했기 때문이다. 최종 결론은 밀양의 마을들에 송전탑을 세울 것인가 아닌가로 내려질 것이다. 하지만 설령 전문가들이 송전탑 설치를 결정한다고 해서 해결할 수 있는 것은 아무것도 없다. 그 결정은 기껏해야 정부와 한전 측에 기술적 정당성을 제공하는 것이고, 주민들을 좌절하게 만들어 저항을 무마하는 데나 기여할 뿐이다. 지난 8년간 밀양의 노인들이 힘겹게 싸운 이유 중에 그 전문가들이 결정할 수 있는 것은 사실 별로 없다. 그런데 어떻게 그것이 해결책이 될 수가 있겠는가. 애당초 노인들이 들고 일어난 건 한전 측의 기술적 판단 오류 때문이 아닌데도, 우리는 전기 기술 전문가들에게 한전 측의 기술적 판단을 다시 해달라는 식으로 해법을 구하고 있다. 주민들로서야 송전탑 설치를 피할 수 있는 작은 가능성이라도 찾고 싶어서 전문가협의체 구성을 요구했지만, 그것이 문제의 근본적 해결책이 될 수 없는 것은 분명하다. 최선의 경우 그것은 문제를 피할 수 있게 할 따름이다.

나는 우리가 다른 방식으로 이 문제에 접근해야 한다고 생각한다. 무엇보다 우리가 이런 문제를 해결할 수 없다는 것을 빨리 인정해야 한다. 그리고 이 '해결불가능성'에서 무언가를 생각하고 배워야 한다. 수십 개의 원전을 더 짓고 수천 개의 송전탑을 더 세워야 하는, 지금 우리의 삶의 형식이 어떤 '불가능'에 직면했음을 깨달아야 한다. 우리에게 필요한 것은 '생각'하는 것이지 '계산'하는 것이 아니다. 이런 점에서 밀양의 노인들은 우리에게 배움을 일으키는 스승일 수가 있다. 이와 관련해서 그들의 직관과 감성은 전문가들의 지식보다 우월한 것이다. 물론 그들은 송전선로를 지중화했을 때 비용이 얼마나 드는지, 또 그것에 필요한 기술적 수준을 알지 못한다. 기존 선로로 우회할 경우 부하가 얼마나 늘어날지에 대해서도 모른다. 그러나 그들은 전기가 그다지 필요하지 않는 삶의 형식을 갖고 있으며, 무엇보다 삶의 터전을 이렇게 망쳐가며 살아갈 수는 없음을 잘 알고 있다.

누더기 옷을 입은 천사의 말

"서울 같은 데 밤을 보면 꽃밭이거든. 그런 전기를 쓰면서 왜 전기가 모자라다고 하느냐 말야."

작년 1월에 분신을 한 이치우 어르신의 동생인 이상우 할아버지의 말이다. 전기가 그렇게 부족하다면서 도시의 밤은 왜 그리 밝은가. 이 이해할 수 없는 현실을 떠받치고 있는 송전탑 때문에 그는 자신의 형님을 잃었다. 아마도 전기는 계속해서 부족할 것이다. 기업은 값싼 전기를 마구 써대며 수많은 전자제품을 쏟아낼 것이고, 그것들은 다시 더 많은 전기를 소비할 것이다. 그러면 우리는 전력난을 해소하기 위해 다시 발전소를 짓게 될 것이고 또 송전탑을 세울 것이다. 이 '생각 없는 발걸음'을 누가 멈추게 할 것인가. 달려가는 건지 쫓겨가는 건지 알 수 없는 이 현실에서 누가 '이제 그만!'을 외칠 것인가.

밀양의 노인들은 앞서 말한 것처럼 보수적인 사람들이다. 그런데 바로 이들이 우리를 잠시 멈추게 했다. 한국의 많은 보수주의자가 이념과 이익에서만 보수일 뿐 실제로는 발전주의자이고, 한국의 많은 진보주의자가 대체에너지로 단지 에너지만을 대체하는 주장을 펴고 있을 때, 이들은 '우리는 그런 식으로 살고 싶지 않다'고 말한 사람들이다.

이들의 말처럼 이런 식으로 살아서는 답이 없다. 석탄을 태워 얻든, 우라늄을 붕괴시켜 얻든, 태양에서 얻든, 바람에서 얻든, 에너지는 계속 부족할 것이다. 삶의 형식을 바꾸지 않는 한, 어떤 대안도 대안이 아니다. 새로운 발전소의 건립은 다음 발전소의 건립을 예비하는 일일 뿐이며, 대체에너지의 개발은 공급되는 에너지만을 대체하면서 삶의 형식에 대한 대체를 지연시킬 뿐이다. 밀양을 다른 도시로 바꿀 수 있고 원자력을 다른 에너지로 바꿀 수는 있지만 우리의 문제는 여전히 남는다.

내가 앞서 인용한 철학자 하이데거는 횔덜린의 시구를 인용하며 기술에 대한 자신의 물음을 마무리했다. "위험이 있는 곳에는, 그러나 구원의 힘도 함께 자라네." 그는 횔덜린의 말을 받아서 "위험이 가까워올수록 구원자에로 이르는 길은 더욱 밝게 빛나기 시작하고 우리는 더욱 물음을 던지게 된다"고 썼다. 그의 말처럼 우리는 과연 우리 삶의 위험을 자각하고 그 정체에 대해 묻게 될 것인가? 그런데 여기에는 전제가 있다. 그것은 우리에게 말 건네오는 존재에 귀를 닫지 않아야 한다는 것이다. 아마도 구원의 말을 전할 천사는 누더기 옷을 입고 나타날 것이다. 맞춤법도 맞지 않는 삐뚤삐뚤한 글씨로 말이다. 그를 알아보는 것은 오로지 우리 몫이다.

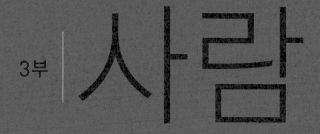

3부 사람

헤아릴 수 없는 이름, 전태일

김주영, 그의 삶과 용기를 기억하라

우리의 투쟁은 생명의 저지선을 함께 만드는 일이다
—쌍용자동차 고동민

당신의 일, 그게 바로 내 일이다
—청년유니온 김영경

이 싸움엔 별수 없는 내 몫이 있다
—밀양 이계삼

다만 일주일을 하루씩 잘 살아내겠다
—W-ing 인문학 아카데미 최정은 · 이수영

"우리는 당당하게 인간적인 대접을 받으며 살 권리가 엄연히 있는데도 불구하고, 여태껏 기계 취급을 받으며, 업주들에게 부당한 학대를 받으면서도 바보처럼 찍소리 한 번 못하고 살아왔다. 그러니 우리 재단사들의 모임은 바보들의 모임이다. 이것을 우리가 철저하게 깨달아야 하며, 그래야만 언젠가는 우리도 바보 신세를 면할 수 있다."

헤아릴 수 없는
이름,
전태일

1

전태일 사후 39주기. 『전태일 평전』의 개정판 발간을 축하하는 이 자리에 설 것을 부탁받았을 때 난 여기에 설 수 있는 사람이 아니라고 생각했다. 전태일은 아직 내가 헤아릴 수 있는 존재의 이름이 아니기 때문이다. 결국 이 자리에 서고야 말았지만, 사양과 부탁의 회신이 한 번씩 더 오간 후, 무엇을 말할지 생각도 못했으면서, 나는 강연 제목을 알려 달라는 말에 '헤아릴 수 없는 이름, 전태일'이라고 답해버렸다.

지금 이 순간에도 여전히, 전태일은 내 의식 속에서 '소화되지 않은 충격'으로 자리하고 있다. 스물한 살, 대학 2학년의 어느 봄날, 나는 제 몸에 불을 지른 스물두 살 '어느 청년 노동자의 삶과 죽음'을 읽었다. 『전태일 평전』의 옛 이름, 『어느 청년 노동자의 삶과 죽음』은 선배들이 대학 신입생들의 시각 교정(?)을 위해 가장 많이 읽히는 책이었다. 당시 누군가 내게 말했다. 그 책을 읽고 나면 모든 것은 그대로인데 세상은 완전히 다른 것이 되어버린다고. 그러나 후배들의 '학교'를 준비하면서 그 책을 읽었을 때, 내게 세상은 열렸다기보다 닫혀버렸다. 그렇지 않아도 회색빛이던 세상이 완전히 검정으로 돌변한 느낌.

내가 대학에 들어간 1991년, 참 많은 이들이 제 몸에 불을 지르고 죽었다. 처음엔 암담한 세상의 출구를 여는 불꽃처럼 보이던 것이, 나중엔 열리지 않는 세상에 대한 낙담처럼 보였다. 그리고 그해 여름 소련이 몰락했고, 나를 공부시켜주던 선배들은 겨울이 되자 보이지 않았다. 그러다 1992년 봄, 누군가의 손에 이끌려 총선에 출마한 어느 노동자 후보의 선거 지원 활동을 했다. 구로공단역에서였던가. 선배들은 선거운동원 중 제일 막내인 나에게 유세를 해보라고 했다. 퇴근 중인 노동자들을 향해 여기저기서 주워들은 '노동자의 정치세력화'에 대해 떠들고 있을 때였다. 술을 먹고 얼굴이 불콰해진 파란색 점퍼 차림의 한 노동자가 오더니 내 뺨을 후려쳤다. "니가 노동자를 알아?"

선거운동이 모두 끝난 날 밤 회식 자리에서, 선거운동을 함께했던 어느 여성 노동자의 손이 온통 화상 자국으로 덮여 있음을 알았다. "아, 빨간 고무장갑……." 그는 그렇게 말을 시작했다. 몇 년 전이었다고 한다. 추석 대목이라고 며칠 밤을 새웠는데 그때 '타이밍' 두 알을 먹었다. 며칠 잠을 못 자고 멍한 상태에서 집에 와 머리를 감는데 친구가 소리를 질렀다. 왜 고무장갑을 끼고 머리를 감느냐고. 뜨거운 물을 아무리 부어도 뜨겁지 않더니, 결국 그렇게 되었다고. '타이밍'과 '고무장갑'은 며칠 전 노동자에게 얻어맞은 뺨 이상으로, 내 마음속에 흉터를 남겼다. 그러고는 대학에 돌아와서 읽은 책, 『어느 청년 노동자의 삶과 죽음』. 그래서 참 우울했던 것 같다. 20여 년 전의 과거를 현재 시제로 읽게 하는 현실, 불과 한 해 전에 불타 죽어간 사람들을 떠올리면서 대학 생활이 많이 어두워졌다.

이제 전태일이 죽은 지 20년에 또 20년이 흘렀다. 나는 오랫동안 그를 마음 속 어딘가에 그냥 그렇게 놓아두었다. 내가 얻어맞은 뺨과 타이밍, 고무장갑 등과 함께. 무슨 말을 어떻게 해야 할까. 이 자리에 초대를 받았을 때 아무런 생각도 떠오르지 않았다. 다만 그 옛날의 책을 다시 읽어야겠다고 생각했을 뿐이다. 시간이 흘러서인가. 알고 있는 이야기를 또 읽으며 우는 사람들처럼 전태일의 이야기는 여전히 나를 울렸다. 하지만 과거처럼 암담하거나 우울하지는 않았다. 오히려 그의 삶은 절망한 자, 포기한 자의 것이 결코 아니었다. 죽음조차 그가 얼마나 절망이나 포기를 모르는 사람이었는지를 보여준다. 어떤 암담한 시대도 다른 삶에 대한 꿈을 가진 자의 무릎을 쉽게 꿇릴 수 없다는 것, 그의 삶과 죽음은 그것을 증언한다.

그런데 20년 전의 나는 왜 그토록 암담하게 느꼈던 것일까. 아마 나는 그때 전태일을 보지 않고, 전태일이 처했던 비극적 상황만, 전태일 이후에도 그대로인 그 상황만을 보았던 게 아닌가 싶다. 나는 그 책을 이렇게 읽었던 것이다. '상황을 타개하기 위해 온갖 시도를 했던 〈어느〉 노동자가 결국 죽음에 이르게 되었다'고. 그러나 그 반대편이야말로 진실이 아니던가. '온갖 곤경에도 불구하고 〈어느〉 노동자에 불과했던 이가 결국 자기 시대를 멈추게 했다'고.

2

한 평범한 노동자는 어떻게 '전태일'이 되었는가. 어느 프랑스 철학자는 19세기 노동자들의 해방운동이 '밤의 변화'에서 시작되었다는 취지의 말을 한 적이 있다. 당시의 지배적 감성, 즉 '노동자는 낮에 일하고 밤에는 잠을 자며 휴식을 취해야 한다'는 통념을 거부하고, 밤에 자지 않고 읽고, 쓰고, 토론하는 노동자들이 생겨났을 때가 해방의 시작이라는 것이다.

나는 '전태일의 밤'에 대해 생각한다. 몇 번이고 법전과 해설서를 읽었던 그 밤에 대해서. 그리고 근로감독관이나 노동청, 대통령에게 탄원서를 쓰고, 친구에게 고민을 토로하는 편지를 쓰던 그 밤에 대해서. 동료들과 조직을 꾸리고 운동을 모의하던 그 밤에 대해서. 또 자전적 소설을 구상하던 그 밤에 대해서. 심지어 모범업체를 설립하겠다며 기업가처럼 혹은 경제학자처럼 꼼꼼히 사업계획을 세우던 그 밤에 대해서. 그 밤은 어느 청년 노동자가 단지 노동자에 머물 것을 거부한 밤이다. 전태일의 밤, 그것은 법률가의 밤이며 작가의 밤이고 운동가의 밤이자 학자의 밤이었다.

노동자가 노동자에 머물 것을 거부할 때 노동해방이 시작된다는 건 참 역설적이다. 단지 노동자이기만 해서는, 단지 '산업역군'이기만 해서는, 전태일의 표현처럼 '부富 환경'에서 밀려나는 신세, 단지 '부스러기'로만 존재하는 처지를 넘어설 수가 없다. 현재의 경제성장이 노동자 자신의 피땀 어린 결과라는 사실에 힘주기 전에, '산업역군'의 훈장을 내치며, 성장을 명목으로 노동자에게 피땀을 요구하는 구조를 문제 삼을 때, 노동운동은 해방적 성격을 띠기 시작한다. 전태일은 그것을 보여주었다. 노동자는 현재의 세상에 대한 공훈 때문이 아니라 도래할 세상에 대한 공훈 때문에 위대해져야 할 것이다. 그러나 그것을 위해 노동자는 노동자를 넘어서야 한다.

노동자가 노동자를 넘어서는 그 깨침의 과정을 나는 '공부'라고 말하고 싶다. 이 점에서 전태일은 끊임없이 공부하고 연구하는 사람이었다. 『전태일 평전』의 저자 조영래가 쓴 '전태일 사상'이라는 표현은 결코 과장된 느낌을 주지 않는다. 학교라고는 중학교도 제대로 다니지 못했지만, 청계천 평화시장에서, 쌍문동 초라한 판잣집에서 그는 세상에 대해 읽고, 쓰고, 묻기를 멈추지 않았다. 그는 노동자인 연구자였고, 연구자인 운동가였다.

그의 공부는, 모든 공부가 그렇듯이, 자신의 어리석음을 발견한 데서 시작되었다. '바보회'가 만들어지던 날 그는 이렇게 말했다고 한다. "우리는 당당하게 인간적인 대접을 받으며 살 권리가 엄연히 있는데도 불구하고, 여태껏 기계 취급을 받으며, 업주들에게 부당한 학대를 받으면서도 바보처럼 찍소리한 번 못하고 살아왔다. 그러니 우리 재단사들의 모임은 바보들의 모임이다. 이것을 우리가 철저하게 깨달아야 하며, 그래야만 언젠가는 우리도 바보 신세를 면할 수 있다."

우리가 일상에서 경험하듯, 깨달음의 일성은 종종 자신을 바보라고 부르는 데서 시작한다. 바로 자신이 스스로를 곤경에 빠뜨리고 억압하는 구조의 협력자였음을 아는 것, 공부는 거기에서 시작된다. 공부란 그런 자신을 낯설게 보는 체험이라고 할 수 있다. 왜 우리가 그렇게 살아왔던가. "우리는 바보다". 이 말은 "우리가 '바보였다'"는 것을 의미한다. 다시 말해 "우리는 이제 '더 이상 바보가 아니다'."

그러나 '바보'는 개인의 성격이기 이전에 사회구조의 성격이다. 바보와 광인은 현명함과 이성을 규정하는 사회구조에 고유한, 그 구조의 뒤집힌 얼굴이다. 다시 말해 바보를 규정하는 구조와 현명함을 규정하는 구조는 동일하다. 가끔 우리가 한 시대의 진리와 그 시대의 어리석음을 구별할 수 없는 것, 즉 그 시대의 진리가 그 시대의 어리석음으로 보이는 것은 그 때문일 것이다. 전태일의 '바보'에 대한 자처는 그런 현명한 어리석음에 대한 고발처럼 보이기도 한다.

선배 재단사들이 "그건 이뤄질 수 없는 일이야. 뭘 안다고 너희가 그런 엄청난 일을 벌이려고 하느냐. 노동운동을 하겠다고 설치는 놈들은 바보다"라고 했을 때, 전태일과 동료들은 이렇게 말했다. "좋다, 우리는 바보다!" 그들은 '바보'라는 말로 노예적 영리함을 명백히 거부한다. 노예는 자신의 영리함 때문에 평생 노예로 사는 존재이다. 노예는 자신의 열등함과 무력함을 그 누구보다 빨리 승인함으로써, 예속된 상황 아래서 가장 유리한 위치를 확보하려 한다. 그것이 노예의 처세술이다. 그것이 또한 그가 평생 노예인 이유이다. 누군가의 말처럼, 우리는 능력이 없을 때가 아니라 의지가 꺾일 때 노예가 되고, '진짜' 바보가 된다.

3

전태일은 친구에게 보낸 편지에서 자신이 '덩어리를 해체하는 방법'을 연구하고 있다고 썼다. "오늘 나는 여기서 내일 하루를 구하고 내일 하루는 그 분해하는 방법을 연구할 것일세. 방법이란 여러 가지가 있겠지만 특히 나는 그 덩어리가 자진해서 풀어지도록 그들의 호흡기관 입구에 향을 피울 걸세. 한 번 냄새를 맡고부터는 영원히 뭉칠 생각을 아니하는 그런 아름다운 색깔의 향을 말일세. 그렇게 되면 사회는 덩어리가 존재할 수 없기 때문에 또한 부스러기란 말이 존재하지 않을 걸세. 어떤가? 서로 다 용해되어 있는 상태는 멋있겠지?"

'부스러기'를 없애기 위해서는 덩어리를 없애야 한다. 부스러기란 부와 권력의 구조로부터 추방된 자들, 전태일 자신이 살면서 겪어왔던 수많은 소수적 삶을 지칭한다. 빈민, 아이, 여성, 무학력자, 노숙인, 철거민, 그리고 노동

자. 이 부스러기들은 다수적 삶을 구성하는 '덩어리', 기업과 정부, 언론이 결탁한 사회구조인 그 '덩어리'를 해체하지 않고서는 사라지지 않는 존재들이다. 덩어리의 재생산이 바로 부스러기의 재생산이기 때문이다. 하지만 덩어리를 어떻게 '향기롭게' 용해시킬 수 있을까. 또 용해된 덩어리는 어떻게 풀어진 채로 조화로울 수 있을까. 존재들의 그 절대적 민주주의가 어떻게 가능할까.

나는 덩어리를 용해시키는 과정이 부스러기들을 엮는 과정과 같은 게 아닐까 생각한다. 무엇보다 전태일의 삶 속에서 그 많은 부스러기들이 서로 용해되어 있음을 느끼기 때문이다. 수많은 소수적 삶이 위계적 덩어리를 이루지 않은 채, 그의 삶 속에서 평등하게 연대하고 있다. 천막 아래 잠을 자는 빈민, 신문팔이 아이, 학교를 다니지 못한 무학력자, 집을 수도 없이 잃은 철거민, 끔찍한 노동 조건의 어린 여공. 이들은 전태일의 삶 속에서 더 이상 불행하지 않은 형식으로, 어쩌면 각각의 투사로 연대하고 있는 것처럼 보인다.

전태일은 세상에서 수많은 '나'를 보았다. 그는 다른 모든 인간을 '나의 또다른 나'라고 불렀다. 세상에서 수많은 '나'를 본 사람, 그는 같은 의미에서 자기 안에서 수많은 '너'를 품었던 사람이다. 그가 관통해간 삶만큼, 그가 품어 낸 삶만큼, 각각의 삶 또한 그를 품는다. 전태일이라는 이름은 그래서 헤아릴 수 없이 많은 이들의 이름, 그것도 '덩어리'에 의해 고려되지 않았던, 다시 말해 사회구조에 의해 '헤아려지지 않았던' 이들의 공통의 이름, 그들의 용감하고 자유로운 연대, 즉 민주주의의 이름이 아닐까 생각해본다.

4

　이번 짧은 강연을 준비하면서 "사랑하는 친우여, 받아 읽어주게"
로 시작하는 전태일의 유서를 여러 번 읽었다. 어떤 정신분석학자는 애도란
"자기 안에 타자의 묘소를 마련하는 일"이라고 했다. 그렇게 보면 전태일을
애도하는 일은 장사지냄으로써 그를 저승으로 보내버리는 일도, 단순히 그
를 빙의하는 일도 아닐 것이다. 그저 내 안에 그의 자리를 두고 그의 말에 귀
를 기울이는 것. 어쩌면 전태일이 요구하는 것도 그것인지 모르겠다. 그는
"나를 아는 모든 나, 나를 모르는 모든 나"에게 "그대 영역의 일부"로서 자신
을 받아주기를, 그에게 말을 건넬 자리 하나를 내주기를 부탁하고 있기 때문
이다.

　사람들은 '시간은 언제나 가버리고, 가버린 시간은 오지 않는다'고 말한다.
전태일은 1970년 겨울에 숨을 거두었고, 나는 1971년 겨울에 태어났다. 우리
는 한 번도 공기를 나누어 숨을 쉰 적이 없다. 그가 죽은 지 꼭 내 나이만큼 되
었다. 역사 속의 그는, 사람들의 믿음처럼, '가버린 시간' 저기 어딘가에 속할
것이다. 하지만 역사적 인물과 달리 그의 유언은 결코 역사에 속하지 않는다.
유언은 역사를 갖지 않는다. 유언은 역사를 넘어 남겨진 말이다. 유언은 언제
든 그것을 상속받는 자 옆에 있다. 아마도 그것은 과거의 그가 지금의 내게 속
삭이는, 비역사적이고 초역사적인 말이 될 것이다.

　"이 순간 이후의 세계"가 "반지의 무게와 총칼의 질타에 구애되지 않"기를
바라지만, 행여 "또다시 추방당한다 하더라도" 굴리기를 멈추지 않겠다는 그
의 의지. 그것은 영원히 덩이를 굴리는 운명을 선고받은 시지포스의 형벌이
아니라, 추방됨에도, 아니 추방될 때마다 한없이 돌아오는 익명의 투사들, 도
래할 세계를 위해 영원의 수레바퀴를 굴리는 그 익명의 투사들에게 전달되는

회귀의 약속이다. 익명에서 익명으로, "나를 아는 모든 나"와 "나를 모르는 모든 나"에게 시대를 넘어 전달되는, 헤아릴 수 없는 해방의 약속이다.

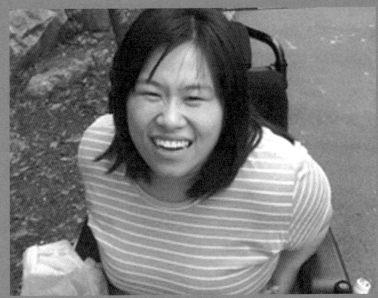

"밖에 나가기 두려워 집 안에만 있으면 악순환이 계속됩니다. 열악해도 용기를 내서 밖으로 나가야 합니다."

김주영,
그의 삶과 용기를
기억하라

2012년 10월 30일, 김주영 씨 떠나는 길. 젊은 사람, 그것도 누구보
다 삶의 의욕이 강했을 사람이 그렇게 떠나는 길은 참 슬펐다. 소방관은 5분
만에 도착했다는데 죽음은 그보다도 먼저 그녀를 데려갔다. 그녀를 떠나보내
는 일이 제 숨 멎는 것처럼 아픈 사람들이 함께 모여 흐느끼고 소리를 질렀다.
전국장애인차별철폐연대의 박경석 선생이, 한편으로는 정부를 향해, 다른 한
편으로는 동지들에게, "언제까지 기다려야 하느냐"고 물었을 때 그런 생각이
들었다. 5분의 시간도, 단 세 걸음의 거리도 출구에서는 얼마나 먼가. 언제나
문제는 '지금 당장'인데 우리 사는 길, 특히나 장애인이 사는 길은 언제나 왜
'조금만 더 기다려라'인가.

복지부에 항의하기 위해 가던 노제 행렬을 경찰이 가로막았을 때 누군가
울먹이며 외쳤다. "김주영 동지, 살면서 맘대로 여기저기 다닐 수도 없었는
데, 지금 이 길에서나마 자유롭게 다니게 하고 싶다"고. 경찰에게 호소하는

이도 있었다. "벌금이든 뭐든 다 맞을 테니, 오늘은 그냥 보내 달라"고. "이 사람 소원이 무엇이었겠느냐"고. "한 번이라도 마음껏 다녀보는 것 아니었겠느냐"고. '한 번이라도 자유롭게' 라는 말들이 내 가슴을 얼마나 아프게 후벼대던지 금세 눈시울이 붉어졌다.

그녀와 함께 생활했던 이들의 울먹임을 듣다가 문득 깨달았다. 그녀의 죽음에 대해서는 여러 사람에게 들었는데 정작 그녀의 삶에 대해서는 아는 게 없다는 것을. '이 사람 소원이 무엇이었겠느냐'는 물음에서, 정말 이 사람은 무엇을 원하며 어떻게 살았을까 하는 생각이 떠올랐다. 만약 내가 그녀의 생전에 말 한마디 건네받을 수 있었다면, 길 한 번 걸어볼 수 있었다면, 나는 무엇을 보고 무슨 말을 듣게 되었을까.

『시사인』의 보도에 따르면, 그녀는 1979년 담양에서 태어났다. 여섯 살부터 삼육재활원에서 생활했고 장애인학교인 삼육재활학교에서 고등부를 마쳤다고 한다. 그리고 정보처리사 2년 과정을 거쳤고 다시 직업전문학교에 들어가서 사무자동화 전문학사 학위를 땄다고 한다. 그리고 한양사이버대학에 편입해서 전자계산학을 전공했고 2011년에는 다시 이 대학의 사회복지학과에 입학해서 공부를 하고 있었다고 한다. 사무자동화, 전자계산학, 사회복지학……. 그녀는 그렇게 공부의 길을 한 번도 놓지 않고 계속 이어왔다.

그녀는 또한 문화센터에서 미디어 교육을 받았고 나중에는 다큐멘터리 〈외출 혹은 탈출〉의 기획과 촬영, 편집을 맡았다고 한다. 그녀의 작품은 한 시민영상제에서 '젊은이 및 일반' 부문 작품상을 받았다고 한다. 그리고 장애우권익문제연구소에서 장애인 관련 모니터링을 했고, 2006년에는 시민방송에서 〈나는 장애인이다〉라는 프로그램을 진행한 방송인이기도 했다고 한다.

그녀는 화가이기도 했다. 하루 일과가 끝나면 그녀는 미술 선생님에게 수

채화와 유화를 배웠다고 한다. 그녀의 작품들이 이달(11월) 초에 유작으로 전시된 모양이다.

그녀는 활동가이기도 했다. 자립생활을 시작한 2009년부터 그녀는 광주에 내려가 10개월간 광주한마음장애인자립생활센터에서 중증장애인들과 영화를 보고 이야기를 나누는 모임을 꾸려나갔고, 서울에 다시 올라와서는 성동장애인자립생활센터에서 여러 장애인회원 모임을 이끌었다고 한다. 또 장애인 참정권 확대를 위한 투쟁에도 열성적으로 참여한 모양이다.

그녀는 또한 사람들의 연인이었다. 어린 시절 바깥에 나가보질 못해서 그 흔한 추억의 사진 한 장 없지만, 치료를 위해 아버지와 오가던 먼 길을 '소풍'으로 기억하고, 어머니가 덮어준 이불의 기억을 가슴 제일 아랫목에 놓아두었던 사람, 사고를 당한 전날에도 남자친구에게 선물할 지갑을 고르고 늦은 밤 그에게 다정한 안부를 전했던 사람이었다.

그러니까 어느 밤 침대에 누워서 꼼짝없이 죽음이 걸어들어오는 것을 보아야 했던 사람은 공부하는 학생이었고, 미디어 활동가이자 방송인이었다. 그리고 화가였으며 장애해방을 염원하는 사회운동가였다. 그리고 무엇보다도 누군가의 소중한 연인이었다. 무심코 신문에서 그녀의 죽음을 읽은 사람들은 단지 화마 앞에서 '별수 없었던' '중증장애인'의 사고에 혀를 차고 안타까워할 것이다. 그러나 그녀가 무력했던 것은 '죽음'에서였지 '삶'에서가 아니었다. 그녀는 활동보조서비스를 포함해서 우리 사회가 그녀를 철저히 무장해제시킨 뒤 대면하게 한 죽음 앞에서 무력할 수밖에 없었다. 노제의 행렬을 따라가며 나는 매일 밤 그녀를 죽음 앞에 서게 했던 우리 사회의 잔인한 폭력에 대해 분노했고 그런 젊은 표정으로 세상을 떠나야 했던 그녀에게 너무나 미안했다. 그러나 그녀의 삶을 뒤늦게 찾아보고 느낀 것은 부끄러움이었다. 즉,

그녀의 죽음은 정부를 고발하게 했지만 삶은 나 자신을 고발하게 했다.

이런 기분을 전에도 느낀 적이 있다. 『전태일 평전』 개정판 발간을 기념하는 자리에 강연자로 초대받았을 때, 평전을 다시 읽은 나는 전태일의 모습이 과거 내 기억과 많이 다르다는 걸 깨달았다. 과거 나는 전태일이 겪어야 했던 고초들, 그리고 끝내 그 몸에 불을 질러야만 했던 시대적 어둠만을 생각했던 것 같다. 그러나 다시 읽은 전태일은 법전을 파고든 독학 연구자였고, 노동청과 대통령에 탄원서를 쓰고 동료들을 조직하던 운동가였으며, 자전적 소설을 구상하던 소설가였고, 심지어 노동 착취가 없는 모범업체를 설립하겠다며 사업계획서를 짜던 경영자였다. 요컨대 그는 노동자였지만 노동자에 좀처럼 머물지 않았던 그런 노동자였다. 그는 시대가 '근로자' 내지 '공돌이'라고 부르며 가두어두고자 했던 범주의 감옥을 일찌감치 벗어나 버렸다. 그는 살아 있을 때 이미 '해방된' 사람이었다. 다른 노동자들의 비아냥도, 기업 관리자들과 국가 공안기관의 협박도 도저히 가두어둘 수 없을 정도로 자유로운 사람이었다. 그가 겪었던 고초는 포기를 모르는 그의 용기와 자유의 반증이었다. 해방을 안락함과 혼동하는 사람들만이 운동가가 겪는 고초와 죽음의 이미지에 압도되어 그를 불쌍히 여기는 것이다. 그는 안락하지 않았지만 자유로웠다.

나는 김주영 씨가 걸어온 저 삶의 모든 시도에서 그녀의 용기와 자유를 본다. 우리 사회가 부여한 '장애인'의 자리에 그녀는 그대로 주저앉지 않았다. '장애인'이라는 자리는 그녀가 자유에 대해 끊임없이 시도하고 물었던 장소이고, 삶에 대한 포기할 수 없는 열망을 쉬지 않고 증명해왔던 장소였을 뿐이다. 그녀는 장애인을 장애인 안에 가두는 문턱들 중 가장 악랄한 감옥의 정체를 알고 있었다. 역사의 모든 억압받는 자들은 '바깥으로 나가면 죽는다'는 협박 아래서, 그 두려움 아래서 노예적 삶을 강요받아왔다.

"밖에 나가기 두려워 집 안에만 있으면 악순환이 계속됩니다. 열악해도 용기를 내서 밖으로 나가야 합니다."

그것이 김주영 씨의 말이었다. 가만히 죽어 지내서는 안 된다는 것, 그것이 우리 곁을 떠난 사람이 결코 죽지 않게 남겨놓은 말이다. 그녀는 최소한 살아 있는 동안 결코 죽어 지내지 않았다.

나는 내 마음속 그녀의 비문에 고대 로마의 철학자 에픽테토스의 말, 노예의 아들로 태어났고 장애를 가졌으나, 모든 현자들의 스승이었고, 누구도 그 앞에서 감히 자유를 뽐낼 수 없었던 그 위대한 철학자의 말을 적어두려 한다.

"이로스만큼 불쌍하고, 걸을 때마다 절뚝거리는, 노예로 태어난, 나 에픽테토스는 신의 친구였다네."

"바로 그래요. 현장의 언어입니다. 그래야 현장의 노동자 들에게 감동이 전해지거든요. 그게 진정성이죠. 대한문 분향소에서도 마찬가지예요. 저희가 처음 분향소를 세우 며 열 명이 연행되고 또 열 명이 병원에 실려갔죠. 시민 들이 조금씩 움직이게 된 건 그런 것들 때문일 겁니다."

우리의 투쟁은
생명의 저지선을 함께 만드는 일이다

|

쌍용자동차 고동민

누군가 내게 말했다. 이제는 화가 나기보다 무섭다고. 마치 연쇄 살인범에 쫓기듯 우리를 죽음이 쫓아오는 것만 같다고. 스물두 번째, 또 한 명의 노동자가 생명의 줄을 놓아버렸다. 대한문 분향소에 가면 영정 안에 오려진 그를 볼 수 있다.

2012년 5월 9일, 대한문 분향소를 찾았다. 3년 전 77일의 옥쇄파업을 벌였던 이들, 자신들을 무자비하게 진압해오던 경찰특공대에 맞서 꿋꿋하게 자리를 지켰던 이들이 지난 3년간 동료들과 그 가족들이 하나둘씩 생명의 줄을 놓을 때, 어찌할 바를 몰라 발을 동동 구르고 가슴을 치며 울먹이다, 죽은 자의 영혼을 데리고 나와 서울 시내 한복판에 주저앉은 곳이 대한문 분향소다. 거기서 고동민 씨를 만났다.

그는 옥쇄파업 현장을 지켰던 쌍용자동차 노동조합 간부 중의 한 사람이었다. 그 자신의 표현을 따오자면 그는 지금 "해고가 초래한 죽음에 맞서 생명의 저지선을 만들기 위한 싸움"에 누구보다 열심인 사람이다. 〈위클리 수유너머〉에서 인터뷰를 하고 싶다고 말하자, 무척 바쁜 일정에도 불구하고 그는 흔쾌히 응해주었다. 편집진이 그에게 인터뷰에 응해줘서 '고맙다'는 말을 하기도 전에 그가 먼저 "고맙다"고 말했다. 인터뷰를 마치고 난 지금, 그 이유를 짐작할 수 있을 것 같다. 그는 말할 것이다. "뭐든 하고 싶다, 사람을 살릴 수만 있다면⋯⋯."

2009년 5월, 쌍용자동차 노동자들이 대규모 정리해고에 반발하며 파업에 들어갔을 때 내세운 구호는 "해고는 살인이다"였다. 변변한 사회적 안전망도 없는 사회에서 경영자들이 '경영상의 이유'를 들어 내리는 해고의 결정은 노동자의 목숨을 빼앗는 것과 같다는 것. 서글픈 건 그때 노동자들이 외쳤던 구호가 어떤 사회과학자의 예측보다도 더 정확한 예언이 되고 말았다는 것이다. 지난 3년간 스물두 명의 쌍용자동차 해고노동자와 그 가족이 죽고 말았다. 나는 고동민 씨에게 고통스러운 질문을 던졌다. 3년이 지난 지금, 그 구호의 의미를 다시 풀어줄 수 있겠느냐고.

"사실 그 구호는 선언에 불과했던 겁니다. 해고라는 극단적인 선택을 하지 말아 달라는 일종의 구호였죠. 그런데 그게 증명이 되고 말았어요. 왜 그랬을까요. 사실 대기업, 금속노조 소속 작업장 노동자들은 프라이드가 강해요. 어쩌면 허울 좋은 거일 수도 있는데요, 이런 거죠. '이 회사는 내가 만들었다'라든가, '이 회사는 나랑 함께 컸어'라는 생각. 그도 그럴 것이 이번에 돌아가신 분들 대부분이 15년 이상, 20년 이상 이 회사랑 운명을 함께했던 분들이거든요. 사실 쌍용차에서 그동안 구조조정을 많이 했어요. 워낙 매각을 많이 당해서요. 그때마다 사람들이 나갔고, 이번에 남은 사람들은 정말 애사심이 있었던 사람들인 거죠. 그런데 다시 구조조정이 일어나고 내가 해고자가 될 수 있다는 것 때문에 심리적 압박이 컸을 겁니다. 게다가 관제데모에 나서야 했죠. 내가 살기 위해 오랜 세월 함께 일한 동료들에게 나가라고 해야 하는 회사의 관제데모에 동원된 거예요. 참 모멸감을 느꼈을 겁니다. 스트레스가 컸을 테죠. 처음에 한두 분 돌아가셨을 때는 몰랐어요. 몸이 안 좋았나 하는 생각을 했었죠. 그러다 파업이 끝나기 전이었는데, 저랑 동갑이던 간부의 부인이 아파트에서 투신한 일이 있었죠. 그때부터 우리가 외쳤던 구호, 그게 두려워지기 시작했어요. 해고는 살인이라는 것. 생목숨들이 해고로 인해 목숨을 버리는구나 싶은 것. 그 말을 쓰지 말 걸 그랬어요. 후회가 돼요. 계속 내몰렸던 사람들이 그런 선언적 구호에서 어떤 현실감을 느낀 건 아닐까 그런 생각도 들어요. 다른 말을 쓸 걸 그랬어요."

'해고는 살인'이라는 상징적 선언이 더 이상 상징이 아닌 현실이 되어버린 것, 그는 '후회한다'고 했지만, 그도 알듯, 상징적 구호가 현실이 된 것이 어떻게 구호 탓이겠는가. '해고가 살인'이 되는 미래를 막기 위해 그들은 구호를 외쳤지만 '해고는 살인'이라는 말은 이미 현재였던 것이다. 삶의 줄을 놓아버리는 사람들이 쌍용자동차에만 있는 것은 아니지만, 왜 쌍용자동차에서 그토록 열심히 일을 했던 나이든 노동자들이 이렇게 많이 죽는 거냐고, 어떤 사정이 있는 거냐고 물었다.

"이분들은 사실 비정규직이랄까, 해고자의 삶을 살아보질 않으셨어요. 저만 해도 장시간 노동, 최저임금 정도 받는 일을 해봤죠. 그런데 돌아가신 선배들은 쌍용차에 입사해서 계속 오신 분들이니까 그런 일들에 면역력이 없었는지도 모르겠어요. 희망퇴직하고 나가면 할 일이 있을 거라 생각했겠지만. 물론 쌍용차 대우를 받을 수는 없지만 일자리야 있겠지요. 그런데 일자리가 있어도 쌍용차 해고자 출신이라면 도무지 취직이 안 돼요. 경력직임에도 불구하고요. 게다가 사실 여기서 수십 년 일하다 보면 다른 일 못해요. 자동차 도장공장에서 조립공장으로 옮기는 건 가능하지만 아예 다른 일은 못하죠. 퇴직금 받은 건 얼마 있으면 금세 날아가는데 쌍용차 출신이라는 이유로 일자리 구하는 건 불가능하고. 또 여기 있을 때는 노동조합이 힘이 있기 때문에 관리자들이 노동자를 함부로 못 대해요. 하지만 바깥에 가면 그런 대접을 받지 못하죠. 그냥 김씨, 이씨 이렇게 불리죠."

회사와 운명을 함께해왔다는 말이 다른 의미에서 또 실감이 난다. 몸 자체가 회사의 생산공정에 맞춰져 있고, 심리도 회사의 노사관계 문화 속에서 형성되어왔기에, 그 노동자들에게 '해고'는 말 그대로 수십 년간 만들어져 온 존재의 박탈, 즉 '죽음'일 수도 있겠다는 생각이 들었다.

생명의 저지선

지난 5월 1일 메이데이 총파업을 촉구하는 행진을 하며 나는 이런 피켓을 들었다. "쌍용자동차에서 스물두 명의 노동자와 그 가족이 죽었다. 나는 지금 그 살인범을 찾고 있다." 고동민 씨에게 그 살인범에 대해 물었다. 사실 그는 지난 총선 때 진보신당 당원들을 만난 자리에서 이런 말을 한 적이 있다. "많은 분들이 돌아가셨는데, 저는 이 죽음에 대해 '사회적 타살'이다, '정부가 죽인 거다'라는 말씀을 드리지 못하겠습니다." 살인범에 대한 물음이 간단치 않다는 걸, 그에게서 느낄 수 있었다.

"저는 이 죽음들에 대해 죄책감을 많이 느낍니다. 내가 열심히 투쟁을 못해서일까……. 여러 생각이 듭니다. '사회적 타살'이라는 말이 있죠. 아마도 그 말은 죽음의 책임이 이 사회에, 즉 모두에게 있다는 말이겠죠. 그런데 그렇게 말하면서도 모든 언론, 모든 단위, 모든 이들이 자기 자신은 빼놓는 느낌입니다. 저부터도 그렇거든요."

순간 고동민 씨 눈에 눈물이 글썽였다. 그는 자신이 잘 우는 사람이라는 말을 몇 차례 했다.

"저는 그 이야기를 들을 때, 자기 자신을 빼놓는 것에 화가 납니다. 이명박, 쌍용차 경영진들, 지금 대주주인 마힌드라, 열거하자면 한이 없죠. 파산법원, 검찰, 경찰, 어쩌면 우리 동료들까지. 숱하게 많아요, 1차적 가해자들로 볼 수 있는 사람들. 하지만 1차적 가해자만 있었던 건 아니죠. 언론에서는 이제 쌍용차 문제에 대해 실을 게 없다고 하더군요. 누가 죽었다는 단신밖에는. 보도할 만큼 했다는 거죠. 그래도 제가 말해요. 제발 이야기해 달라고요. 기사의 야마(주제, 핵심)가 된다고 생각하든 아니든, 사람이 죽은 거에 책임감을 느끼면, 아니 이게 사람을 살리는 거라고 생각되면 이야기를 해주어야 한다고요."

우리 모두가 죄의식을 가져야 한다는 말이 아닐 것이다. 그는 가해자에 우리 모두를 끌어들이면서 사실은 이 문제가 우리 모두의 문제라는 점을 지적하고 싶어했다. 모두에게 죄의식을 덮어씌우는 것이 아니라, 쌍용자동차의 죽은 이들이 사실은 당신에 관한 이야기라고, 더 이상의 죽음을 막는 일이 사실은 쌍용자동차의 노동자만이 아니라, 바로 '당신을 살리는 길'이라고 말하고 싶어하는 것 같았다.

"저는 쌍용차 투쟁을 이제는 쌍용차 해고노동자들이 공장으로 돌아가는 문제로 봐서는 안 된다고 생각합니다. 해고라는 게 죽음이라는 걸로 증명되었으면 죽음을 막기 위한 생명의 저지선을 함께 만드는 거라고 생각해요. 경영상의 이유로 100만 명가량이 정리해고 되었다고 합니다. 거기에 맞서 싸우는 사람들이 몇이나 되겠어요. 누군가는 죽음 가까이 가 있겠죠. 우리 사회가 넘어서야 하는 것들이 우리를 통해 발현되고 있는 거라면, 이 싸움을 함께해야 할 이유가 충분히 드러난 것 아닌가요?"

그것이 분향소를 대한문에 만든 이유가 아닐까 생각했다. 쌍용차 앞의 분향소가 아니라 대한문 앞의 분향소. 그것은 지금 이 투쟁이 쌍용차 해고노동자들의 복직 문제가 아니라, 우리 모두의 생명 저지선의 문제라는 걸 말하기 위해서 거기 있는 게 아닐까.

대한문 분향소―방법을 모르겠기에 찾은 방법

"여기에 온 건요, 솔직히 방법을 찾기 위해서예요. 우리가 3년 동안 격한 투쟁도 하고 정말 여러 투쟁을 해봤어요. 산업은행에 불도 들고 가고, 페인트로 피바다도 만들어보고. 우리 대오가 얼마 되지도 않는데(서른 남짓 되었을까요), 스물네 명이 연행될 때도 있었어요. 희망버스 이어가려고 희망텐트도 해보고 희망뚜벅이도 해보고 희망광장도. 정말 여러 동지들이 이것 해보면 좋겠다, 저것 해보면 좋겠다고 말한 것, 정말 여러 가지 다 해봤어요. 그런데도 세 분이 돌아가셨거든요. 방법을 찾기 위해서 1000일 동안 투쟁을 해왔는데. 정말 많이 울었어요. 무슨 방법이 없어요. 스물두 명째의 죽음을 들었을 때 사실 저 도망갔어요. 사람들은 죽어가는데 할 수 있는 게 없어서요. 그런데 지부장님이 그러더군요. 자기도 미치겠다고, 죽을 것 같다고, 그러니 그냥 곁에 함께 있어 달라고. 돌아와서 그냥 함께 울기만 했어요."

그는 다시 눈물을 글썽였다. 무슨 기발한 전략도 아니고, 무슨 의연한 행동도 아니고, 그냥 수가 없으니, 사람은 죽어가는데, 답답하고, 그래서 모여서 함께 우는 자리, 그것이 대한문 분향소라는 것이다.

내가 용산 이야기를 꺼냈다. 사실 용산과 쌍용자동차는 연결되는 지점이 많다. 2008년 촛불시위 이후 야만적 반동의 시기가 도래했다. 미네르바 사건을 비롯해서 최근에 불거졌던 민간인 불법사찰까지 공안권력이 곳곳에서 사람들을 짓눌렀다. 그리고 하나의 본보기처럼 용산과 쌍용자동차가 희생제물이 되었다. 컨테이너 박스를 이용해서 경찰특공대가 투입되는 모습까지 똑같았다. 다만 차이가 있다면 그때 그 자리에서 죽은 것과 나중에 사람들이 죽어간 것, 그 정도의 차이가 있을까.

나는 죽은 이들을 끌어안은 채 1년을 버티며 싸웠던 용산의 사람들 이야기를 꺼냈다. 무슨 수가 있어서가 아니라 그대로 물러설 수는 없기에. 그리고 그 1년의 싸움이 결국 2010년부터 힘의 역전을 가져온 것 같다고 말했다. 기륭도 그랬고, 희망버스도 그랬고……. 여기 분향소를 보니 죽은 자와 더불어

1년을 싸웠던 용산의 사람들이 생각난다고.

"앞서 말한 것처럼 사실 분향소는 방법을 찾기 위한 저희의 몸부림입니다. 물론 우리는 아직 오만 가지 방법을 사용한 건 아닙니다. 단식도 안 했고, 고공농성도 안 했지요. 공장 점거 파업이 경험의 모든 것이라고 할 수 있습니다. 처음에 분향소를 차릴 때는 수가 없기 때문에 몸부림이라도 해보자 하는 심정이었죠. 그런데 일단 분향소를 차린 뒤에는 이게 전설이 되겠구나 하는 생각을 합니다. 사실 어느 누구도 총선 국면에 접어든 이후 싸우려 들질 않았어요. 투표로 심판하자고 하고는 아무도 몸으로 투쟁을 하지 않았죠. 그렇게 보면 지금 이 자리, 우리가 최전선에서 싸우고 있는 것 아닌가 생각합니다."

현장의 언어와 진실한 투쟁

정말로 선거는 자주 운동의 블랙홀이 되곤 한다. 선거가 운동의 전달이나 증폭, 표출이 되지 않고 운동을 끌고 들어가 투표함 속에 가두는 일이 많다. 운동을 대변하는 사람보다 시급한 것은 정말로 운동을 하는 사람이다. 그런데 우리에게는 운동을 대변하려는 정치인은 많아도 운동을 하려는 정치인은 많지 않다. 고동민 씨는 운동 속에서 그가 본 것에 대해 이렇게 말했다.

"사실 희망버스에서 본 힘을 이어가기 위해 희망텐트를 했지만 희망텐트에서는 사회적 힘을 확인할 수 없었어요. 금속노조, 노동조합의 방식으로 사람들을 불러모으는 방식이 한계를 드러낸 것 아닌가 하는 생각을 했습니다. 금속노조가 주최하고 정치인과 중요한 사람들의 발언을 듣고……. 이런 방식으로는 사람을 모을 수 없다는 게 여실히 드러났어요. 대중이 원하지 않는다는 걸 명확히 느꼈지요. 뭔가 다른 방식을, 다른 공간을 만들어야 한다는 생각이 들었습니다."

나는 희망버스를 보면서 노동운동이 사회운동과 구분 불가능한 지점으로 들어간 것은 노동운동에 있어 매우 중요한 의미를 갖는 것 같다고 말했다. 그리고 이번 분향소가 그런 측면에서 중요하다고 했다. 노조가 공장 바깥에 시민과 함께하는 공간을 연 것, 물론 절박해서 만든 것이지만, 이 분향소는 뭔가 다른 것을 열고 있다고 했다. 하지만 고동민 씨는 조심스러워했다. 새로운 것이 있지만 전통적 노동운동의 의의가 훼손되어서는 안 된다고, 그 중요성도 분명히 환기되어야 한다고 느끼는 것 같았다.

"저는 앞서 말한 것과 여기서 약간의 거리를 두고 싶어요. 실제로 금속노조의 방식이 잘못된 것인가, 저는 그런 문제는 아니라고 봅니다. 노동자들이 해야 할 투쟁, 했으면 좋겠는 투쟁이 있어요. 우리 사회에 정말 중요하고 필요한 일이죠. 올해(2012년) 민주노총은 총파업을 요구하고 있습니다. 올 여름에요. 실질적인 총파업으로 이어질지는 아무도 확신 못 하지만요. 저는 우리 노동조합이 할 일은 생산을 멈추는 것이라고 봅니다. 세상 사람들이 억압받고 착취받는 지금의 현실 속에서, 그나마 힘이 있고 조직이 있는 노동자들이 세상을 위해서 할 수 있는 일이라고는 생산을 멈추는 것밖에 없죠. 그래서 세상을 바꾸어내는 것, 그게 긍정적인 거라고 봅니다. 당장에 그것이 후퇴나 실패로 보일지라도 그것은 분명 많은 이들에게 희망을 줄 겁니다."

그는 시민들이 기존 금속노조의 방식에는 호응하지 않는다고, 전통적인 싸움 방식과는 다른 방식과 공간의 창출이 필요하다고 말했다. 하지만 다른 한편으로는 전통적 운동의 분명한 몫을 강조했다. 노동자들은 그런 운동을 하는 것이 가장 중요하다는 듯이. 그렇다면 이 두 가지가 '함께 가능한' 길이 있을까. 상반된 것처럼 보이는 두 가지 사실이 어떻게 그에게는 하나로 통합되어 있을까. 새로운 방식을 고민하는 고동민 씨와 전통적인 운동의 가치를 옹호하는 고동민 씨. 그는 매우 흥미로운, 아니 정말 중요한 말을 내게 해주었다.

"김진숙 지도위원의 한진 싸움과 지금 쌍용차의 싸움에 사람들이 연대한 이유, 그리고 금속노조의 그동안의 싸움에 사람들이 연대하지 않은 이유가 무엇일까요. 저는 금속노조 싸움에 사람들이 연대하지 않은 이유는 그들이 '투쟁하지 않았기 때문'이라고 생각합니다. 투쟁에 대해 말하기는 했지만, 민주노총이나 금속노조는 실제 투쟁은 하지 않았다는 겁니다. 보수언론의 공격에도 불구하고 1987년과 1997년 총파업 때 김밥과 물을 가져다준 건 시민들이었습니다. 김지도에게 그렇게 많은 이들이 찾아갔던 것, 그건 김지도가 정말 절박하게 투쟁을 했기 때문이죠. 우리나라 사람들, 어떤 목표를 위해 헌신하는 사람들에게 공감하고 존경을 표합니다."

언뜻 촌스러워 보이는 '진실함'이나 '절박함'이라는 말. 그런데 그 말이 정말 힘을 갖는다. 말로는 누구나 투쟁을 요청할 수 있지만 그 말에 진실함과 절박함을 담는 일은 아무나 할 수 있는 게 아니다. 말 그대로 진실하고 절박한 사람만이 할 수 있다. 그것이 마음에 닿는 것이다.

"김지도의 말을 보면 그렇게 사회화된 용어를 쓰지 않아요. 물론 여성이시고 워낙 언변이 좋으시니까. 말도, 글도……. 그래서 조금 다른 건 있지만, 그렇다고 그분의 말이 노동조합 언어가 아닌가, 그렇지 않아요."

'현장의 언어'라는 게 있다. 사건을 공유한 사람, 경험을 공유한 사람, 그래서 그 감응을 그대로 느끼는 사람의 말 말이다.

"바로 그래요. 현장의 언어입니다. 그래야 현장의 노동자들에게 감동이 전해지거든요. 그게 진정성이죠. 대한문 분향소에서도 마찬가지예요. 저희가 처음 분향소를 세우며 열 명이 연행되고 또 열 명이 병원에 실려갔죠. 시민들이 조금씩 움직이게 된 건 그런 것들 때문일 겁니다. '나는 저 사람들에게 밥을 가져다주고 싶다. 나는 음료수를…….' 이런 소식이 퍼지면서 '나라도 뭔가 내밀어봐야 하지 않을까' 하는 마음이 생겨나게 되는 거죠."

연대―나는 네가 되어 울고 또 싸운다

인터뷰가 끝날 즈음 고동민 씨는 두 사람 이야기를 해주었다. 기억나는 두 사람이 있다고.

"처음에 우리 모두 참 많이 울었어요. 어렵고 힘들어서. 그런데 아주 인상적인 장면이랄까 그런 일이 있었어요. 저기 앞에 나무, 분향소 옆에 있는 나무 말이에요. 거기서 어떤 여성분이 30분 동안을 울더라고요. 생면부지의 사람이 우리 해고자들의 스물두 번째 죽음에 대해 저처럼, 저 같은 마음으로, 저보다 더한 슬픔을 우리한테 보여주는 거였죠. 물론 보여주려고 한 건 아니겠지만 저에게는 그게 충격이었어요. 사실 그때 저는 아무것도 먹지 못할 정도로 슬펐어요. 그런데 그렇게 울어준 분, 그분을 보니 정말 위안이 되었어요. 그런 사람들이 많았죠. 처음엔 영정을 바닥에 그냥 늘어놓은, 정말 초라한 분향소였거든요. 그런데 거기서 사람들이 울어주었어요. 저희처럼요. 저희를 수렁에서 건져준 분들이죠. 또 떠오르는 다른 사람들은 이창근 동지 탄원서 때예요. 이창근 동지가 연행되어 탄원서를 내려고 했는데 수천 장의 탄원서가 들어왔어요. 사실 그 실체는 불특정 다수가 아니에요. 대부분 조직된 노동자들이죠. 그런데 어디 사람들이냐. 바로 희망뚜벅이랑 희망광장을 함께했던 장기투쟁 사업장 동지들이에요. 콜텍, 재능, 코오롱, 케이씨, 현대차 비정규직, 기아차 해복투(해고자복직투쟁위원회), 유성이라든지……. 그런 동지들이 해준 거예요. 그들 자신이 어려운 상황에 처해 있던 사람들이었죠. 그들은 심지어 자신들과 인간적으로 어려운 관계에 있는 다른 사람들에게까지 가서 탄원서를 받아왔어요. 어려운 조건에서 투쟁하고 있는 사람들이 저희 문제를 위해 헌신해준 거죠. 정리해고와 비정규직이 없는 세상이라는 건, 그런 자발적 움직임이 있을 때 가능해지는 게 아닌가 싶어요. 무슨 지침을 내려 총파업을 하는 것도 중요하겠지만 정말 중요한 건 '내가 네 문제를 위해서 이렇게 헌신한다는 것' 그런 게 전해질 때 세상은 바뀐다고 생각해요. 희망뚜벅이, 그런 기획 투쟁들이 사회적으로는 성공하지 못했을지 모르지만, 내부적으로는 아주 유기적인 관계를 만들었다고 봅니다."

최근에 쌍용자동차 해고노동자들과 와락에서는 벼룩시장도 열었고, 화장품 샘플 같은 것을 모아 이곳저곳으로 보내기도 했다. 쌍용자동차는 항상 아픈 곳이고 우리 모두가 보살피고 돌봐야 하는 곳이라는 이미지가 있었는데, 이 일을 보면서 이곳이 서로를 돌보고 서로 함께 싸우는 어떤 적극적인 출발점이 될 수 있을 것 같다는 생각을 했다.

고동민 씨는 5월 19일 토요일 4시에 있을 공동행동에 꼭 함께해 달라고 말했다. 쌍용자동차 해고노동자들의 복직만이 아니라, 해고로 만들어진 죽음으로부터 우리의 생명을 지키기 위해 모두가 함께 나서 달라고 했다. 5월 19일, 오후 4시.

"대부분의 청년들이 비정규직으로 일하다 보니 구직자와 취업자 사이에서 반복실업과 반복취업을 할 수밖에 없는 조건, 게다가 청년실업이 심각해지다 보니 단시간 아르바이트를 하면서 취업준비를 하는 사람도 많은데 이런 사람들을 위한 노동조합이 건설될 수 없다면 자신의 권익을 어떻게 보장받아야 하죠?"

당신의 일,
그게 바로 내 일이다
|
청년유니온 김영경

지난 일요일(2010년 6월) 명동에서 '청년유니온' 위원장인 김영경 씨를 만났다. 그날 청년유니온이 주최한 '최저임금 권리 찾기 캠페인'이 있었는데, 〈위클리 수유너머〉에서 그걸 취재하기로 했다. 청년유니온. 만 15세부터 39세까지 가입하는 세대 노동조합으로, 한국에서는 아마 첫 시도일 것이다. 비정규직, 정규직, 심지어 구직 중인 사람들까지 모두 포괄하는 일종의 일반노동조합이다. 지난 3월 13일 창립식을 가졌는데, 노동부가 노동조합 설립 신고서를 계속 반려하고 있어 노동조합의 법적 지위를 얻지 못하고 있었다. 노동부가 설립신고서를 반려하면서 든 핵심 사유는 조합원에 구직자가 포함되어 있다는 것이다. 구직자는 실제 사업장이 없기 때문에 노동조합에 가입할 수가 없다는 게 노동부의 주장이다.

하지만 '노동조합법'의 '근로자' 규정에는 사업장 규정이 없이 "임금이나 기타 이에 준하는 수입에 의해 생활하는 자"로 되어 있다. 즉, 당장에 해당 사업장이 없다는 게 조합원 자격 자체를 박탈할 근거는 아니라는 말이다. 뿐만 아니라 '근로기준법'을 제외하고 고용 관련 정책을 다루는 다른 법들에는 '사업장' 규정이 없고 '근로자' 규정에는 '취업할 의사를 가진 자'까지 포함하고 있다. 실제로 대법원은 2004년 서울여성노조의 "조합원에 실업자, 구직 중인 여성이 있다"는 이유로 노조 설립신고를 반려한 노동부의 처분을 취소하라는 판결을 내리기도 했다. 그러니 구직자도 조합원으로 인정해 달라는 요구가 생떼는 아니다. 하지만 더 중요한 것은 현실이다. 김영경 씨는 자신의 친구 이야기를 했다.

"공사에 계약직으로 취업한 친구가 있어요. 1년 계약했고 1년 연장이 가능하다고 했답니다. 분명한 것은 지금 취업했지만 2년 뒤에는 반드시 실업자가 된다는 거죠."

방금 취업한 사람과 방금 해고된 사람의 차이가 어떤 면에서는 크지 않다는 것. 비정규직 노동자란 고용과 해고가 불분명한 사람이며, 단기 계약직 노동자는 사실상 해고를 예고한 상태로 고용된다고 할 수 있다. 그러니 현실적 고용상태로 조합원 자격을 규정하는 것은 아이러니하게도 현실 상황과 맞지 않는다고 할 수 있다.

그와 이야기를 나누며 법이나 제도는 물론이고 학문적으로도 노동자 개념이 갱신되어야 할 것 같다는 생각을 했다. 언젠가 노동연구원 패널조사를 본 적이 있는데, 처음 일자리를 비정규직으로 시작한 사람 중 90퍼센트는 그렇게 비정규직으로 쭉 갈 수밖에 없다는 연구 결과가 들어 있었다. '비정규직'이라는 말은 뭔가 예외적이고 일시적인 상황을 지칭하는 걸로 보이지만 실제로는 일상적이고 정상적인(?) 형태의 고용이 되어버린 셈이다.

사실 노동부만이 아니다. 지금까지 청년유니온과 같은 조합운동을 기존 상급노동기구에서 제기하지 못했던 것은 '노동자'와 '노동조합'에 대한 통념을 노동운동하는 사람들도 가지고 있었기 때문일 것이다. 노동조합은 직장이 있는 사람들, 무엇보다 정규직 노동자들이 중심일 수밖에 없다는 생각 말이다. 김영경 씨는 그런 것에 크게 개의치 않아 보였다. 그는 단지 과거 노동운동과 상황이 달라졌을 뿐이라고 말했다.

"처음에 유니온을 출범시킬 때 민주노총에서도 도움을 주셨죠. 어떤 부채감을 가지고 있는 것 같아요. 뭔가 자신들이 할 일을 하지 못한 것처럼. 하지만 구조적 문제가 있는 거죠. 아무래도 노동조합은 정규직 중심으로 짜여 있고 정규직 노조가 자기 문제가 아닌데 무언가를 협조한다는 게 쉽지 않겠죠."

김영경 씨 말처럼 민주노총이 어떤 부채감을 가질 필요는 없을 것 같다. 청년유니온이 던지는 메시지를 자기 갱신의 선물로 받을 수 있을지는 관건이겠지만.

청년유니온은 얼마 전 국가인권위원회에 진정을 냈다. "정부의 노동유연화 정책에 의해 대부분의 청년들이 비정규직으로 일하다 보니 구직자와 취업자 사이에서 반복실업과 반복취업을 할 수밖에 없는 조건, 게다가 청년실업이 심각해지다 보니 단시간 아르바이트를 하면서 취업 준비를 하는 사람도 많은데 이런 사람들을 위한 노동조합이 건설될 수 없다면 자신의 권익을 어떻게 보장받아야 하느냐"고 물었다고 한다.

청년유니온이 무너뜨린 것은 노동자에 대한 규정만은 아닌 것 같다. 청년유니온은 다양한 운동을 벌이고 있었다. 청년실업에 대한 문제제기나 청년인턴 실업급여 지급과 청년 고용할당제, 최저임금 현실화 등은 그래도 청년 노동조합이니 그럴 수 있겠다 싶은 요구들이다. 그런데 이들은 대학등록금 인상 반대나 학자금 대출제도 개선도 요구한다. 그리고 고시원과 PC방 문제도 주거권 차원에서 제기한다. 마치 한국사회 '가난한 사람들'의 모든 요구를 걸고 있는 것 같다. 김영경 씨는 이 모든 것이 대의가 옳아 하는 운동이기 이전에, 자신들의 삶에 직결되어 있기 때문에 반드시 해결해야 하는 문제라고 말했다.

"조사해보니 평균 1100만 원 정도의 학자금 대출이 있더군요. 일자리를 구해도 110~120만 원 벌까 말까 하는데, 매달 50만 원 가까이가 학자금 빚 갚는 데 날아가요. 그러니 우리에게는 등록금 문제가 아주 중요해요. 학자금 대출제도에도 예민할 수밖에 없고요. 고시원 문제도 마찬가지예요. 집이 없으니 소위 '고시원 난민'이 많아집니다. 고시원에 들어가는 이유도 뻔하잖아요. 보증금으로 낼 목돈이 없으니까요. 국가가 보증을 해주는 제도 같은 게 마련되어야 하지요. 이런 문제들은 정말 시급해요."

노동운동이 여타의 사회운동과 연대해야 한다는 말은 많았다. 하지만 청년유니온의 운동은 조금 다른 느낌이다. '남의 일이지만 내 일처럼 싸운다'는 게 아니라 '그게 바로 내 일이다'라고 말하는 것이다. 외적인 연대가 아니라, 자기 존재 자체가 그런 연대로 구성되어 있는 것이라고 하겠다. 존재들끼리 연대하는 게 아니라, 존재 자체가 연대라고 할 수 있다. 그래서 청년유니온은 노동조합이므로 노동운동을 하지만 동시에 그것은 사회운동이기도 하다. 마치 노동자, 대학생, 홈리스 등 가난한 이들의 모든 문제가 다 노동운동의 주제가 된 것 같다. 김영경 씨는 이런 존재 방식이 특별한 게 아니라고 말한다. 우리 시대 젊은이들이 정도의 차이는 있지만 모두 겪는 일이라고.

"집이 어려워 대학 다닐 때부터 온갖 알바를 했어요. 대학 다닐 때는 구내식당에서 십여 만 원 받고 알바를 했죠. 편의점 알바를 한 적도 있고요. 수업시간 전까지 편의점에서 일해야 했죠. 방학 때는 고깃집 알바를 했고, 휴학하고는 대형마트 판매직도 했고, 기름 가게 경리를 보기도 했어요. 나중에는 학원강사도 했고……."

말 그대로 온갖 직종을 가로질렀고 온갖 존재들을 가로지른 셈이다. 좋든 싫든 그런 존재 방식의 현재성을 긍정해야 한다고 했다. 내 생각에 그것은 가난한 자들을 둘러싼 온갖 문제들이 사실은 서로 연결되어 있음에 대한 긍정이고, 각자가 처한 조건에서 싸워나가는 것이 사실상 동일한 투쟁임을 입증하는 것이기도 하다.

청년유니온. 조합원이 이제 110명 정도라 하니 전국조직(?) 치고는 적은 수다. 하지만 들뢰즈의 표현을 따 말하자면 "단 한 사람의 성원으로 구성된다 해도 셀 수 없는 역량을 갖고 있는 집단"이 있다. 기존 척도를 문제 삼고 그 한계를 드러내는 집단이 바로 그렇다. 이들은 숫자와 상관없이 사회를 이행시킬 무한 잠재력을 갖기 때문이다. 김영경 씨는 노동부가 청년유니온의 설립신고서를 계속 반려하고 있는 이유는 청년유니온의 존재를 정치적으로 해석하기 때문인 것 같다고 했다. 애들이 모여서 무슨 짓을 할지 모른다고. 글쎄, 노동부의 직관이 부당한 것이기는 하지만 틀리지는 않은 것 같다.

"백석 시에서처럼 나보다 크고 높은 것이 있어서 나도 거기에 이끌려온 것 같다고 해야 할 것 같아요. 밀양에 살겠다고, 여기 뿌리 내리고 살겠다고 했으니, 그 말빚을 갚아야죠."

이 싸움엔 별수 없는
내 몫이 있다

밀양 이계삼

    우리는 서로를 '선생님'이라고 부르지만 학번은 같다. 기왕에 몇 번을 만난 터이기도 하고 경험이나 생각도 통하는 게 많아 서로 편한 친구로 지내도 좋은 사이인데, 또 그렇게 마음 편하게 지내기에는 이계삼 선생이나 나나 '과도하게' 진지한 면이 있다. 특히 내게 그는 성직에 종사하는 사람처럼 느껴질 때가 많다. 그만의 감성적인 문체로 교육 현장의 고통을 그려낼 때, 그리고 현재 송전탑 건설에 반대하며 이미 사람이 죽었고 또 죽어 나갈지 모르는 '일촉즉발'의 상황에 있는 밀양에 대해 절규할 때, 내게 그의 목소리는 기도처럼 들린다. 세상 사람들에게 하는 말인데 그것이 꼭 신에게 드리는 말처럼 들린다고나 할까.

  처음에 그를 만나야겠다고 생각한 것은 개인적인 이유에서였다. 미국에 나가 있을 때 그가 학교를 그만둘 것 같다는 소식을 다른 선생님에게 들었다. 사실 나는 깜짝 놀랐다. 그가 얼마나 교직을 사랑하는지 알고 있었기 때문이다.

언젠가 내가 울산의 고등학교에 강연을 갔을 때 그는 밀양에서 아이들과 봉고차를 타고 왔다. 부산대 밀양캠퍼스에서도, 출국 전 어느 강연 자리에서도 나는 행복한 표정으로 아이들에게 둘러싸여 있는 그를 보았다.

언젠가 그는 글에서 자신이 교직을 택한 계기를 짐작케 하는 사건을 언급한 적이 있다. 이계삼 선생이나 나나 소위 전교조 1세대이다. 고등학교 다닐 때 우리는 우리 곁에서 1500여 명의 교사가 해직되는 사건을 경험했다. 대학생이 된 그는 1992년 교내에서 열린 '전교조 사진전'에서 교사들의 사진을 보았다고 했다. 해직되어 교문 밖으로 밀려난 선생님들, 그리고 그 앞에 서 있는 아이들, 때로는 끌려가고 때로는 울음을 터뜨리던 선생님들과 아이들의 모습이 찍혀 있는 사진 앞에서 그는 스스로에게 나직이 말했다고 한다. "나는 투사가 될 자신은 없지만 저 선생님들처럼 사랑 때문에 고통받는 교사가 될 수는 있을 것 같다."

그런 사람이 학교를 그만두겠다는 결심을 했다는 것이다. 나중에 귀농대학을 지역에 만들어 거기 참여할 것이라고 했다. 가난하더라도 자립적인 소농 중심의 마을을 꿈꾸던 그였기에, 귀농대학 이야기는 내게 그렇게 놀랍지 않았다. 다만 내가 궁금했던 것은 그가 어떻게 아이들 곁을 떠날 결심을 할 수 있었을까 하는 것이었다. 자세한 사정은 묻지 않았지만 귀국하면 꼭 만나봐야지 했다. 그 결심을 들은 지 얼마 되지 않아 그는 밀양 '이치우 어르신'의 분신 소식을 전하며, 그 일을 수습하기 위해 동분서주하고 있다는 소식을 전해 왔다. 그리고 어느덧 분신대책위(밀양송전탑 반대 고 이치우 열사 분신대책위원회, 현재 밀양 송전탑 반대대책위원회) 사무국장을 한다는 이야기가 들려왔고, 신고리 핵발전소에서 나온 선로를 떠받치는 송전탑에 반대하면서, 탈핵운동의 복판에 서 있는 그의 모습을 보게 되었다.

귀국 후 이 일 저 일에 정신이 팔려 그를 만나야겠다는 다짐을 계속 묻어두고만 있었다. 그러다 〈위클리 수유너머〉에 그가 쓴 칼럼을 보고는 가슴이 덜컥 내려앉았다. 1년간의 칼럼 연재를 마치며 그가 쓴 글의 한 대목에는 이런 구절이 적혀 있었다. "선하고 약한 것들은 늘 이렇게 아름다운데 언제나 패배하기만 한다." 뭔가, 알 수 없지만 그를 빨리 만나야겠다고 생각했다.

투사가 될 순 없지만 고통받는 교사는 될 수 있었는데…

그는 밀양역에서 나를 기다리고 있었다. 그런데 인사를 나눌 겨를도 없이 그를 다급히 찾는 전화가 왔다. 지식경제부 관료 한 사람이 송전탑 건설 반대 농성 현장을 방문하기로 했다며 급히 와달라는 대책위의 호출이었다. 그는 나를 데리고 산에 올라가 움막을 치고 농성 중인 어르신들을 만나게 했다. 한 목소리라도 더 전하려는 듯, 정말 많은 사람들을 만나게 했고, 그 이야기를 듣게 했다. 어르신들을 만나러 걸어가는 도중에, 또 밥을 먹으면서 그와 이런저런 이야기를 나누었다.

그의 집에 들렀을 때 나는 그가 수업에서 사용한 교재를 발견했다. 다양한 읽기 자료와 생각할 거리 등이 빼곡히 정리된 교재를 보고는 물었다. 교과서가 있는데도 이런 교재를 직접 만드느냐고. 그런데 그게 무슨 대수로운 일이냐는 식으로 웃으며 답한다. "네, 저는 제가 만든 교재로 수업을 합니다." 정말 다양한 자료들을 정성껏 묶어서 만든 교재를 훑어보다가 다시 물을 수밖에 없었다. 이렇게 훌륭한 교재까지 직접 만들어 교육할 정도로 교직을 사랑하는 사람이 도대체 왜 그걸 포기한 걸까.

"좀 비겁한 이야기인데, 도망쳤다고 해야 할지, 어떻든 양보가 안 되는 부분이 있었어요. 이를테면 성적을 부정하게 처리하려는 경향을 보았거든요. 게다가 학교에서는 수시접수를 할 때쯤 되면 수업을 하지 않고 엘리트 학생들에게는 논술만 하라고 해요. 그래서 학교 관리자들하고 많이 싸웠어요. 야자나 두발, 보충수업, 사설 모의고사 같은 걸 할 때도 그랬고요. 사실 여기 아이들 반 이상이 시험을 치면 그냥 자요. 그런데도 돈 만 원씩을 걷어서 사설 모의고사 보고, 선생들은 그때 받은 돈의 일부로 회식을 하고. 우리 반은 원하는 사람만 모의고사를 치게 하는데, 네다섯 명 시험을 치죠. 다른 반은 모두 다 보는데. 충돌이 생길 수밖에 없었죠. 정말 견디기 힘들었던 것은 이런 싸움이 아이들에게 알려진 거죠. 아이들에게 저는 뭐 의리 있는 사람처럼 비치고 본의 아니게 다른 선생님들은 문제가 있는 것처럼 되고요. 선생님들 눈에는 제가 동업자 의식이 없는 사람처럼 보였겠죠. 사실 저는 어느 쪽도 아닌데요."

교직에 종사한다는 건, 현실적으로 가르치는 일만을 의미하지 않는다. 진리를 놓고 선생과 학생이 머리를 맞대는 일은 동화 속 이야기일 뿐이다. 특히 대학입시가 전국의 모든 고등학교 수업을 쥐어짜는 이 나라에서는 더욱 그렇다. '힘드셨겠다'고 건네자 그는 '도망쳤다'고 했다. 그러나 나는 그것이 얼마나 정직한 절망의 결과였는지를 알 수 있었다.

"여기 동네 돌아다니면 졸업생들, 제자들 많이 봅니다. 그 아이들 대부분은 직업이 없거나 비정규직이에요. 20대 중반이 되어서도 말이죠. 얼마 전에는 딸기 좌판을 하는 졸업생도 봤고, 집에 인터넷을 달아주는 기사 노릇을 하는 여학생도 보았어요. 내가 교사를 하면서 '우정'이 어떻고, '힘을 내자' 뭐 그런 식의 말을 했는데, 내가 설령 선의로 그런 말을 했다 해도 그게 사기는 아니었을까 싶어요. 300~400만 원 월급을 받는 교사가 아이들에게 현실이 아닌 희망을 말한다는 것 말이에요. 그래서 그냥 일을 그만두고 농사라도 지으면서, 아이들에게 '그래, 함께 농사라도 짓자'고 솔직하게 말할 수 있는 사람이 되어야 하지 않을까 생각했습니다. 물론 그래도 학교에서 자리를 지키며 아이들 곁에 있어주는 게 옳지 않았나 싶기도 하죠. 힘들어서 도망쳤어요. 계속 싸워야 하는데……. (한숨) 지금은 그래도 괜찮아요. 얼마 전까지는 글도 참 어둡게 썼는데 말이죠. 교사집단의 윤리랄까, 사실 교사는 안정적 중산층 아닙니까? 이 좋은 직업을 가졌으면서도 앓는 소리를 하는 것, 그게 듣기 싫었는지도 모르죠. 모두가 자기 몸 팔아서 겨우 사는 세상인데."

운동의 우울

그가 나를 가장 먼저 데리고 간 곳은 129호 송전탑이 세워질 자리였다. 현재 새로 가동 중인 신고리 핵발전소 1, 2호기, 그리고 내년의 3호기, 그리고 계속 예정된 4~8호기까지. 거기서 나오는 전기를 운반하기 위해 밀양에는 모두 69개의 송전탑이 세워질 예정이다. 걷는 내내, 그는 '어르신들, 어르신들'을 입에 달고 있었다.

"그동안 뭘 요구해본 적도 없는 분들이에요. 이제 아무것도 요구하지 않아요. 단지 백지화, 그것뿐입니다. 어르신들 몸도 몸이지만 마음이 무너지셨어요."

협상이 가능할 때도 있었을 것이다. 그러나 그 시점은 지나버렸다. 한전을 비롯한 당국자들이 '결국 노인들이 노리는 것은 보상일 뿐'이라고 너무 간단히 생각한 그 순간에 일은 이미 뒤틀어질 운명이었다. 물론 보상 문제가 시작이었을 수는 있다. 그러나 삶의 터전을 옮긴다는 것, 거기에는 돈으로 환원되지 않는 많은 것이 있음을 이해했어야 했다. 애당초 삶의 그런 요소들을 이해했다면 핵발전소를 이렇게 마구잡이로 늘리지도 않았겠지만, '결국엔 돈 문제'라는 인식을 가진 사람들이 '결국엔 돈 문제가 아니다'라고 말하는 사람들을 어떻게 다룰 수가 있겠는가. 한전은 지갑을 좀 더 열 것처럼 말했지만, 밀양의 어르신들은 그 지갑 속에서 마음을 읽어버렸다. 처음에는 한전이 제시한 적은 보상액에 놀랐지만 이제는 한전이 보여주는 삶과 생명에 대한 태도에 놀란 것 같다. 저쪽에서는 더 주겠다고 말하는데 이쪽에서는 더 받고자 하는 것이 아니니 협상이 중단된 것이다.

"저쪽에서 내놓을 것도 없어요. 저쪽에서 줄 수 있는 거라고는 보상, 즉 돈밖에 없는데, 그런 걸 바라지도 않으니까요. 이미 밀양을 제외하고는 송전탑이 거의 다 세워졌어요. 새만금에서도 그랬잖아요. 이미 이렇게 진척되었으니 피할 수 없다고. 지금 주민들이 너무 잘 싸워서 신고리 발전소 1, 2호기에서 나온 전력은 기존 선로를 이용하고 있어요. 하지만 내년 3호기, 내후년 4호기, 지금 계획된 8호기까지 세워지면 분명 이곳에 선로를 건설해야만 할 겁니다. 참 기가 막혀요. 큰 틀에서 에너지 정책이 탈핵으로 변경되지 않으면 이 싸움은 거의 불가능하죠. 일단 새로운 핵발전소 계획을 포기하고 기존의 것을 줄여가는 식으로 하지 않으면 말이죠. 결국 지금 구도에서는 누구도 물러설 수 없어요. 저는 지난 번 이치우 어르신처럼, 어느 어르신이라도 맘을 달리

잡수실까 봐 너무 걱정입니다."

밀양의 싸움이 승리하기 위해서는 매우 근본적인 어떤 것이 고쳐져야 할 것이다. 밀양에 새로 지으려고 하는 송전탑은 새로 건설되는 핵발전소에서 나올 전기를 운반하기 위한 것이다. 즉, 밀양의 싸움은 핵발전소의 문제이기도 한 것이다. 지난번 일본 후쿠시마의 핵발전소 사고를 계기로 한국에서도 잠깐 핵발전소의 위험성 문제가 제기되었다. 그런데 그것이 반핵담론으로 크게 발전하지는 못했다. 일본에서는 50여 개 발전시설이 대부분 멈추었고, 얼마 전에 일본 정부가 몇 개를 재가동하겠다고 선언하자 도쿄에서 큰 시위가 일어나기도 했다. 그런데 왜 이런 반핵담론과 투쟁은 우리 사회에 들어오지 못하는 걸까.

"저도 이번 일로 처음 탈핵운동에 나섰는데요. 우리 탈핵운동이 참 약합니다. 정치적으로 나이브한 면도 있고요. 특히 환경운동연합이나 그쪽 일부 사람들에게 문제가 많아요. 겁도 많은 것 같고, 치열하지도 않은 것 같고. 사진 찍고 보도자료 만드는 수준이랄까요. 현장에 뿌리를 내려야 하는데, 그러려면 현장과 관계를 해야 하잖아요. 그런데 정말 너무하다 싶을 정도로 그것을 안 해요."

그는 환경운동단체들에 대한 서운함을 쏟아냈다.

"이번에, 뭐랄까, 참담한 일을 겪었어요. 사실 서울환경운동연합 사람들, 밀양에 단 한 번도 내려오지 않았거든요. 탈핵희망버스 두 번 할 동안 한 번도

요. 그것만이 아니죠. 제가 '핵 없는 사회를 위한 공동행동' 일을 하면서 서울에 올라가 밀양 일을 알리려 했는데, 참 모욕적인 일을 겪었어요. 참여연대 어느 회의실에서 모임을 가졌는데요, 회의자료에 제가 보낸 자료들이 들어 있지 않더라고요. 밀양 안건이 없었지요. 그래서 왜 그게 없느냐고 했더니, 그제야 출력해서 복사하고는 돌리더군요. 10시에서 12시까지 회의를 했는데 11시 50분까지 밀양 이야기를 할 틈이 없었어요. 그게 그리 중요한 주제였는지는 모르겠지만 사람들이 주로 한 이야기는 총선 후보들에게 정책질의서를 보내야 할 텐데 어떻게 돌릴 건지, 그리고 아르바이트생을 쓰면 그 비용을 환경운동연합에서 질 건지 녹색연합에서 질 건지, 그것 가지고 20~30분 이야기하고. 11시 50분이 되어서야 밀양 이야기를 하는 겁니다."

밀양에서 서울까지 절박한 이야기를 들고 먼 길을 찾아왔는데 그에게 주어진 시간은 10분이었던 모양이다.

"그보다 더 기가 막혔던 건 제가 밀양 상황을 설명하려고 하니까 사회 보는 분이 제지를 하면서 시간이 없다고, 12시까지 끝내야 하니까 문건으로 대체를 하자고 하더군요. 게다가 그때 제가 '희망버스'를 처음 그 자리서 제안했는데요. 민주노총에서 오신 분이 '희망버스'라는 표현을 쓰지 말았으면 좋겠다고 하더군요. 지금도 그 논리가 당최 이해가 되지 않는데요. 어떻든 그분 말에 따르면 희망버스는 지금 희망텐트로, 쌍차로 넘어가 있고, 시민들도 잘 모르고, 일단 희망버스는 시효를 다했으니, 탈핵이라는 이름을 거기에 붙이는 건, 말하자면 글쎄 뭐랄까, 물이 흐려진다고 할까 하는……."

도무지 이해할 수 없는 말이었다. 밀양의 투쟁이 다른 투쟁에 미칠 영향을 계산한다는 생각……. 좋게 말하면 전략적 판단인지 모르겠지만, 애당초 그렇게 투쟁을 사고한다는 것 자체가 나로서도 납득이 되질 않았다.

"그래서 제가 화가 나서 물었죠. '희망버스'라는 게 무슨 저작권이 있는 것도 아니지 않느냐……. 사회 보는 분이 제지를 해서 분위기가 조금 그랬는데……. 뭐 희망버스는 금속노조에서 다 했던 거고, 알려지지도 않은 이런 사안을 가지고 희망버스라는 표현을 써서 희망버스라는 담론이 퇴색될 수도 있다는 투로 반발을 하더라고요. 우리는 그래도 1차 희망버스라는 표현을 쓰고 싶다고 했더니 '1차'라는 말도 안 썼으면 한다고 하더군요. 이게 성공할지 실패할지도 모르는데. 1차라는 표현을 쓰게 되면 차후에 부담이 된다는 취지였어요."

운동의 선생들. 우리 주변에 참 많다. 운동을 장기판의 말 부리듯 하려는 사람들 말이다. 그들이 넘쳐나면 운동 언어에서 진실한 말들은 사라지고 전략적인 말들만이 남는다. 식상한 레토릭이 절박함, 분노, 답답함, 슬픔, 환호를 대체한다. '가슴 깊이 끓어오르는 분노'라는 말을 별 분노도 없이 하고, '한꺼번에 되갚아 주겠다'는 말을 별 원한의 감정도 없이 한다. 그래도 이 정도는 낫다. 현장의 문제를 정치공학적 판단에 기초해서 일종의 로비 문제로 만들어버리면, 운동은 경찰특공대가 진압한 것보다 더 빨리 진압되고 더 치명적 손상을 입는다.

"저는 아직도 이해가 안 돼요. 왜 민주노총에서 온 그 사람은 제게 희망버스라는 표현을 쓰지 말라고 했는지. 희망버스라는 담론을 오히려 퍼뜨려야 하고 여러 가지로 연대해야 하는데……. 그런데 회의석상에서 그걸 쓰지 말라고 하는 결기가 참…… 그때 그 참담했던 기분이란…….”

이 싸움에 별수 없는 제 몫이 있습니다

송전탑 건설을 막기 위해 세운 움막에서 두 분의 할머니를 만나고 돌아오는 길, 우리를 배웅하던 할머니는 웃으며 이계삼 선생에게 말했다. “이 제 이 선생 그만두고 우리 떠나면 배신이야, 배신!” 사실 그 말은 할머니들이 스스로에게 했던 말이기도 했다. 우리는 너무 깊이 들어왔다고. 이제는 누구도 여기를 떠날 수 없다고. 이제는 보상도 뭐도 문제가 아니게 되어버렸기 때문이다. 할머니들은 이 정부가 국민인 자신들을 배신했다는 것, 정부에 아무것도 기대는 것 없이 그저 평생 흙을 파며 짓던 농사를 계속 짓게 해주면 그만인 것을, 자신들을 못 살게 만들고 모욕을 준 것에 한없이 분노했다. 게다가 동네의 젊은이들을 꼬드겨 마을을 갈기갈기 찢어놓은 것에 대해, 이 공동체를 완전히 파괴시키려 드는 것에 대해 분노했다. 그래서 ‘의리’와 ‘배신’이라는 말은 할머니들 나름의 공동체 수호에 대한 의지의 표현이었다.

“저도 할머니들과 똑같아요. 너무 깊이 들어왔죠. 저도 제 신상에 닥칠 해 랄까, 뭐 그런 걸 각오하고 있어요.”

한전이나 경찰에서도 이계삼 선생의 존재를 알고 있을 테고, 바로 엊그제까지 교사였던 사람이 상황을 헤쳐나가기가 간단치 않을 것 같았다. 어르신들은 그를 절대적으로 신뢰하고 있었다. 이 일 때문에 학교를 떠난 게 아니었는데, 결국에 누군가 이 일을 위해 그를 예비한 것처럼 상황이 전개되고 말았다. 아이들 곁에서 어르신들 곁으로 자리를 옮겨온 사람. 그러나 그의 원칙은 똑같아 보였다. "투사가 될 수는 없지만 사랑 때문에 고통받는 사람일 수는 있겠다"라는 것은, 그가 교사가 될 때의 결심이지만, 또한 지금 어르신들 곁에 서면서 가진 생각일 것이다.

"어르신들이 저를 많이 의지하시죠. 이치우 할아버지가 돌아가셨을 때 저는 서울에 있었어요. 1월 17일 새벽이었을 겁니다. 『오늘의 교육』 편집회의가 있어서 밤샘회의를 하고 휴대폰을 켜니 문자가 20개 가까이 들어와 있었죠. 서둘러 첫차를 타고 밀양으로 내려오면서 앞으로 나에게 무슨 일이 벌어질까 생각했죠. 예광탄 같은 느낌이랄까. 당시 실무자 할 사람도 없었거든요. 지금은 이런 생각도 해봅니다. 이치우 어르신이 다른 어르신들 도와주라고 저로 하여금 학교 일을 그만두게 한 건 아닌가 하는 생각이요."

사실 나 역시 그의 책을 읽으며 '예광탄' 같은 걸 보았다. 그는 교직을 너무나 사랑하는 사람이지만 오래 버티기는 쉽지 않겠다는 느낌을 받았다. 그가 야간자율학습 감독을 하는 자신을 '간수'라고 묘사했기 때문이다.

"저는 지금까지 제 삶을 제가 이끌어왔다고 생각했는데 돌이켜보니 '어쩔 수 없다'는 생각이 저를 끌어온 것 같아요. 어쩔 수 없이 해야 할 일에 밀린 거죠. 함석헌 선생은 스스로를 하나님의 발길에 툭 채여서 왔다고 하셨던데, 저는 그렇게 멋있게 표현하지는 못하겠고. 어떻든 학교도 그만둔 거라기보다는 그만두어진 것 같고, 송전탑도 밀양에 살기에 밀양에 사는 한, 뛰어들지 않을 수 없는 것이 되었고. 백석 시에서처럼 나보다 크고 높은 것이 있어서 나도 거기에 이끌려온 것 같다고 해야 할 것 같아요. 밀양에 살겠다고, 여기 뿌리 내리고 살겠다고 했으니, 그 말빚을 갚아야죠."

그 말들, 반쯤은 그도 예견하고 뿌려놓은 말들이 아니었을까.

"이렇게까지 엄중한 상황일 줄은 몰랐죠. 그러니까 주민들의 목숨까지 담보한 싸움을 예상하지는 못했어요. 하지만 생각해보면, 이런 싸움은 이 나라 어디에서든지 한 번은 겪게 될 일이 아닐까 싶어요. 이 나라에서는 필연적인 일인 것 같기도 하고……. 제가 할 수 있는 큰 실천은 없죠, 뭐. 이 싸움에 제 몫이 있다는 건 압니다. 물론 이 엄중한 상황에서 일을 이끌어야 하니 맘이 무겁죠. 아침에 정말 기도합니다."

그는 자신이 나서서 싸우지는 못하지만 누군가 고통받는 사람이 있다면 '어쩔 수 없잖아' 하면서 그 자리에 같이 서 있을 사람이었다.

작년 미국에 있을 때 몇몇 활동가들이 내게 한국의 운동을 소개해 달라고 했다. 그래서 1980년 광주에서 2011년 희망버스까지 30여 년의 운동을 영상과 함께 보여주었다. 눈물이 날 정도로 극적인 장면들이 스쳐 지나갈 때 문득 이런 생각이 들었다. 우리가 역사 앞에서 참 빨리 절망하는구나. 희망도 그렇고. 바로 뒤에 어떤 일이 기다리고 있지만 우리는 모든 게 끝난 듯 절망하거나, 또 헛된 희망을 품는구나 하는 생각. 희망도, 절망도 필요 이상으로 크고 깊다고 할까. 그러면서 묵묵히 한 걸음씩 내딛는 일이 얼마나 어려운지 또 얼마나 소중한지 느꼈다. 아마 그런 걸음을 걸어가는 사람 중 하나가 이계삼 선생일 것이다.

"옛날에는 'W-ing'으로 하고 싶은 것도 많고 되고 싶은 것도 많고 갖고 싶은 것도 많았죠. 그런 게 엄청나게 많았는데 지금은 뭐 그런 게 없어요. 목표가 없어요. 그 대신 일주일을 하루하루만 제대로 살아가다 보면 만들어지겠지 하는 그런 생각. 너무 추상적인가. (웃음) 솔직히 그래요! 일상을 살아내는 게 정말 중요하고 의미있어요."

다만 일주일을 하루씩
잘 살아내겠다
|
W-ing 인문학 아카데미 최정은 · 이수영

사회복지법인 W-ing(w-ing.or.kr)은 탈성매매여성들의 자활공동체다. 1953년 '데레사 모자원'이라는 이름으로 첫발을 내디딘 이래 1960년대 '은성원'을 거쳐 지금의 'W-ing'까지, 60년 가까이 여성복지 및 자활사업을 수행해왔다.

내 개인적으로 'W-ing'을 만난 건 2008년 겨울 '수유너머'에서 열린 '현장인문학' 워크숍을 준비하는 과정에서였다. 수유너머가 '구로파랑새공부방' 그리고 '노들장애인야학'과 관계를 맺기 시작할 즈음, 우리보다 먼저 현장인문학의 경험을 쌓고 있던 단체들과 '현장'과 '인문학'을 화두 삼아 워크숍을 열었다.

'W-ing'은 2006년부터 'W-ing 인문학 아카데미'를 진행하고 있었는데 최정은 대표가 그 아카데미를 소개하면서 사용한 '빵보다 장미'라는 표현이 내 눈을 사로잡았다. 온갖 자활프로그램을 해보았지만 결국에 깨닫게 된 것은

'빵'을 던지는 것으로 자활 문제가 해결되지 않는다는 것, 오히려 '장미'로 상징되는 '앎' 내지 '인문학'이 더 필요하다는 외침을 담고 있는 글이었다.

당시 '평화인문학'이라는, 재소자들을 위한 인문학 프로그램에 막 첫 발을 내디뎠던 나는 그 글에서 큰 자극을 받았다. 사회에서 추방된 이들에게 도덕적 훈계와 자격증을 던진다고 문제가 해결될까. 나는 그 글을 읽고 나서, 정말 현장에서 필요한 것은 자신을 추방한 세계를 바로 보고 또한 거기서 추방된 자신을 보고 그 둘을 모두 바꿀 수 있는 강한 '눈'이라고 생각했다.

한동안 이곳저곳을 떠돌다 다시 현장인문학에 눈을 돌리면서, 나는 몇 년 전 내게 새로운 눈을 갖게 했던 이들 중 하나였던 'W-ing'을 찾았다. 지난 몇 년간 진행해온 현장인문학의 실험이 어떻게 되었는지 궁금하기도 했다. 특히 2009년부터 수유너머의 일부 그룹이 '수유너머 길'을 만들어 'W-ing'과 결합했고, 재작년에는 '수유너머'라는 이름을 떼고 '인문팩토리 길'(roadfactory.kr)이라는 새로운 이름으로, 'W-ing' 안에 들어가 공동체를 이루며 살아가고 있는데, 그것이 어떤 결과를 낳았을지 무척 궁금했다.

그래서 'W-ing'에서 진행한 현장인문학이라는 주제로 'W-ing'의 최정은 대표와 '인문팩토리 길'의 이수영 선생을 만나 인터뷰를 진행했다.

W-ing 인문학 아카데미, '이곳의 언어'

먼저 최정은 대표에게 'W-ing 인문학 아카데미'의 지난 6년을 간략히 회고해 달라고 했다.

최정은_ 우리가 인문학을 만나게 된 건 2006년입니다. 초기에는 교양강좌

듣듯이 강사 선생님을 초대해서 인문학 강좌를 열었지요. 도움이 안 된 건 아니지만 삶의 변화가 일어난 것도 아니고 조금 답답한 면이 있었죠. 그런데 결정적 계기가 2008년 12월에 찾아왔어요. '수유너머'에서 현장인문학 워크숍을 하게 되면서 새로운 만남이 이루어졌죠. 그리고 다음해인 2009년 6월에 'W-ing'에서 현장인문학을 해보겠다고 이수영 선생이 왔고요('수유너머 길'). 사실 돌이켜보면 그때도 좌충우돌, 시행착오의 연속이었어요. 어떻든 그래도 현장인문학을 꾸준히 했죠. 그러다 작년 2011년 5월, 공식적으로 '수유너머' 이름을 떼고, '인문팩토리 길'이라는 연구실을 만든 겁니다. 저희 'W-ing' 안에 공간이 생겨서 연구실도 아예 이 안으로 들어온 거죠.

이수영_ 최정은 선생, 처음에 『한겨레』에서 어느 분이 쓴 「빵과 장미」라는 칼럼에 꽂혔다고 하더라고요. 뭔가 꽂히긴 했는데 '장미'가 정확히 뭔지는 모호했을 겁니다. 저희랑 함께하면서 달라졌습니다. 제가 그동안의 강의를 살펴보니, 하이데거랑 레비나스랑……. 중요한 철학자들이기는 하지만 그게 현장의 고유한 문제들, 현장에 고유한 인간의 문제에서 만들어낸 주제가 아니죠. 강사가 공부한 걸 가지고 와서 강의한 것에 가깝다고 할까요.

그러니까 처음 출발은 현장에서 느낀 어떤 문제의식으로 촉발된 것인데, 인문학 프로그램 자체는 그 문제의식을 반영한 게 아니었던 모양이다. 하지만 '인문팩토리 길'에서 강의하는 것도 니체나 스피노자 아닌가. 하이데거나 레비나스와 다른 점이 니체와 스피노자에게 있었다는 건가. 도대체 이들 사이에 어떤 차이가 있을까. 최정은 대표는 머리를 갸웃하는 내게 단번에 말했다. "(차이는) 엄청나죠!" 그리고 그 말을 이수영 선생이 받았다.

이수영_ 어떻게 이야기할 수 있을까요. 저는 현장에 대해서 잘 몰랐지만, 일단 들어와서 보니, 제가 본 '친구들'(참고로 이곳에서는 탈성매매 여성들을 '친구들'이라고 부른다)은 신체적으로 너무 무기력해 보였어요. 운동을 전혀 하지 않으니 몸집도 지나치게 크고 무엇보다 신경질적이고 우울함을 많이 보이고. 그런 친구들에게 플라톤의 동굴이니 레비나스의 윤리니 하는 것이 과연 먹힐까……. 제가 보기에는 무거운 신체가 바뀌지 않으면 안 될 것 같았어요. 제가 공부했던 게 스피노자나 니체여서 그런가, 제게는 신체 문제가 더 눈에 띄었던 것 같습니다. 신체를 움직이고 신체와 함께하는 인문학이랄까, 어떻든 '신체의 능동이 정신의 능동'이랄까. 현재 'W-ing'의 인문학은 이 부분에 대해서 확실히 해두려고 노력합니다.

요컨대 니체나 스피노자에게 용어를 빌려오긴 했지만 그것은 일차적으로 현장에서 자기들이 느낀 문제였다는 것이다. 조금 묘한 구도였는데, 니체와 스피노자를 들고 온 것은 이수영 선생인데, 정작 그것을 먼저 강하게 요구한 쪽은 최정은 대표였다고 한다.

이수영_ 사실 제가 느낀 건 막연한 거고요. 실제로 최정은 선생은 그 언어에 대해 나보다 더 크게 절감했어요. 이 언어가 주는 어떤 것이 자기 감각과 맞아떨어진 거죠. 여기 현장에 오래 있었지만 현장에서 아무것도 할 수가 없었다고 해요. 친구들은 마구 들락날락하고 실무자들은 오래 버티면 2년. 모두가 금방 도망쳐버리죠. 이런 상황에서 그동안 현장을 장악했던 건 기독교 담론이에요. 헌신, 봉사, 이런 담론이 장악하고 있는데 이게 사람들이 오래 버틸 수 있는 것들이 아니거든요. 이런 상황에서 최정은 선생은 그 언어(스피노자와 니체의 언어)에 크게 반응한 거죠.

최정은_ 저는 어려서부터 할머니가 해온 사업임에도 불구하고 사회복지 마인드가 없었던 것 같아요. 나는 여기 친구들이 하나도 불쌍하지 않은데, 많은 사람들이 이들에게 연민이나 동정을 보내야지 굉장히 자질이 풍부한 사회복지사인 것처럼 평가하고, 조금 강하게 대하면 (뭔가 자질이 없는 걸로 평가했죠). 사실 제가 조금 그런 스타일인데 고립감을 많이 느꼈어요. 전, 그런 동정이나 연민의 마인드로, 헌신적으로 한다 해도 별다른 변화를 이끌어내지 못하는 것에 자괴감도 크게 느꼈어요. 사실 저희 기관이 2005년도까지는 전국에서 예산도 제일 많이 받고 규모도 크니까 해보고 싶은 것들을 다 해봤어요. 그래도 비전이 없었다고 할까. 우리가 뭘 하고 있는 걸까. 저희보다 먼저 노숙인 인문학을 하는 분들이 우리에게 필요한 것은 '빵보다 장미'라고 말씀하셨어요. 그때 저는 그 장미가 뭔지는 모르겠지만 그 장미를 잡고 싶다는 생각을 강하게 했어요. 그래서 철학 공부를 해야겠다, 무조건. 그런 생각을 했죠. 하지만 대학 때 교양철학 정도 한 것밖에 없는데 뭘 알겠어요. 강사분들이 짜온 것 그대로 한 거죠. 솔직하게 그때 우리, 그리고 제 수준이 딱 거기였어요. 교양강좌 듣듯이 그렇게 듣고 있었는데 (이수영 선생이) 딱오셔 가지고, 신체를 보시고 놀라면서 계속 그 이야기를 집요하게 하시고……. 모든 걸 다 바꾸어야 되는 거였어요. 바꾸지 않으면 살 수 없는 거였어요.

이수영 선생의 문제제기는 다소 위험해 보이기도 한다. 현장의 상황을 잘 알지 못하는 인문학자가 함부로 이것저것 지적하는 것으로 비쳐질 수 있으니. 하지만 그가 인문학을 위로와 봉사의 수단으로 쓰지 않으려 했던 것은 분명하다. 위험을 무릅쓰고 그는 명백히 개입했다.

최정은_ 위로와 봉사요? 그런 건 안 통하죠. 제 개인의 삶에서도 아주 큰 전환기를 맞이했어요. 이전에는 나는 왜 자질이 없을까, 영성이 없을까, 게다가 실무자들이 자주 바뀌는 것에 대해서도 나는 왜 능력이 없는 걸까, 그랬고요. 우리 친구들 대하는 것도 다 내 피해의식 속에 있었는데, 선생님 덕분에 니체를 알게 되고 공부하다 보니 그게 내 피해의식이었다는 걸 알게 된 거죠. 어쩌면 제가 건강하게 살고 있었던 거라는 생각이 들었죠.

불 타는 산에서 밤을 줍는다는 게 이런 걸까. 성매매의 현장에서 나온 '친구들'에게 뭔가를 강하게 요구한다는 게 내게는 여전히 아슬아슬해 보인다. 그러나 최정은 대표는 확고한 믿음을 가진 것 같았다. 그는 단호하게 말했다. "여기 친구들 그렇게 불쌍한 친구들 아니에요." 역으로 그들을 불쌍히 여기고 연민을 보이는 사람들이야말로, 친구들을 정말 불쌍한 존재로, 그런 보살핌을 받아야 할 어떤 나약한 존재로 보고 있다고. 그거야말로 어떤 위계를 통해서 친구들을 보는 것 아니냐고. 이수영 선생이나 최정은 대표에 따르면, 친구들에게 '빵'을 주면서 삶은 그대로 두는 것은, 보살핌이라는 이름의 방치라고 할 수 있었다. 인터뷰를 하면서 생각이 많아졌다.

'W-ing 인문학 아카데미'는 2006년 이래 두 번 정도 큰 변화가 있었다. 2006년에 시작해서 처음에는 교양강좌 스타일로, 외부 초빙 강사에게 강의를 들었다. 그리고 2009년부터는 연구자공동체('수유너머 길')와 조인트 형식으로 공동의 인문학 상설 프로그램을 만들었다. 그리고 2011년에는 아예 연구공동체를 'W-ing' 안으로 끌고 들어와 하나의 공동체를 이루었다.

최정은_ 2008년 12월(수유너머에서 열린 현장인문학 워크숍)이 우리에게는 정말 중요했어요. 우리에게는 정말 전환기였어요. 그렇게 많은 사람들이 있는데, 우리 친구들이 한 명도 빠짐없이 갔어요. 그 전에는 그런 데 그렇게 간 적이 없었는데 말이에요. 그날 발표를 하기 전에는 내가 앞에서 '우리 성매매여성이다' 그렇게 말한 적도 없었고……. 모든 게 처음이었어요. 그날 돌아오는 길에, 친구들이 그래요. '대표님, 뭔지, 뭐라고 해야 할지 모르겠지만, 가슴이, 가슴이 벅차요' 라고. 어떤 친구는 내가 쓴 글을 다시 보고 울었다고도 했고요. 어떻든 그날 큰 힘을 받았어요. 이날 제 안에 몇 년간 있던 것이 정리가 된 것 같아요. 아직도 잊히지 않는 게, 박정애 원장님에게 "원장님, 나 원고 써야 하는데 인문학 성과가 뭔 것 같아요?" 했더니, 바로 "대표님이 변한 거요" 그러는 거예요. (웃음) 그리고 그날 발표를 했을 때 뒤의 몇몇 분들이 제 글에서, 니체 느낌이 난다고……. 니체를 읽은 적도 없는데. 그 자리에 있던 박남희 선생님도 그랬고. 제대로 알지도 못했고 관심도 없었는데, 그 자리에서 처음으로 제대로 귀에 박히도록 듣게 된 거죠. 나중에 니체를 읽고, 이수영 선생이 오면서 공부를 본격적으로 시작한 거죠.

참 묘하다. 노들야학에서 내게 니체 강의를 제안했던 어느 선생도 비슷한 말을 했었다. 니체가 장애인들에게 잘 맞을 것 같다고. 그런데 니체는 외견상으로는 소수자들, 장애인들의 마음을 상하게 할 말을 정말 많이 했다. 그런데도 현장 활동가들 사이에서 니체가 필요하다고 느끼는 이유가 뭘까.

최정은_ 제 생각에 'W-ing'에는 니체가 말하는 인간형, 대지의 질병으로서의 인간형이 다 있어요. 저부터가 그렇고 실무자들, 친구들 다 말이죠. 예전에는 이게 제도 탓인가, 정책 탓인가, 도대체 무슨 탓인가, 그랬어요. 그러다 이제는 천천히 우리를 들여다보는 거죠. 인간에 대해서는 니체한테 참 많이 배웠어요.

공동체 일상으로 들어온 인문학자

앞서 말한 것처럼, 2009년 수유너머가 여럿으로 분화한 후 그중 한 그룹이었던 '수유너머 길'이 'W-ing'과 직접적인 연계를 맺고 인문학 프로그램을 디자인했다. 그리고 2011년에는 '인문팩토리 길'로 이름을 바꾸어 아예 'W-ing' 안으로 들어와 버렸다. 중요한 도약이 몇 번 있었던 셈이다.

이수영_ 2009년에는 (상도동에 있는 '수유너머 길'로) 여기 친구들이 공부하러 왔죠. '수유너머 길'에서 인문학 공부하고 밥 먹고 돌아가고, 또 금요일에는 함께 등산하고……. 이런 방식의 공부를 처음 계획하고 조직하고 실행하는 단계였어요. 사실 최정은 대표는 신념은 있지만 구체적으로 어떻게 해야 하는지 잘 모르고, 나는 니체는 알지만 현장에 대해서 잘 모르고, 친구들은 신체적으로 저항을 하고……. 인문학 시간에 보면 모두 다 졸아요. 이런 게 바로 저항이죠. (웃음) 실무자들은 격렬히 저항했고요. 남아 있는 실무자들이 아무도 없어요. 모두 떠났죠. 알고 보면 제가 다 쫓아낸 셈이 되었는데……. 지금은 실무자들이 다 바뀌었어요. 이 실무자들도 어찌될지는 모르지만, 지금은 분위기가 바뀐 상황에서 들어온 거고, 이제는 인문학 공부를 함께하는 게 자연스러운 걸로 알고 시작하는 거죠. 그 당시에는 실무자들의 텃세랄까, 그런 게 있었죠. 그런데 이제는 우리가 'W-ing' 안으로 들어왔어요. 지금은 뭐랄까, 친구들하고 실무자들하고 연구하는 자들의 최소한의 공통의 리듬이랄까, 뭔가 그런 게 형성되고 있다는 느낌이 들어요.

현장인문학을 하면서 항상 느껴온 것이지만 소위 '인문학 연구자'와 '가난한 사람들' 사이에는 좁히기 힘든 간극이 있다. 사용하는 용어도 다르고 알고 있는 것도 다르며 말하는 방식도 다르다. 살아온 궤적이 다르니 당연하다. 그런데 이 차이가 위화감으로 발전하는 이유는 대개 서로의 삶에 대해 잘못된 상상을 하기 때문이다. 막상 뒤섞여 지내다 보면 서로의 차이를 발견하면서도 그 차이가 어울릴 수 있는 방식을 찾는 경우가 많다. 내가 농담으로 근거 없이 하는 이야기인데, 공부를 하는 건 이견 형성을 돕지만 밥을 먹는 건 공동성을 키운다. 공부, 즉 깨닫는 일은 끊임없이 차이를 만들어내는 일이다. 다른 사람들과 생각이 달라지기도 하고, 내 과거와 생각이 달라지기도 한다. 그런데 밥은 그 차이가 어울릴 수 있는 공동의 평면을 제공하는 것 같다. 물론 앞서 말한 것처럼 별 근거 없이, 내 지난 경험에서 느낀 것들이다. 이수영 선생이 "공통의 리듬" 같은 게 생겨나고 있다고 하니, 문득 이 생각이 다시 났다. "일상을 함께하기 때문인가요?"라는 내 물음에, 두 사람 모두 고개를 끄덕이며 웃으면서 답했다. "일상을 함께하죠. 밥도 같이 먹고……. '수유너머'처럼 말이에요."

물론 '수유너머'에서도 밥을 함께 먹는다. 하지만 그건 '우리끼리'이고, 현장인문학 프로그램에서 밥을 함께 먹지는 않는다. '수유너머R'의 경우 '노들장애인야학'과 현장인문학 프로그램을 진행하고, 공부를 함께하지만 일상을 공유하지는 않는다. 'W-ing' 안에 있는 '인문팩토리 길'과 비교할 수 있는 수준이 아니다. '인문팩토리 길'이 '수유너머 길'이라는 이름을 달고 있을 무렵에는 이들도 일상을 공유하지는 않았다. 과연 일상을 공유하기 이전과 이후, 어떤 차이가 나타났을까.

최정은_ '인문팩토리 길'이 안으로 들어와서 힘든 것도 있죠. 이수영 선생한테 너무 미안한 게, 지나치게 미세한 것까지, 너무 깊숙하게 우리 문제들을 보이게 되니까……. 연구자인데, 신경쓰지 말아야 할 것까지 쓰게 하니까 그게 미안했어요. '수유너머 길'에서 우리가 현장인문학을 할 때는, 서당식으로 했어요. 그때부터 이것저것 많은 실험을 했고, 2010년에도 그랬고요. 2011년 본격적으로 여기 와서 강의를 할 때는 처음으로 이수영 선생이 PPT를 사용해서 강의를 했죠. 그 전하고는 정말 달라졌죠. (웃음) 그냥 강의안 나눠주는 거하고는 다르죠. (이수영 선생으로서는) 대단히 신경을 쓰기 시작했다고 할까. (웃음) 저는 선생님을 높이 사는 게, 스스로를 계속 깨나간다는 점이에요. 그게 대단한 거죠.

철학책을 강의하고 질문을 받고 그 질문에 대답하는 것. 그 수준에서 보는 것과 일상을 공유하면서 느낀 문제를 가지고 철학책을 강의하는 것. 거기에는 분명 차이가 있을 것이다. 그런데 흥미롭게도 최정은 대표는 강사인 이수영 선생이 그 과정에서 변했다고 말했다. 그저 강의안을 써와서 강의하다가 이제는 친구들에게 다양한 방식으로 접근하기 위해 노력한다고. 현장인문학의 '대의' 같은 걸로 환원할 수 없는 어떤 '애정'이 만들어진 것 같았다. 인문연구자들이 안에 들어간 것과 함께 'W-ing' 공동체 사람들도 일상을 공부로 재편해가는 것처럼 보이기도 했다.

최정은_ 작년 평가하면서, 올해는 일상에서 책을 잡고 공부를 하는 데 중점을 두자고 했어요. 그 전에는 강좌를 듣는 것에 머물렀다면, 이제는 직접 책을 읽고 공부를 하면서 앎의 힘, 앎의 희열(죄송한 표현이지만^^), 그런 걸 느껴보자 했지요. 올해부터는 미리 발제도 하고 시험도 봐요. 수요일 수업인데, 화요일까지 내용을 요약 정리해서 제출해야 해요. 그러면 이수영 선생이 펜으로 일일이 체크를 해주세요. 다 피드백을 하죠. 시험도 보는데, 중간에 오픈북으로 바꾸었어요. 그것도 쉬운 건 아니지만, 그런 것에 재미가 들렸어요. 세 명 정도가 정리한 글을 발표하고 선생님이 설명도 하고. 올해 놀란 게, 친구들이 자연스럽게 질문을 하기 시작하고, 마구 물어보고, 숙제를 제 시간에 내고 그러는 거예요. 빨간펜으로 선생님이 정성스레 쓴 걸 보고……. 사실 그 과정에서 굉장히 많은 일들이 있었지요. 이렇게 공부를 해가면서 작년부터 공동체에 대한 생각들을 준비해왔어요. 물론 저는 오래전부터 공동체로 가야 한다는 생각을 해왔어요. 그런데 앎이 짧다 보니 입 밖으로 내놓을 수가 없었지요. 공동체에 대해서 공부를 안 해봤으니까요. 그런데 선생님과 공부를 하면서, 제가 공동체 공동체 하도 말하니까 그래서 그랬는지 모르지만, 선생님이 스피노자를 하셨죠. 공동체에 대해 함께 공부를 하면서, 저희에게 윤리가 만들어진 거죠.

윤리. 연구자가 아닌 사람들이 공부를 하는 이유는 거기에 있는지도 모르겠다(연구자도 결국에는 마찬가지일 테고). 윤리란 어떻게 살아야 하는가에 대한 공동체 나름의 대답이다. "그래서 어떤 윤리가 만들어졌습니까, 구체적으로 말이에요." 내 물음에 최정은 대표는 짧고 굵게 말했다. "첫째, 흔적을 남기지 않는다. 둘째, 약속을 잘 지킨다. 셋째, 핑계를 대지 않는다." 너무 '짧고 굵어서' 뭐랄까, "너무 빡세게 들린다"고 대꾸를 했더니, 최정은 대표는 웃으며 말했다. "네, 그래서 언젠가 수녀님들이 몇 분 오셨는데, 자기들보다 더 센 것 같다고. 하하." 이들이 지난 몇 년간 함께 공부하며 도달했다는 저 세 문장. 맥락을 제거해놓고 보면 사실 별 특별할 것도 없는 문장들이다. 그러나 공동체가 오랜 고민과 토론, 실천을 통해 저 세 문장에 도달했다면 저 문장들은 공동체 안에서 가장 막강한 힘을 지닌다. 그것은 법 너머의 법이라고 할 수 있다.

이수영_ 그 윤리도 그냥 만들어졌다기보다는, 깊이 들어가 보면, 친구들의 삶과 깊이 관계가 되어 있어요. 친구들의 삶에는 항상 핑계 댈 준비가 되어 있는 느낌을 받았어요. "왜 늦었어요?" 하고 물으면 온갖 핑계들을 대지요……. (웃음)

그러나 '윤리'는 가령 내가 속한 '수유너머R'에서도 쉽지 않은 말이다. 지난 '수유너머'에서의 아픈 기억 때문이었을까. 윤리라는 말만 꺼내면 알레르기 반응을 보이는 회원들이 꽤 있다. 무슨 전체주의의 냄새 같은 걸 맡기 때문이다. 하지만 활동을 하는 사람, 특히 일상을 조직해야 하는 어떤 중책을 맡고 있는 사람, 가령 주방장 같은 소임을 맡은 회원의 경우에는 실천윤리 문제를 끊임없이 제기하게 된다. 처음에는 초보적 수준에서 '냉장고에 간식 같은 걸 대충 넣고 가지 말'고 야단을 친다. 다음에는 연구실에서 '술자리를 갖는 것'에 대해서 문제를 제기하고, 또 나중에는 요리를 한 뒤 뒷정리를 깨끗이 해야 한다고 말한다. 그런데 이런 문제제기는 점차 '왜 우리가 함께 여기서 공

부하는지', '우리 공부는 이런 일들에 어떤 가르침을 주는지' 등에 대해 따져
묻는 일로 발전한다. 즉, '윤리'는 '머리' 쪽에서 먼저 나온다기보다 '몸' 쪽에
서 나온다. 몸은 머리로 하여금 성찰하게 만든다.

아픔은 계속 올 것이다, 그러나 그것은 다르게 와야 한다

공부한다는 말을 참 많이 했는데, 구체적으로 어떻게 하는지 공부
의 방법에 대해 물었다.

이수영_ 일단 책이 있으니 챕터별로 읽어나갑니다. 많으면 일주일에 50~
60쪽? 책 판형이 작아서 실제 분량은 많지 않아요. 모든 참여자들은 요약
숙제를 내고 발제는 돌아가면서 맡죠. (내용을) 요약하고 인상 깊은 구절과
그 이유를 쓰라고 하죠. 그런데 인상 깊은 구절을 뽑는 게, 뭐랄까 대학생
들하고 많이 달라요. 여기 근처에 대학생 친구가 한 명 있는데 그 친구도
함께해요. 세미나를 하다 들어왔는데 질문하는 방식이 전형적으로 대학생
같죠. (웃음) 그런데 여기 친구들은 매개 같은 게 없어요. 느낌이 중요해요.
이 친구들한테는 어떤 구절이 딱 자기한테 꽂히나 봐요. 그런데 왜 인상 깊
은지는 설명을 못해요. 중언부언하고. 그런데 또 재밌는 것은 인상 깊은 구
절이 대개 비슷하다는 거예요.

나 역시 비슷한 기억이 있다. 현장인문학에서 강의를 하다 보면 대학에서
강의할 때와 전혀 다른 질문을 받게 된다. 나는 그걸 '앎을 참조하는 질문'과
'삶을 참조하는 질문'으로 나눈 적이 있다. 대학에서의 질문에 전자의 경우가

많다면, 현장인문학에서는 압도적으로 후자의 질문이 많다. 책에서 읽은 내용보다는 자신이 살아오면서 겪은 일을 떠올리는 것이다.

이수영_ 참 달라요. 가령 책에서 인상 깊은 구절을 한 열 개씩 뽑아오라고 하면 (그 대학생과 여기 친구들이) 반씩 나눠 쓰는 것 같아요. 그러니까 이쪽 친구들이 반응하는 거하고 다른 사람들이 반응하는 게 딱 달라요. 자기 삶의 절박함이 어떤 공통성으로 있는 것 같아요.

최정은_ 병에 대해서 이수영 선생이 책에 쓴 부분, 특히 거기를 다룰 때 반응이 컸죠. 많이 아파 본 사람은 그 삶이 더 나아지지는 않아도 심오해질 수 있다는 구절. 나만 제일 아프고 제일 불행했다고 아픈 것만 생각했는데, 이 책에서는 그 아픔이 그냥 아픈 게 아니고 더 깊어지는 거고……. 아픔이란 게 그냥 없어지는 것도 아니고 앞으로도 계속 올 거라는 것. 하지만 과거에 자기가 아팠던 부분에 대해서 다른 해석을 할 수 있다는 것. 그것을 받아들이는 것. 지금까지 사회복지사들이 해준 것은 그냥 희망이었죠. 희망을 가져라, 희망을 가져야 한다, 그런 식이었어요.

내 아픔이 없어지지는 않지만 그 아픔으로 내가 심오해질 수는 있다는 말. 역시 니체를 떠올리게 한다. 니체는 『우상의 황혼』의 서문에서 말했다. 치료의 힘은 상처 안에도 있으며, 무엇보다 상처가 정신을 성장케 하고 힘을 회복시킨다고. 그는 고통받는 이들에게 헛된 구원을 유포하며 일종의 진정제를 투여해서 결국에 고통을 느끼지 못하게 하는 성직자들을 비판했다. 평소 아프지 않았을 때는 몰랐던 것을, 고통 속에서 깨닫는 일, 니체는 그것이 소중하다고 했다. 그가 자신은 병든 순간에도 병적이지 않았다고 말하는 이유이다. 고통이나 아픔을 정면으로 바라보아야 한다. 물론 고통 자체가 그걸로 사라지지 않을지는 모르지만, 고통이 주는 의미는 달라질 것이다.

최정은_우리는 계속 말하죠. 희망도 덧없다, 앞으로도 고통이 더 있을 거다, 라고요. 다만 우리는 그 고통이 그대로 덧없는 것은 아니라는 것, 그렇게 만들면 안 된다는 것을 말하죠.

도대체 그런 힘과 용기는 어디서 얻는 것일까. 그들은 항심을 강조했다. 매일 뭔가를 계속 해나가는 훈련을 일상에서 한다는 것이다. 매주 수업을 하고 등산을 한다. 책을 읽기 위해서도 매주 등산을 해야 한다는 독특한 지론이 그렇게 나온 모양이다.

최정은_등산은 정말 중요해요. 예전에는 비가 조금만 와도 내일 등산 가요? 하는 말이 참 많았는데. 이제는 폭우가 쏟아져도 간다는 원칙이 섰으니까요. (웃음)

인터뷰를 진행하다 보니 얼마 전 우리 '수유너머R'에서 있었던 현장인문학 관련 토론회가 생각났다. 회원 중 한 사람은 지역공부방을 비롯해서, 가난한 지역에 사는 10대 친구들과 인문학 프로그램을 계속 진행해왔다. 최근에는 비슷한 프로그램 하나를 지역아동센터 쪽에서 만들었고 대기업이 후원했던 모양이다. 기업에서 돈이 들어왔고 강사도 초빙되었다. 프로그램 주관자들은 아이들을 공부방에 모아 놓았다. 그런데 문제는 아이들이 인문학 공부에 대한 의사가 강하지 않았다. 어떤 혜택이 있어서 왔는지는 모르겠지만 아이들은 수업 준비도 하지 않았고 무엇보다 수업시간에 너무 산만했다고 한다. 강의를 하던 회원이 야단을 쳤던 모양이다. 그런데 그게 아이들뿐만 아니라 프로그램 주관자들에게도 거부반응을 불러일으켰다고 한다. 프로그램을 주관한 재단 쪽에서는 아이들에게 재밌게 강의해 달라고 요구했고, 강사였던 회원은 "난 여기 엔터테이너로 온 게 아니다"라고, "공부를 한다는 건 근기根氣를 키우는 것"이라며 강하게 반발했다. 그 회원은 앞서 최정은 대표와 이수영 선생의 표현을 빌리자면 '눈이 오나 비가 오나'를 배우는 게 공부라고 생각했다. 문제는 풀리지 않았고, 결국 그 회원은 점점 무서운 선생이 되어 버렸다. 원하지는 않았지만 스태프들과의 충돌도 잦았다. 그래서 그가 우리에게 물었다. 도대체 현장인문학에서 하는 공부란 무엇이냐고. 듣기 싫어하는 사람들에게, 내가 원하지 않는 방식으로 강의를 해야 한다면, 나는 왜 여기 있어야 하느냐고. 이 일이 생각나서 두 사람은 어떻게 생각하는지 물어보았다.

이수영_ 사실 내가 바로 그 재미없고 무서운 선생이었습니다. (웃음) 사실 'W-ing'과 거기는 조건이 조금 다르죠. 여기는 유혹의 조건이 있어요. 일자리라고 하는. 싫으면 다른 일자리를 구해야 하겠죠. 그런데 여기 있어 보면 이곳이 좀 괜찮아요. 일자리도 있고 공부도 할 수 있고 사는 것도 좀 산뜻하고. 뭐 공부가 좋은 건 아니겠지만 그래도 그렇게까지 싫지는 않고. 바로 그런 조건에서 눈이 오나 비가 오나 등산이 있는 거라, 억지로 생짜로 공부를 하게 하는 것과는 조금 다르죠.

최정은_ '수유너머R' 회원 이야기에 공감 가는 부분이 있어요. 사실 여기가 그랬거든요. 여기 이수영 선생이 그런 사람이었어요. 그때 실무자들이 말도 못하게 저항했고, 유일하게 믿어준 사람은 저 혼자였죠. 저는 인문학 맛을 알았기 때문에 그것을 끌고 가야 하는, 그런 게 있었어요. 처음에는 정말 엄한 선생이었고 엄하기만 한 선생이었죠. 지금은 변했지만요. (웃음)

무엇이 그를 변하게 했을까.

이수영_ 뛰쳐나간 친구들도 많았고, 나 때문에 나간 실무자도 많을 거라는 생각을 했어요. 그런 생각을 하면서 나 스스로를 바꾸어야겠다고 생각했죠. 전체 리듬을 형성해야 하는데 내가 너무 선각자처럼 리드하려고 했던 것 아닌가. 처음에는 뛰쳐나간 친구들이 문제라고 생각했는데, 이제는 그 친구들이 그렇게 뛰쳐나갔던 이유를 더 알려고 하고…….

최정은_ 사실 이수영 선생이 수업 방식에 많은 변화를 줘가며 실제로 바뀌어가고도 있고요. 어떻게 하면 친구들에게 다가가고, 함께 주고받는 수업을 할까를 고민하는 게 느껴졌어요. 게다가 '인문팩토리 길'이 우리 공동체 안으로 들어오면서 서로 부딪히면서 함께하는 법을 찾기 위해, 정말 많은 노력을 했어요. 그게 쌓여서, 지금은 아주 자유로운 선생님이 되셨어요. 무서운 역할은 이제 제 몫이 되었죠.

답은 없다, 다만 문제를 드러낼 뿐

2011년 10월, 'W-ing'에서는 현장인문학과 관련해 흥미로운 토론회가 있었다. 당시 나는 미국에 있었는데 현장인문학 관련해서 나 역시 뭔가 발표할 게 있었던 터라, 해당 자료를 검색하다 우연히 'W-ing'의 토론회 자료를 보게 되었다. 거기서 아주 강한 인상을 받았다. 특히 인상적이었던 것은 그날 토론회를 정리하는 방식이었다. 발표는 최정은 대표와 박정애 원장이 맡았는데 그날 여러 패널들과 주고받은 대화의 내용을 이수영 선생이 '풀지 못한 숙제들'이라는 제목으로 정리했다. 풀지 못한 숙제는 일곱 가지였는데, 사실 그 어떤 것도 답을 찾기 어려운 문제였다. 그 문제들에 답이 과연 있기는 한 걸까 하는 생각이 들 정도였다. 그런데 현장인문학의 실험을 통해 나온 그 질문들이 내게는 무척 소중해 보였다. 그간의 현장인문학 실험은, 그러니까 뭔가 답을 찾는 과정이라기보다 문제를 발굴해내는 과정이었는지도 모르겠다는 생각이 들었다. 현장인문학의 목적은 혹시 문제를 드러내는 것에 있었던 것은 아닐까.

최정은_ 사실 현장의 활동가들은 인문학자들에 대해서 어떤 앎의 열등감이 있죠. 항상 우리 현장의 문제를 정리해보고 싶다는 생각이 있었는데, 마침 선생님이 계시니까 이때 한번 해보자는 생각을 한 거죠. 현장의 문제들을 글로 정리를 하긴 했는데 정말 힘들고 고통스러웠어요. 그 글을 쓸 때 저희가 10년 동안 운영해오던 쉼터 문을 닫았어요. 그걸 닫게 한 것도 인문학이었죠. 쉼터라는 공간이 우리를 너무나 무력하게 하고, 친구들은 그 안에서 어떤 것도 하지 않으려 했어요. 무기력한 신체 그대로만 남아 있으려 하고 복지사들에게는 헌신과 희생만이 요구되고요. 목자와 양떼처럼 말이죠. 우리가 더 이상 문제를 방치할 수 없게 만든 어떤 친구가 있었어요. 몸도 좋지 않은 데다 심한 과체중이었죠. 그런데 누구도 어떻게 할 수가 없어요. 거의 방치하듯 말이죠. 제가 그 친구를 등산도 보내려 하고 어떻게든 해보려고 했는데 안 되더라고요. 그때 확실히 느꼈어요. 우리가 쉼터로 할 수 있는 게 없구나 하는 걸. 그래서 '쉼'이라는 기능은 우리 쪽에 있는 그룹홈 같은 걸로 돌리고 여기는 일하고 활동을 하는 공간으로 바꾸어야겠다고 결심했어요. 그러면서 그동안 우리가 쉼터에서 해왔던 일들을 선생님과 함께 정리를 해보았죠. 그래서 '가족주의', 가족로망스, 게토, 연민……. 그런 것들을 발견한 거예요. '쉼터체제'라고 할까요? 그냥 연민의 주사만 놓는 거죠. 여기는 위안받아야 하고 쉬어야 하고 그런……. 근데 'W-ing'이라는 쉼터 하나만 변한다고 바뀌질 않아요. 왜냐하면 여기 쉼터가 아니어도 다른 쉼터들이 있으니 그쪽으로 옮기면 되거든요. 그래서 여기저기 쉼터를 전전하는 사람들이 생기죠. 제가 개별 쉼터가 아니라 '쉼터체제'의 문제라고 느끼는 게 바로 이 대목입니다. 쉼터를 정리하면서, 우리 개념으로 정리해보자는 생각을 했죠. 제 개인적으로는 '자활'에 대해서 정리해봐야겠다고 생각을 했고요. 그래서 빨간펜 지적을 받아가며, 두어 달 동안 욕먹어가며 열심히 써보았어요.

이수영_ 쉼터를 없앤 건 'W-ing'에서도 사건이지만, 전체 쉼터 정책에 있어서도 하나의 사건이라고 생각합니다. 사실 제가 본 바로는, 쉼터에는 두 부류의 사람들이 있어요. 한쪽에는 아예 눌러앉는 친구들이 있고, 다른 쪽에는 뭔가 조금이라도 귀찮게 하면 다른 곳으로 옮겨버리는 친구들이 있습니다. 그런데 그 어느 쪽도 쉼터에서 뭘 해볼 수 있는 건 없습니다. 눌러앉는 것에 의해서도, 옮기는 것에 의해서도, 쉼터는 모두 무력화되고 맙니다. 그러니까 쉼터는 어느 쪽이든 아무것도 할 수 없는 것이 되고 말았죠. 여기 있는 실무자들이 할 수 있는 건 봉사, 헌신, 인내밖에 없어요.

최정은_ 엄마 역할만을 하는 거죠.

이수영_ 그런 점에서 쉼터를 없앤 건 중요한 문제제기라고 봅니다. 쉼터체제라는 말은 우리가 처음 사용한 것 같은데……. 사실 여기서 보면 쉼터가 어떤 활력을 주기는커녕 오히려 활력을 떨어뜨리고 뭔가를 해보려는 활동가들도 거기에 영향을 받아 무너지는 경우가 많아요.

이들은 자신들이 공부한 내용을 현장에서 자신들이 부딪힌 문제들에 곧바로 적용해보았고, 거기서 'W-ing'만의 문제가 아닌, '쉼터'와 관련된 제도와 정책 전반에 문제가 있다는 것을 발견했다. 이들은 그것을 '쉼터체제'라고 불렀다.

최정은_ 저는 제 나름의 발표 준비를 하면서 그동안 정말 많은 걸 배워왔다는 생각을 하게 되었어요. 밥하는 것부터 시작해서 정말 여러 일상에서 자활 문제를 보게 된 거죠. 예전에 '수유너머 길'에서 공부할 때 임수덕 선생이 1년간 밥을 해준 걸 알게 되었어요. 여기서는 밥하는 분이 있어서 그걸 몰랐는데 '길'에 공부하러 가서 생각해보니, 우리가 그냥 받아먹고만 있었다는 걸 알게 되었어요. 사실 저도 마찬가지였어요. 엄마의 정신으로 접근했다고 할까. 실제로 저는 집에서 애들에게 뭔가 해서 먹이면 그걸 여기 와서도 똑같이 해 먹였어요. 뭔가 미안해가지고. 우리가 내놓은 소위 엄마표 밥상에는 사실 '너희가 언제 이런 밥을 먹어보겠어' 하는 연민의 마음이 있었던 거죠. 그런데 지금 돌아보면 그게 바로 가족 로망스에서 벗어나지 못한 태도였던 거죠. 이제 자연스럽게 쉼터를 정리하면서 스스로가 밥을 해서 먹도록 바꾸었어요. 우리 스스로 밥을 해먹겠다는 것. 처음에는 제가 주방 매니저를 맡았고 이후에는 친구들이 했죠. 이게 정말로 'W-ing'에서 큰 변화라고 생각해요. 주방에서부터.

이수영_ 2011년 발표 문제로 돌아가 보면, 사실 2010년에 제가 먼저 발표를 했어요. 전체 활동가들 앞에서. 그리고 2011년에는 활동가들이 모두 모인 자리에서 이 두 분의 활동가가 발표를 한 거죠. 실제 현장의 활동가와 담론 충돌을 해본 거죠. 실제로 발표 당시에는 두 사람이 전체 활동가들로부터 공박을 당하는 구조였죠.

최정은_ 그때 방탄조끼 입고 나오라고들 했어요. (웃음)

현장의 날카로움, 현장의 절실함

나는 2010년 발표된 이수영 선생의 글이나 2011년 발표된 최정은 대표와 박정애 원장의 글을 좋아한다. 뭐랄까. 현장에서 어떤 개념이 탄생할 것 같은 예감을 주기 때문이다. 현실에서 개념이 잉태되는 것 같기도 하고 어떤 개념이 자기 현실을 낳으려 하는 것 같기도 하고. 인터뷰를 마무리하면서 '현장인문학'의 의미를 정리해줄 수 있겠느냐고 물었다. 다소 모호하고 큰 질문이었지만 이들은 잘 답해줄 거라고 믿었다. 최정은 대표가 어느 게시판에서 '현장인문학'에 대해 말하며 '현장만이 촉발할 수 있는 사유의 날카로움'을 알았고 '현장이 얼마나 인문학을 필요로 했는지'를 절감했다고 쓴 것을 보았기 때문이다. 그 '절감'의 일단을 들어보고 싶었다.

최정은_ 저는 여기서 벌어지고 있는 일상 하나하나가 정말 버라이어티했어요. 늘 생각해야 했고 늘 결단해야 했죠. 그러면서 늘 어떤 갈구가 있었죠. 이건 '현장에서만 느끼고 만들 수 있는 문제'라고 느끼는 뭔가가 있어요. 저는 일상에서 정말 수도 없이 느꼈거든요. 그런 것들을 제가 언어화하지 못했던 한계가 있었는데, 이제 인문학자와 만나면서 그게 개념으로 탄생되어가는 과정을 함께한다고 해야 하나……. 그래서인지 정말 놀라웠어요. 그러면서 인문학과 현장이 정말 함께해야 하는구나, 하는 걸 느꼈지요. 이제는 우리가 가야 할 길이랄까, 다른 삶의 가능성이랄까 하는 게 조금 보여요. 옛날에는 'W-ing'으로 하고 싶은 것도 많고 되고 싶은 것도 많고 갖고 싶은 것도 많았죠. 그런 게 엄청나게 많았는데 지금은 뭐 그런 게 없어요. 목표가 없어요. 그 대신 일주일을 하루하루만 제대로 살아가다 보면 만들어지겠지 하는 그런 생각. 너무 추상적인가. (웃음) 솔직히 그래요! 일상을 살아내는 게 정말 중요하고 의미있어요.

'일주일을 하루하루 살아간다'는 말, 예전에 꿈꾸었던 '꿈'이 그냥 꿈이라는 걸 깨닫고, 일상 하나하나를 챙기는 힘, 그것을 인문학에서 얻었다는 것이다. 이수영 선생도 비슷한 생각이었다. 그는 언젠가 현장인문학의 필요성을 언급하며 '가난하고 소외되었으니까 더 열심히 해야 한다'고 한 적이 있다.

그것을 인용하며 이수영 선생에게 물었다. 왜 가난한 이가 인문학을 더 공부해야 한다고 생각하느냐고, 어떤 가난한 이가 그렇게 묻는다면 무어라 말하겠느냐고.

이수영_ 글쎄요, 제가 답을 잘할 수 있을지 모르겠습니다. 너무 큰 질문이에요. (웃음) 예전에 '빵과 장미'라는 말을 했는데, 빵은 뭐고 장미는 뭔가 하는 생각을 했습니다. 고병권 씨는 인문학은 문제를 드러내고 제기하는 것이라고 했는데, 글쎄요, 조금 비슷한 이야기가 될지도 모르겠습니다. 저는 현장이 갖고 있는 판타지, 환상 같은 걸 봅니다. 그게 빵이라는 생각이 듭니다. 여기 친구들에 대해 그동안 정부나 기관에서는 뭐를 해주면 되나 하는 생각으로 접근한 것 같아요. 뭔가 결핍된 것을 찾죠. 가만히 보니 '주거권'이 없네 하고는 주거권을 주는 식으로. 그런 게 빵일지 모른다는 생각을 합니다. 하지만 실제로 친구들에게 주거권을 주고, 직장을 줘도 도망가죠. 왜 그럴까요. 그런 이차적 권리랄까, 제도적 권리랄까, 물론 그것들도 정말 중요하기는 합니다. 하지만 이 현장에서 더 선결 문제가 있을 수 있는 것 같아요. 그게 바로 장미 아닌가 싶습니다.

친구들도 이런 생각을 하기 쉽습니다. 우리는 가난해, 우리는 결손 가정이야, 나는 성매매를 했어……. 이런 간난신고 등을 통해 어떤 결핍의 감정을 가져요. 그래서 정상적인 가정을 위해 나는 뭔가가 필요해, 라고. 바로 그것을 메워주는 게 '빵'일 것 같아요. 그런데 여기 있는 실무자들도 비슷하게 생각해요. 무슨 매뉴얼이라도 있는지 모두가 똑같이 행동해요. 복지사가 된다는 게 그런 건지 몰라도. 그런데 실제 여기 친구들 보면 그 매뉴얼대로 되지를 않아요. 그러면 매뉴얼을 바꿔야 하는데 그렇게 안 된다는 거죠. 얼마 전 친구들이 제게 선물을 주었어요. 그런데 거기에 표현들이, 저 친구들이 평소에 쓰지 않던, 도저히 쓸 수 없던 표현들이 담겨 있었어요. 인문학이 친구들에게 조금씩 들어간다는 걸 느꼈어요. 저는 중요한 걸 느꼈습니다. 우리는 가난하지만, 그 가난을 극복하는 데 있어 환상을 가지면 안 되죠. 가난이나 성매매가 삶의 큰 결핍이라고 느끼는 것, 그걸 극복해야만 하는 때가 있어요.

그가 말하는 인문학은 결핍에서 생기는 환상과 대결한다는 인상을 주었다. 그런데 그는 환상을 제거하기 위해 환상이 아니라 결핍을 공격했다. '가난'이나 '성매매'를 하나의 결핍이라고 느끼는 것, 그것 자체를 극복해야 한다는 것이다. 결핍을 결핍으로 느끼는 순간, 가난한 이들은 더 가난해지기 때문이다. 자신들이 약하지 않다는 것, 우리에게는 힘이 있다는 것을 자각해야 한다는 것.

이수영_ 결핍에 대한 인식 때문에 더 가난해지는 면이 정말 있어요. 그런 걸 뚫고 들어가는 것, 그게 인문학이 아닌가 그런 생각을 합니다. 우리를 가두는 환상을 깨닫는 것. 그 점에서 친구들이 많이 받아들이는 것 같아요. 답은 되지 않지만, 문제를 달리 볼 수 있다는 것, 그리고 최소한 여기 달리 사는 사람이 있다는 걸 보니까요. 여기서 밤 10시까지 공부를 하며 그렇게 살아가는 (저 같은 인간들 말이에요). (웃음) 어떻든 달리 살아가는 사람도 있다는 걸 보는 거지요. 함께 주방에서 밥도 하고 그렇게 함께 살아가면서……

이들은 희망이라는 말을 쓰는 데 참 인색했다. 그 말이 쓰일 곳에는 언제나 그 환상성에 대한 질타가 이어졌다. 막연하게 좋은 날이 올 것이라고 말하며 연민의 빵만을 던지는 것, 이들은 그것에 분개했다. 글쎄 이렇게 말할 수 있을까. 희망의 '그날'은 없다. 다만 하루하루 살아가야 하는 '오늘'이 있을 뿐이다. 지금과 다른 세계로의 구원은 없다. 다만 지금과는 다른 삶이 있을 뿐. 화려함은 없는데, 참 강하다는 생각이 들었다.

© 김유미